FRANK GOOSEN

Spiel ab!

FRANK GOOSEN
Spiel ab!

Roman

Kiepenheuer & Witsch

Aus Verantwortung für die Umwelt hat sich der
Verlag Kiepenheuer & Witsch zu einer nachhaltigen Buchproduktion verpflichtet. Der bewusste Umgang mit unseren
Ressourcen, der Schutz unseres Klimas und der Natur gehören
zu unseren obersten Unternehmenszielen.

Gemeinsam mit unseren Partnern und Lieferanten setzen
wir uns für eine klimaneutrale Buchproduktion ein,
die den Erwerb von Klimazertifikaten zur Kompensation
des CO_2-Ausstoßes einschließt.

Weitere Informationen finden Sie unter:
www.klimaneutralerverlag.de

Die Arbeit an diesem Roman wurde gefördert aus
Mitteln der Corona-Soforthilfe des Landes NRW
sowie durch ein Stipendium der Kunststiftung NRW.

MIX
Papier | Fördert
gute Waldnutzung
FSC
www.fsc.org **FSC® C083411**

1. Auflage 2023

© 2023, Verlag Kiepenheuer & Witsch, Köln
Alle Rechte vorbehalten
Covergestaltung: Barbara Thoben, Köln
Covermotiv: © DBenitostock / getty images
Gesetzt aus der Scala
Emojis unverändert von googlefonts/noto-emoji (https://github.
com/googlefonts/noto-emoji/), © 2019 Google Inc. Licensed
under the Apache License, Version 2.0 (http://www.apache.org/
licenses/LICENSE-2.0)
Satz: Buch-Werkstatt GmbH, Bad Aibling
Druck und Bindung: CPI books GmbH, Leck

ISBN 978-3-462-00414-4

Allen gewidmet,
die kleine Vereine
am Laufen halten

TEIL 1:
*Hinter dem Blau ist es
unheimlich hell*

1 Loyalität unter Idioten

Ein Ball rollte auf die Straße, die Förster gerade überquerte, um in dem kleinen Bio-Supermarkt, der erst kürzlich hier im Viertel aufgemacht hatte, ein paar Sachen fürs Wochenende einzukaufen, und er dachte: Wenn ein Ball auf die Straße rollt, ist meist ein Kind nicht weit, das kann böse enden, denn Kinder denken oft nicht nach und rennen ihrem Ball hinterher, egal ob da ein Auto kommt oder nicht. Er hörte einen Schrei, und kurz darauf sah er zwischen zwei am Straßenrand abgestellten Wagen eine Frau, die ein vielleicht fünfjähriges Kind am Handgelenk hielt. Die Mutter schimpfte, das Kind fing an zu weinen, der Ball lag mitten auf der Straße, und es näherte sich ein Auto. Die Mutter nahm das Kind auf den Arm, schimpfte aber weiter. Förster trat auf die Straße, hob den Arm, und das Auto hielt an. Im Stadtpark hatte er mal gesehen, wie ein junger Mann seinen Fuß auf einen Ball gestellt, die Sohle rückwärts darüber gezogen, dann die Fußspitze unter den Ball befördert, ihn ein paarmal in die Höhe gekickt und schließlich gefangen hatte. Das hatte elegant ausgesehen und auch nicht sehr schwierig, also versuchte Förster das jetzt auch. Aber er bekam die Fußspitze nicht unter den Ball, sondern trat einfach nur dagegen, und der Ball rollte auf die andere Straßenseite unter ein parkendes Auto. Der Fahrer des Wagens, der wegen Förster hatte anhalten müssen, grinste und hob den Daumen. Der ganze Vorgang war Förster zwar unangenehm, weil er sich letztlich blamiert hatte, andererseits freute es ihn, dass der andere die Verzögerung gelassen nahm, denn manchmal regten sich die Leute ja über so etwas auf, als wären sie mit einer Schusswunde auf dem Weg zur Notaufnahme.

Förster machte Platz, damit der Mann weiterfahren konnte, dann kroch er unter das parkende Auto, um den Ball sicherzustellen. Er ging hinüber zu der Frau mit dem Kind auf dem Arm, das jetzt in tiefer Verzweiflung schluchzte und die Nase hochzog. Die Mutter schimpfte nicht mehr, sondern bedankte sich bei Förster, dass er den Ball gerettet hatte, und Förster sagte, das habe er gern getan.

»Ist doch alles gut«, sagte die Mutter und strich ihrem Kind, einem Jungen, über den Kopf. »Ich habe ihm schon tausendmal gesagt, dass er nicht einfach auf die Straße laufen soll. Aber, Kinder, Sie wissen schon. Er hat mit dem Ball gegen das Garagentor geschossen, immer wieder.« Die Mutter machte eine Kopfbewegung in Richtung der Einfahrt, vor der sie standen. »Wir wollten einkaufen gehen, aber ich hatte mein Geld in der Wohnung vergessen, also bin ich noch mal schnell rein, und als ich rauskomme ... Na ja, ist ja noch mal gut gegangen.«

Fußball, dachte Förster nicht zum ersten Mal, kann sehr gefährlich sein, und während die Mutter sich noch einmal bei ihm bedankte, der Junge sich langsam beruhigte und nach dem Ball griff, den Förster ihm hinhielt, vibrierte das Handy in seiner Hosentasche, die Uli, stellte er mit einem Blick aufs Display fest, schob den virtuellen Regler im Display nach rechts, hielt sich das Handy ans Ohr und sagte: »Uli, was für eine Überraschung! Kann ich was für dich tun?«

Als die Uli sagte: »Nicht für mich, Förster, sondern für Fränge, wenn der seinen nächsten Geburtstag noch erleben will!«, wusste Förster, dass Fränges Beziehungsmanagement mal wieder suboptimal gelaufen war.

2 Nirvana oder: Das riecht hier nicht nach Teen Spirit

Das *Café Dahlbusch* war geöffnet, aber Fränge war nirgendwo zu sehen, dafür stand Peggy hinterm Tresen. Förster fand es erstaunlich, dass sie hier noch arbeitete, obwohl sie der Grund dafür gewesen war, dass die Uli sich vor einem Jahr von Fränge getrennt hatte. Fränge hatte mal gesagt, dass Peggy mittlerweile so etwas wie eine zweite Geschäftsführerin sei und er einfach nicht auf sie verzichten könne. Darüber hinaus laufe da aber nichts mehr.

Als Förster hereinkam, schäumte Peggy gerade Milch auf, und er fragte sich, wieso diese Milchaufschäumdüsen immer so laut düsen mussten wie ein Kampfjet. An den Tischen die übliche Samstagmittag-Klientel, Pärchen, deren Kinder zwischen den Stühlen herumwuselten, zum Glück alle ohne Ball, dachte Forster, da konnte nichts passieren, dazu ein paar Gestalten, die aussahen, als wäre das Frühstück ihre letzte Mahlzeit, bevor sie in ihre Särge sanken, um fit zu sein für die nächste Nacht.

Als Peggy mit der Schäumerei fertig war und die weiße Masse auf die zwei Schalen mit Kaffee verteilte, die auf dem Tresen standen, trat Förster näher und fragte sie, wo Fränge sei, und sie antwortete, das würde sie auch gerne wissen, hier sei der Teufel los, sie habe schon versucht, ihn anzurufen, aber da gehe nur die Mailbox ran (was Förster auch schon festgestellt hatte), eigentlich müsste sie mal hoch zu seiner Wohnung, aber sie komme hier nicht weg.

»Kein Problem«, sagte Förster, »ich werde es mal oben versuchen, aber ich muss dir sagen, dass er heute nicht arbeiten kann, selbst wenn er da ist.«

Peggy blies sich eine Strähne ihres pechschwarzen Haares aus der Stirn, und Förster konnte schon verstehen, warum sie im letzten Jahr für Fränge so eine Versuchung gewesen war, aber herrje, mit fünfzig musste man nun auch nicht mehr jeder Versuchung nachgeben. Fränge hätte wahrscheinlich entgegnet, dass er, als das mit Peggy losgegangen sei, noch neunundvierzig gewesen sei.

»Hat er wieder Mist gebaut?«, fragte sie. »Der ist bestimmt versackt. Das ist in den letzten Wochen immer schlimmer geworden.«

»Ich gehe mal nach oben«, sagte Förster, weil er das jetzt nicht mit Peggy diskutieren wollte.

Förster schob sich an ihr vorbei und ging durch die kleine Küche ins Treppenhaus. Nachdem Fränge *Bäckerei Konditorei Café Dahlbusch* (dass er nicht wusste, welchen Artikel man davorsetzen sollte, machte Förster wahnsinnig) von seinen Eltern übernommen hatte, hatte er die beiden Wohnungen im ersten Stock zusammengelegt und war dort mit der Uli eingezogen. Seine Eltern hatten ihm vorgeschlagen, doch lieber ihre eigene, von vornherein viel größere Wohnung im zweiten Stock zu nehmen, da sie ja in eine kleinere in einem anderen Stadtteil gezogen waren, aber Fränge hatte damals gesagt, das wäre, als würde man wieder in sein Kinderzimmer ziehen, egal wie viel man renovierte, da könne man auch gleich zurück in den Mutterleib. Förster hatte das verstanden, er selbst konnte sich auch nicht vorstellen, wieder in dem Flachdach-Bungalow zu leben, in dem er seine Kindheit und Jugend verbracht hatte und den seine Eltern vermieteten, seit sie fest in das Haus in Südfrankreich gezogen waren, das sie sich in den Neunzigern als Feriendomizil gekauft hatten.

Förster klingelte und wartete. Nichts passierte. Er klingelte noch einmal, dann klopfte er und legte ein Ohr an die Tür. Nichts. Er klingelte und klopfte erneut, diesmal lauter und ausdauernder, und schließlich verstieg er sich sogar dazu, »Aufmachen, Polizei!« zu rufen, worauf er eine Stimme von oben hörte, die rief: »Echt, Alter? Bullerei?«

Förster trat ans Treppengeländer und blickte nach oben, wo der Kopf von Lukas zu sehen war, dem IT-Studenten, der manchmal im *Café Dahlbusch* kellnerte und mit drei anderen in der alten Dahlbusch-Wohnung wohnte, weil Fränge meinte, eine Studi-WG im Haus sei eine feine Sache, nicht zuletzt weil das potenzielle, auch kurzfristig greifbare Arbeitskräfte für die Kneipe bedeutete.

»Nein, Lukas, alles in Ordnung.«

»Hallo, Förster. Ich dachte schon, ich müsste jetzt das ganze Dope ins Klo schmeißen.«

»Nicht nötig. Ich kriege nur den Fränge nicht wach. Aber vielleicht ist der auch gar nicht zu Hause.«

»Doch, doch. Der ist gegen sechs Uhr hier aufgetaucht, das war nicht zu überhören. Und ich glaube, der war nicht alleine.«

»Okay, dann wird er ja irgendwann aufmachen.«

»Hat mich gewundert, denn sonst kommt der immer alleine nach Hause. Voll wie ein Eimer, aber alleine. Manchmal hört man ihn schon im Hausflur weinen.«

»Danke für die Info, Lukas.«

»Wenn noch mal so was ist, sag lieber: *Aufmachen, Feuerwehr.* Polizei, da kriegt man ja einen Schreck fürs Leben!«

Drogenrazzia ist also schlimmer, als wenn das Haus in Flammen steht, dachte Förster, wandte sich wieder der Tür zu und rief: »Fränge, mach auf, ich weiß, dass du da bist!«

Irgendwann ging dann die Tür auf und eine Frau in einem Nirvana-T-Shirt blinzelte ihn an. Mindestens vierzig Jahre Leben sowie die letzte Nacht hatten sich in ihren Gesichtszügen unter dem aschblonden Haaransatz verewigt.

»Förster, bist du das?«

Die kennt mich?, dachte er. Wieso kennt die mich?

»Was macht dein Vater? Wie geht es ihm?«

Mein Vater? Wieso kommt die jetzt mit meinem Vater?

»Du sagst ja gar nichts.«

»Das ist Fränges T-Shirt«, brachte er heraus.

»Ja«, sagte die Frau. »Ich war nie ein großer Nirvana-Fan.«

»Das ist alt, das Shirt«, sagte Förster, »nicht bloß auf Vintage gemacht oder so. Das hat der Fränge seit den Neunzigern.«

»Hab ich mir aus dem Schrank genommen, als er eingeschlafen war. Der hat ja nichts mehr mitbekommen. Ich wollte nicht in meinen Klamotten schlafen. Oder ... ganz ohne. Ist nicht mein Ding. Du hast keine Ahnung, wer ich bin, oder?«

»Doch, doch«, sagte er, »ich komme nur gerade nicht drauf.«

»Kathrin. Borgemeister. Ich habe bei deinem Vater promoviert.«

Jetzt fiel es Förster wieder ein. Sein Vater war ganz begeistert von ihr gewesen, so sehr, dass Försters Mutter ihn damit aufgezogen hatte.

»Kathrin, genau!«, sagte Förster. »Ich erinnere mich noch ...«

»An die Party, ja, ich weiß. Mann, war ich blau.«

»Du hast meinem Vater eine große Freude gemacht, als du zu *Sympathy for the Devil* so eskaliert bist.«

»Eskaliert? Förster, du hast ja deinen Finger am Puls der Zeit!«

Das läuft hier in eine völlig falsche Richtung, dachte er, ich bin nicht hier, um mit einer ehemaligen Doktorandin meines Vaters über die Rolling Stones oder über Jugendsprache zu plaudern, sondern um einen meiner zwei besten Freunde davor zu bewahren, von seiner Exfrau filetiert zu werden. Was nicht ganz stimmte, denn Fränge und die Uli hatten nie geheiratet, ganz abgesehen davon, dass ihr Zorn Fränge weniger zusetzen würde als die Enttäuschung seines Sohnes, denn dem hatte er für heute etwas versprochen.

»Ist dein Vater immer noch so ein beinharter Stones-Fan?«

»Ja, sicher. Ist denn der Hausherr zugegen?«

»Komm rein und überzeug dich selbst.«

Er ging gleich durch zum Schlafzimmer, das Fränge auch als Büro diente, stellte mit einem Seitenblick in die Küche fest, dass es dort aussah wie bei Oscar Madison vor dem Einzug von Felix Unger, *The Odd Couple*, dachte er, schöner Film, sollte man mal wieder anschauen, Jack Lemmon und Walter Matthau, ein unschlagbares Team, aber auch die TV-Version mit Jack Klugman und Tony Randall gefiel ihm, doch das war wieder so eine Gedankenschleife, die ihn vom Eigentlichen wegführte. Das Eigentliche lag bäuchlings, nur mit einer Unterhose bekleidet, in einem zerwühlten Bett mit grauer Bettwäsche und schwarzen Laken. Speichel hatte sich unter Fränges Mund auf dem Kopfkissen gesammelt.

»Ich habe auf dem Sofa geschlafen«, sagte Kathrin, die sich fix angezogen hatte und jetzt einen knielangen Rock und ein ärmelloses Top trug.

Der Kleiderschrank im Bauernhaus-Stil, den die Uli vor Jahren auf einem Flohmarkt erstanden hatte, musste ziemlich leer sein, die meisten von Fränges Klamotten schienen auf dem Boden zu liegen. Das Zimmer sah aus wie die Höhle eines sehr unordentlichen Teenagers, aber, dachte Förster, nach Teen Spirit riecht das hier nicht.

3 Kinder und Betrunkene

Förster fand, das mit dem Autofahren klappte immer besser. Jahrelang hatte er das nicht selbst getan, einfach weil er die Notwendigkeit nicht gesehen hatte, ein Auto zu besitzen, man konnte doch so vieles zu Fuß erledigen oder mit öffentlichen Verkehrsmitteln. Aber seitdem Fränge seinen Führerschein hatte abgeben müssen, chauffierte Förster ihn ständig durch die Gegend, etwa wenn er für das *Café Dahlbusch* einkaufen musste oder seine Eltern besuchte, die etwas außerhalb wohnten, wo man mit dem Bus nicht gut hinkam.

Ein paarmal war Förster sogar mit dem Bulli gefahren, den Fränge sich letztes Jahr zugelegt hatte. Ständig redete er davon, dass er den umbauen lassen wollte, um damit mal ein paar Wochen oder sogar Monate zu verschwinden. »Ab durch die Mitte«, tönte Fränge immer wieder, aber bisher war da noch nichts passiert. Fränge war öfter mal abgehauen in seinem Leben. Ende der Achtziger hatte er im geteilten Berlin gelebt und gleich zwei Freundinnen gehabt, eine im Osten, eine im Westen, ein Konstrukt, das durch den von Fränge nicht gerade herbeigesehnten Mauerfall zusammengebrochen war. Anfang der Neunziger hatte es ihn nach New York gezogen, wo er etwas mit einer ziemlich bekannten Bildhauerin gehabt hatte, was wiederum die ebenfalls bildhauernde Uli schwer beeindruckt hatte, als er sie Jahre später kennengelernt hatte. Neben diesen großen Fluchten hatte es immer wieder kleinere gegeben. Mal war Fränge mit

dem Rucksack allein durch Frankreich, Spanien und Portugal gereist, mal hatte er zwei Monate in einem Holzhaus in Schweden zugebracht. Nur das mit dem Bulli hatte er bisher noch nicht in Angriff genommen.

Der Bulli war nicht so leicht zu fahren, hatte Förster festgestellt. Es irritierte ihn, dass es vorne senkrecht runterging und nach hinten so viel Platz war, was das Einparken zu einem Abenteuer machte. Aber auch in dieser Disziplin machte Förster Fortschritte.

Jetzt also brachte er seinen Freund zu einem Fußballspiel seines Sohnes, das dieser komplett vergessen, verschlampt, versoffen hatte, was an sich noch keine Katastrophe gewesen wäre, aber solche Dinge waren ihm in den letzten Monaten immer wieder passiert. Fränge hatte, obwohl er es versprochen hatte, verschwitzt, Alex irgendwo abzuholen oder ihn irgendwo hinzubringen, war nur selten bei seinen Spielen gewesen und hatte schließlich sogar seinen Geburtstag verschludert. Mit einer kindlichen, aber auch in jedem einzelnen Moment ernst gemeinten Zerknirschtheit hatte er diese Versäumnisse Förster und Brocki gegenüber zugegeben, sich selbst beschimpft und Besserung gelobt, und während Förster ihn ein ums andere Mal getröstet hatte, hatte Brocki meist nur gemeint, das seien nichts als Worte, er, Fränge, müsse sich endlich mal am Riemen reißen und von diesem pubertären Trip, auf dem er seit der Trennung von der Uli unterwegs sei, wieder herunterkommen.

Fränge hatte den Kopf an die Scheibe der Beifahrertür gelegt und seine rot geränderten Augen mit einer Ray Ban verdeckt. Er seufzte und stöhnte und atmete schwer, was dem Klima in der Fahrgastzelle von Karl-Heinz, wie Fränge seinen Volvo nannte, nicht sonderlich bekam, aber zum Glück war noch Sommer, und Förster konnte die Scheibe auf der Fahrerseite herunterkurbeln, denn er musste den Kopf ja

nirgendwo anlehnen, ihm ging es gut. Er hatte Monika angerufen und ihr die Situation erklärt. Sie war nicht begeistert, weil das die Pläne für ein gemeinsames Mittagessen über den Haufen warf, aber sie fand es andererseits gut, dass Förster seinen alten Freund nicht im Stich ließ, auch wenn der sich eine Peinlichkeit nach der anderen leistete.

»Ich weiß, dass ich es mal wieder ziemlich verkackt habe«, murmelte Fränge.

Förster sagte nichts.

»Fußball, das ist unser Ding. Wir gehen zusammen ins Stadion, ich sehe mir die Spiele seiner Mannschaft an, und mit mir kann er ganz anders darüber sprechen als mit der Uli. Das macht ja auch Spaß. Die Mannschaft ist im Kern schon ein paar Jahre zusammen, ich kenne die Mütter und die Väter, die sind alle in Ordnung, nicht so Spacken mit übertriebenem Ehrgeiz. Na gut, einer vielleicht, aber die anderen sind einfach froh, dass die Jungs sich bewegen und dass wir uns untereinander gut verstehen, also die Mütter und die Väter. Und wenn der Alex und ich über Fußball reden, dann steht nicht dieser verdammte Elefant im Raum, dass ich unsere Familie kaputt gemacht habe. Aber irgendwie, in den letzten Monaten ...« Fränge seufzte. »In den letzten Monaten habe ich da irgendwie versagt. Ich habe die Spiele vergessen oder bin zu spät gekommen, und im Stadion waren wir auch nicht mehr. Ich glaube, ich fange erst so langsam an zu begreifen, wie sehr ich es verbockt habe.«

Fränge beugte sich nach vorne, durchwühlte das Handschuhfach, fand eine halbe Rolle Pfefferminzbonbons, schob sich eines in den Mund und legte den Kopf wieder gegen die Scheibe.

»Wie bist du eigentlich an Kathrin Borgemeister geraten?«, wollte Förster wissen.

»Die habe ich gestern im *Loft* getroffen.«

»Du weißt, was ich davon halte. Wir sagen noch Disco, und die, für die der Laden gemacht ist, sagen Club.«

Es war jetzt etwas mehr als ein Jahr her, dass Förster Fränge mal dorthin begleitet hatte. Er hatte sich nicht wirklich wohlgefühlt, war aber bis zum frühen Morgen geblieben, eine Art widerwillige Reminiszenz an alte Zeiten in den Neunzigern, als sie regelmäßig bis zum Tagesanbruch im *Macao* gewesen waren. Das gab es nicht mehr, in den Räumen war jetzt ein Lampengeschäft untergebracht, was Förster recht witzig fand, denn im *Macao* war es immer dunkel gewesen.

»Man ist so alt, wie man sich fühlt beziehungsweise wie man sich *an*fühlt, Förster! Und ich fühle mich immer noch super an. Meint die Kathrin auch.«

»Die wirkte nicht sonderlich begeistert. Heute früh hast du wohl nichts mehr auf die Reihe bekommen, hat sie gesagt.«

»Ich habe auf heute Mittag gebaut.«

Eine Weile schwiegen sie. Dann sagte Förster: »Kathrin meinte, du hättest gesagt, du würdest nie wieder eine andere Frau anrühren als deine eigene.«

»Kinder und Betrunkene sagen die Wahrheit. Da vorne kannst du parken.«

4 Dorf der Verdammten

Das Gelände war durch eine rote Ziegelsteinmauer von der Straße abgegrenzt. Förster und Fränge gingen durch die breite Zufahrt, in der ein grünes halb geschlossenes Gittertor verhinderte, dass man hier einfach mit dem Wagen durchfuhr. Links ging es zum Vereinsheim der Spielvereinigung, einem einstöckigen länglichen Bau mit Satteldach. Vorgelagert standen zwei in den Vereinsfarben Grün und Weiß gestrichene Container, deren Türen offen standen. Rechts war eine kleine Turnhalle, die auch die Spielerkabinen beherbergte. Ein wolkenloser, sehr blauer Himmel spannte sich über einem erstaunlich satten Grün mit leuchtenden weißen Linien. Um den Platz herum standen sechs Flutlichtmasten mit je zwei Scheinwerfern. Hinter den Toren ragten Fangzäune aus braunem Metall auf. Eine Laufbahn aus rotem Tartan umgab das Spielfeld. Drei breite Stufen bildeten eine kleine Stehtribüne, die von einer langen Pappelreihe beschattet wurde. Vor den Kabinen erkannte Förster in lockeren Gruppen zusammenstehende Erwachsene, wahrscheinlich die Eltern der Spieler.

»Ich glaube, die sind schon fertig«, sagte Fränge. »Aber ich dachte, die C spielt immer erst um drei oder halb vier oder so. Wieso sind die denn schon fertig?«

»Keine Ahnung«, sagte Förster. Er war zum ersten Mal hier. Er hatte mit Fußball nichts am Hut. Immer wieder hatte Fränge ihn mit ins Stadion nehmen wollen, aber er hatte jedes Mal dankend abgelehnt.

Fränge stellte sich zu zwei rauchenden Frauen, und Förster folgte ihm. Die eine Frau war klein, trug Stiefeletten mit silbernen Nieten, eine ärmellose Bluse und enge, die Knöchel fest umschließende Jeans und hatte kurze weißblonde Haare. Die andere war einen ganzen Kopf größer, hatte dunkle schulterlange Locken, trug ein Depeche-Mode-T-Shirt und eine verwaschene Jeansjacke.

»Hallo, Mädels«, sagte Fränge, was Förster absolut unpassend fand, aber die beiden nickten nur. Dass Fränge verkatert war, war ihm plötzlich nicht mehr anzumerken.

»Das ist Arjana«, stellte Fränge die Blonde vor, »und das ist Luiza.«

»Wo bist du gewesen?«, fragte Arjana.

»Ich glaube, der Alex ist sauer«, sagte Luiza.

»Du hast gesagt, du holst ihn ab«, sagte Arjana.

»Ich weiß, ich habe es verbockt«, gab Fränge zu. »Das ist übrigens Förster.«

Die beiden Frauen strahlten plötzlich. »Ah, der berühmte Förster!«, sagte Arjana mit einem leichten Akzent, den Förster Richtung Osteuropa einordnete.

»Wir haben viel gehört«, meinte Luiza.

»Was erzählt Fränge denn über mich? Ich behaupte mal, das meiste ist gelogen.«

Arjana grinste. »Ich hoffe nicht.«

»Wieso war das Spiel denn so früh?«, wollte Fränge wissen. »Ich meine, letzte Saison waren die D, da ging das um zwei Uhr los, und ich dachte, die C, die spielt dann um halb vier.«

»Das war ein Freundschaftsspiel«, sagte Luiza. »Die haben abgemacht, dass es früher losgeht.«

»Das kann doch keiner wissen«, behauptete Fränge.

Luiza seufzte. »Ist jetzt auch egal. Das Spiel war schlimm. Keiner hat mehr Freude hier.«

Arjana trat ihre Zigarette aus. »Ich weiß nicht, ob Luan weitermacht.«

Eine der Türen des Kabinentraktes ging auf, und es erschienen etwa fünfzehn Jugendliche in schwarz-weißen Trainingsanzügen, und alle zogen Rollkoffer hinter sich her. Grußlos gingen sie an den Erwachsenen vorbei zur Straße und stiegen in einen Kleinbus, der mittlerweile vorgefahren war. Sie wirkten auf Förster höchst diszipliniert.

»Das waren die Gegner«, sagte Arjana. »Kommen mit den blöden Koffern und gehorchen wie Hunde. Die stellen sich für das Mannschaftsfoto auf wie Profis.«

Förster fragte, wie das Spiel ausgegangen sei. Arjana machte nur eine wegwerfende Handbewegung.

Aus einem der Container trat ein Mann, den Förster aufgrund seiner Aufmachung als Trainer der gegnerischen Mannschaft identifizierte. Er kam direkt auf sie zu, weil sie dem Ausgang am nächsten standen. Da Förster in seine Richtung schaute, wählte der Trainer genau ihn als Ansprechpartner aus.

»Sagt mal eurem Trainer, dass so etwas keinen Sinn macht! Solche Spiele bringen niemandem etwas. Uns nicht, weil wir nicht gefordert werden, und euch nicht, weil ihr keine Chance habt. Die Jungs sollen doch den Spaß nicht verlieren, verdammt noch mal!«

»Hast du ihm das auch schon gesagt?«, fragte Luiza.

»Ja, sicher, aber der hat mich nur angeguckt, als wollte er mir eine reinhauen.«

Kopfschüttelnd folgte der Mann seinem Team, und der Kleinbus fuhr ab.

»Das hört sich nach einer echten Packung an«, sagte Fränge. »Aber das war ja auch 09. Ist doch klar, dass wir gegen die die Hucke voll kriegen! Welcher Honk kommt denn auf die Idee, gegen 09 ein Freundschaftsspiel zu machen?«

Wie aufs Stichwort trat ein zweiter Mann aus dem Container. Er trug eine grün-weiße Trainingsjacke, war bestimmt eins neunzig und hatte lange Arme, die beim Gehen neben seinem Körper hin- und herschwangen, als seien sie nur locker in den Schultern eingehängt und drohten jeden Moment herauszufallen. Der geht, als wäre er gerade erst zusammengesetzt worden, dachte Förster.

Der Mann blieb vor der kleinen Gruppe stehen, sah auf den Boden und sagte: »Verdammte Scheiße!«

»Was ist los, Holger?«, fragte Fränge.

Holgers Blick wanderte über den rissigen Asphalt vor den Kabinen, hoch zum Himmel und dann rüber zum Platz. »Man kann verlieren«, sagte er. »Aber nicht so! Heute muss sich jeder Einzelne fragen, ob er wirklich alles für die Mannschaft gegeben hat. Diese verdammten Weicheier kotzen mich alle so an! Die können mich alle mal am Arsch lecken. Ich lasse mir das nicht länger bieten. Die sollen sich einen anderen Idioten suchen, die kleinen Wichser.«

»Mach mal halblang, Holger!«, sagte Fränge. »Du redest hier über unsere Kinder. Und überhaupt! Was hetzt du die 09er auf die? War doch klar, dass sie da auf die Fresse kriegen.«

Dieser Holger wich einen Schritt zurück, dann rotzte er auf den Boden und stapfte mit schlenkernden Armen Richtung Straße.

»Was für ein Vollidiot!«, stöhnte Fränge.

Diese Fußballwelt ist mir nicht nur fremd, dachte Förster, sondern zutiefst suspekt. Erwachsene, die Jugendliche nach einem verlorenen Spiel als kleine Wichser bezeichneten, da fehlen einem doch die Worte.

Kurz darauf kamen die ersten Jungs von der Spielvereinigung aus ihrer Kabine, keiner von ihnen trug einen Trainingsanzug, was Förster überaus sympathisch war, denn dieses Uniformierte, Disziplinierte, Glattgebügelte, das die anderen ausgestrahlt hatten, konnte einem doch regelrecht Angst machen, nicht umsonst waren Kinder, die sich nicht wie welche verhielten, ein beliebtes Thema in Horrorfilmen, *Dorf der Verdammten* fiel Förster ein, dieser Film aus den Fünfzigern oder Sechzigern, in dem es um lauter gleich aussehende Kinder mit weißen Haaren ging, die übernatürliche Kräfte hatten und deren Augen manchmal unheimlich aufleuchteten. Worum es genau ging, hatte er vergessen, aber ein modernes Remake, davon war er überzeugt, müsste man mit Kindern drehen, die in einheitlichen Trainingsanzügen herumliefen.

Ein Junge, der nur der Sohn des Trainers sein konnte, kam auf sie zu, vermied genau wie sein Erzeuger jeden Blickkontakt und fragte den Boden zu seinen Füßen: »Ist mein Vater schon weg?«

»Ist gerade raus«, sagte Arjana, und der Junge drehte sich zu den Kabinen um und brüllte: »Danke für nix, ihr Weicheier! Ihr könnt mich mal am Arsch lecken, ihr verdammten Opfer! Ich schreib euch aus Madrid!« Dann verließ er das Gelände mit dem gleichen ungelenken Gang wie sein Vater.

»Ist ein Arschloch«, sagte Arjana.

Luiza nickte. »Vater und Sohn, beide.«

Ein breitschultriger Junge mit dunklen Haaren kam auf Luiza zu. Sie wollte ihn umarmen, aber er entwand sich ihr und sagte: »Ich hör auf. Das war zu krass.« Dann erkannte er Fränge, und sein Gesicht hellte sich ein paar Grad auf, und er sagte: »Hallo, Fränge!« Ihm folgte ein etwas kleinerer Junge, der sich von Arjana widerstandslos umarmen und küssen ließ und dann ebenfalls mit einem Anflug positiver Stimmung Fränge begrüßte. Der erwiderte den Gruß, nannte den ersten Spieler Adnan, den zweiten Luan und sagte dann: »Leute, macht euch keinen Kopp! Die 09er sind kein Maßstab, gegen die hattet ihr keine Chance. Es ist doch der totale Wahnsinn, gegen die überhaupt ein Spiel zu machen, wenn man nicht unbedingt muss.«

»Das Training ist voll scheiße!«, sagte Adnan. »Zum Warmmachen müssen wir fünf Runden um den Platz laufen. Wer beim Training redet, läuft noch mal eine Runde. Und der Trainer meint, wir müssen gegen gute Mannschaften spielen, damit wir selber besser werden. Aber wenn wir dann verlieren, scheißt er uns zusammen und sagt, wir hätten uns nicht angestrengt. Ey, ich hab mich voll angestrengt, aber immer, wenn ich bei einem ankam, war der Ball schon weg.«

»Erzähl von letzter Woche«, sagte Luan.

»Ey, letzte Woche, ehrlich! Er meint, wir schießen nicht hart genug. Also Torschusstraining.«

»Ist ja erst mal nichts Ungewöhnliches«, meinte Fränge.

»Mit Medizinbällen!«

Förster war entsetzt. »Das ist doch Körperverletzung!«

Die beiden Jungs sahen ihn an.

»Das ist Förster!«, sagte Fränge.

»Der berühmte Förster!«, grinste Adnan.

»Habt ihr den Lehrer auch dabei? Den mit den karierten Hemden?«, wollte Luan wissen.

Damit war natürlich Brocki gemeint, der eine Vorliebe für kleinkarierte Hemden aus Funktionsmaterial hatte.

»Der muss Klausuren korrigieren oder so«, sagte Fränge.

»Fränge erzählt gerne von euch«, sagte Arjana.

»Wir gehen jetzt nach Hause«, sagte Luiza und legte ihrem Sohn eine Hand auf die Schulter.

»Yo Mann, wir müssen los«, sagte Adnan, und sie verabschiedeten sich von Fränge mit diesem speziellen Handschlag, bei dem man den Handballen des anderen umfasste, sodass es aussah, als wollte man ein Armdrücken beginnen.

»Du bist ja hier ein Star«, sagte Förster und blickte den

Jungs und ihren Müttern nach. »Was hast du denen von Brocki und mir erzählt?«

»Die Wahrheit, die ganze Wahrheit und nichts als die Wahrheit«, sagte Fränge, dessen Grinsen bei einem Blick über Försters Schulter jedoch in sich zusammenfiel.

Förster drehte sich um und sah Alex aus der Kabine kommen. Neben ihm ging ein Junge, der ein paar Zentimeter größer war und feuerrote Haare hatte. Alex zog eine große Tasche mit Rollen hinter sich her, und als er seinen Vater erblickte, änderte er die Richtung. Fränge wusste offensichtlich nicht, was er tun sollte. Hinübergehen und sich entschuldigen oder den Jungen in Ruhe lassen, weil eh alles zu spät war? Er entschied sich für eine dritte Möglichkeit und rief: »Hey Justin! Nicht mal du konntest was machen? Wenigstens eine Bude, den Ehrentreffer? Freistoß in den Winkel oder so?«

Justin hob kurz die Schultern. »Dafür muss man erst mal einen Freistoß in Tornähe bekommen.«

»So schlimm?«

»So schlimm.«

Alex zog Justin am Arm, und die beiden verließen das Gelände.

»Ich glaube, diesmal habe ich richtig Mist gebaut«, murmelte Fränge. »Die Summe macht's. Heute war einmal zu viel.«

Förster wollte etwas Aufmunterndes sagen, aber es fiel ihm nichts ein. Er dachte: Ich bringe dich jetzt erst mal weg hier, weg vom Dorf der Verdammten.

5 Blaue Stunde

Wie am Samstag üblich, war der Frühstücksansturm direkt in den Mittags- und Nachmittagsandrang übergegangen, jetzt aber herrschte die Ruhe vor dem Abendbetrieb, die blaue Stunde, dachte Förster, war aber versucht, sich selbst gleich zu korrigieren, denn die blaue Stunde hatte ja was mit der Dämmerung zu tun, wenn der Himmel sich bereits Richtung Nacht verfärbte, aber davon war weit und breit nichts zu sehen, es war gerade mal kurz nach fünf. Sie saßen vor dem *Café Dahlbusch*, während Lukas drinnen saubermachte. Förster und Brocki hatten Milchkaffee vor sich stehen, Fränge eine bereits zur Hälfte geleerte 1,5-Liter-Flasche Cola sowie eine große Packung Salzstangen. Er trug noch immer seine Sonnenbrille und sagte, Brocki solle sich mal nicht so aufregen, schließlich sei das nur ein Freundschaftsspiel gewesen.

»Null zu fünfundzwanzig?«, sagte Brocki. »Die andere Mannschaft hat das Spiel offenbar sehr ernst genommen.«

»Das waren die 09er«, sagte Fränge. »Gegen die hatten wir doch gar keine Chance!«

»Wieso sagst du *wir*?«, fragte Brocki. »Wer seinen Sohn so hängen lässt, darf doch nicht *wir* sagen.«

Fränge griff sich noch zwei Salzstangen, steckte sie in den Mund und spülte mit Cola nach.

»Es ist ja auch nicht das erste Mal«, fuhr Brocki fort. »Wie oft hast du ihn in den letzten Monaten versetzt? Kannst du das überhaupt noch zählen? Du hast sogar seinen Geburtstag vergessen!«

»Ja, richtet mich hin!«

»Das wird die Uli schon machen«, sagte Brocki. »Oder der Alex selber.«

Förster kannte dieses Geplänkel zwischen den beiden, das sich für Außenstehende manchmal wie ein Streit anhörte, tatsächlich aber nur der Ausdruck einer lebenslangen Freundschaft war, die zu gleichen Teilen auf der Gegensätzlichkeit zweier Charaktere und den gemeinsamen Erfahrungen, die sie seit ihrer Kindheit gemacht hatten, beruhte. Förster hatte die beiden erst auf dem Gymnasium kennengelernt. Das war jetzt auch schon einundvierzig Jahre her, aber trotzdem hatte er bisweilen immer noch das Gefühl, außen vor zu sein. Was nicht zuletzt mit der unterschiedlichen sozialen Herkunft zu tun hatte, wie Förster irgendwann klar geworden war. Er selbst war der Sohn eines habilitierten Spezialisten für amerikanische Geschichte mit einer lebenslangen Leidenschaft für eine flegelhafte britische Rockband namens The Rolling Stones, während Fränges Vater als Bäcker- und Konditormeister Kleinunternehmer gewesen war und Brockis Vater jahrzehntelang *auf Stahlwerke malocht* hatte, wie Brocki das heute noch ausdrückte. Brockis Eltern, die Brocks, waren um einiges älter gewesen als Försters und Fränges, hatten ihren Tilmann als Nachzügler bekommen, als die beiden anderen Söhne schon fast die Volljährigkeit erreicht hatten, und waren bereits verstorben, während das Ehepaar Dahlbusch nach der Aufgabe ihres Betriebes das Wandern für sich entdeckt hatte.

Fränge legte die Arme auf die Rückenlehne der aus farbig lackierten Latten bestehenden Holzbank und hielt das Gesicht in die Sonne.

»Du hast doch überhaupt keine Ahnung von Fußball, Brocki!«

»Um den Mist, den du baust, als Mist zu erkennen, muss ich doch keine Ahnung von Fußball haben!«

»Und Kinder hast du auch nicht.«

Förster hielt den Atem an. Das war ein Tiefschlag. Brocki hatte nur deshalb keine Kinder, weil er nur eine einzige Frau in seinem Leben wirklich geliebt hatte, die Silke, und die war bereits tot.

»Das war jetzt richtig scheiße«, sagte Förster.

Brocki schwieg. Fränge nahm erst die Arme von der Rücklehne und dann die Sonnenbrille ab und sah Brocki an. »Tut mir leid. Ehrlich. Förster hat recht, das war jetzt richtig scheiße. Dafür gibt es keine Entschuldigung.«

Okay, dachte Förster, das meint er ernst. Und weil die beiden sich seit fast fünfzig Jahren kannten, konnte Brocki die Bemerkung tatsächlich wegstecken. Er wartete allerdings ein paar Sekunden, damit Fränge das Ganze noch ein bisschen bereuen konnte.

»Immerhin habe ich früher Fußballbilder gesammelt«, sagte er dann.

»Aber du hattest keine Ahnung, wer die Spieler auf den Bildern waren.«

»Ich weiß aber noch, dass ich mal eine Tüte hatte, in der war zweimal Erich Beer drin.«

Fränge seufzte. »Erich Beer, mein Gott, wie lange habe ich nicht an den gedacht!«

»Warum auch?«, sagte Förster.

»Immerhin war der Nationalspieler«, sagte Brocki. »Der hat doch Länderspiele gemacht, oder?«

»Der war bei der Schmach von Córdoba dabei«, bestätigte Fränge, und weil Förster offenbar ein besonders fragendes Gesicht machte, erklärte er ihm, dass damit die Zwei-zu-drei-Niederlage der bundesdeutschen Nationalmannschaft gegen Österreich bei der Weltmeisterschaft 1978 gemeint war. Förster fand es komisch, dass man im Zusammenhang mit einem Fußballspiel von Schmach sprechen konnte.

»Der hatte schon mit Mitte, Ende zwanzig eine ganz hohe Stirn und Geheimratsecken«, meinte Brocki.

»Egon Köhnen von Fortuna Düsseldorf hatte mit Mitte zwanzig schon eine Glatze«, sagte Fränge.

»An den erinnere ich mich nicht«, sagte Brocki.

»Aber an den Beer, weil du den zweimal in einer Tüte hattest?«

»Das war Beschiss! Ich bin damals zum alten Jankowski gelaufen und habe das reklamiert, aber der hat mir nicht geglaubt. Der dachte, ich will mir eine Tüte für umsonst ergaunern.«

Schreibwaren Jankowski. Förster erinnerte sich dunkel.

»Der Jankowski war ein alter Nazi«, sagte Fränge und holte sein Handy heraus.

»Für dich war doch früher jeder ein Nazi, der nicht zur Begrüßung *Rotfront* gebrüllt hat«, sagte Brocki.

»Ich war immer für die Befreiung der arbeitenden Massen, das stimmt.« Fränge tippte etwas in sein Telefon und hielt es sich ans Ohr. »Lukas, bring mal eine Runde Weizenbier nach draußen, aber vergiss nicht, die Gläser vorher auszuspülen.« Fränge steckte das Telefon wieder weg.

Brocki war fassungslos. »Du hast gerade dadrinnen angerufen? In deinem eigenen Laden? Obwohl du direkt davorsitzt? Wie weit ist das? Zehn Meter? Bist du noch ganz gescheit?«

»Gescheit und schwach«, sagte Fränge. »Kein Alkohol ist auch keine Lösung, habe ich festgestellt. Cola und Salzstangen haben mich nicht nach vorne gebracht, also gibt es jetzt ein Konterbier. Außerdem hab ich Flatrate.«

»Wenn überhaupt hast du *eine* Flatrate«, sagte Brocki. »Das ist ja auch so eine neue Mode, die Artikel und Präpositionen wegzulassen. Das höre ich jeden Tag im Unterricht:

Ey, kommst du nachher noch Bahnhof? Gehen wir noch Media Markt? Gib mal Ball! Und alles von Kindern, die mit Deutsch aufwachsen!«

»Da geht sie also wieder den Bach runter, die deutsche Leitkultur!«, höhnte Fränge.

»Die Sprache verlottert!«

»Wegen der ganzen Ausländer oder was?«

»Nicht wegen der ganzen und auch nicht wegen der halben und auch nicht wegen all der Ausländer, wie es grammatisch korrekt heißen müsste, sondern wegen WhatsApp. Und ich habe in meinen Klassen und Kursen keine Ausländer, sondern nur Deutsche mit unterschiedlichen Wurzeln. Aber mal eine andere Frage: Wie soll das denn jetzt weitergehen mit dem Alex und dir? Hast du einen Plan? Du musst doch was tun.«

»Ich weiß es noch nicht. Ich zerbreche mir die ganze Zeit den Kopf. Es muss mir was einfallen, was richtig Gutes. Ich weiß, dass ich da nicht mit einem großen Stoffteddy wieder rauskomme. Diesmal muss ich richtig liefern.«

»Immerhin scheint er die Tragweite des Problems richtig einzuschätzen«, sagte Brocki zu Förster.

Lukas kam und balancierte drei Weizenbier auf einem Tablett, und Förster fürchtete schon, das würde nicht gut gehen, aber er schaffte es, das Tablett auf dem Tisch abzustellen, ohne etwas zu verschütten.

»Übrigens, Brocki«, sagte Förster, »wenn du dir mal Zutritt zu Fränges Wohnung verschaffen musst, dann brüll im Hausflur nicht *Polizei*, sondern *Feuerwehr*.«

»Sehr witzig«, sagte Lukas, stellte die Biere vor sie hin und ging wieder hinein.

»Muss ich nicht verstehen, oder?«, fragte Brocki.

»Wenn der Polizei hört, kriegt der Angst um sein Dope«, sagte Fränge.

Brocki war entsetzt. »Der hat Drogen in seiner Wohnung? In deinem Haus?«

Fränge winkte ab. »Keine Drogen, nur Gras. Also eigentlich Futter für Kühe.«

»Wieso Weizenbier?«, wollte Förster wissen, der zugeben musste, auch schon daran gedacht zu haben, den Abend einzuläuten, auch wenn er eher Aperol oder Weißweinschorle im Sinn gehabt hatte.

»Es ist die blaue Stunde«, sagte Fränge.

»Na ja«, sagte Förster, »genau genommen spricht man von der blauen Stunde, wenn sich der Himmel wegen der nahenden Nacht zu verfärben beginnt, und das ist ja noch nicht der Fall.«

»Oh, der Dichter hat heute wieder Korinthen im Stuhl«, sagte Brocki grinsend.

Fränge hob sein Glas. »Es ist warm, der Sommer biegt auf die Zielgerade ein. Samstagabend in unserer Straße, wie Peter, der Maffay, einst sang, und da gibt es nichts Besseres als ein Weizenbier in der untergehenden Sonne. Tutti completi mit Präpositionen und Artikeln.«

Das leuchtete Förster ein, und auch Brocki hatte keine Einwände, sie stießen an und tranken ein Konterbier auf das Wohl von Erich Beer und Egon Köhnen, und Förster hatte jetzt einen Peter-Maffay-Ohrwurm.

6 Der Untote

Aus den Boxen kam *Manic Monday* von den Bangles, aber Monika sang *Monday, Monday* von The Mamas and the Papas, das zuvor gelaufen war, denn Förster hatte die Montagsplaylist chronologisch nach dem Erscheinungsjahr der Stücke geordnet, und nun ging bei ihm im Kopf einiges durcheinander, zumal Monika ihn vorhin noch gefragt hatte, ob er Susanna Hoffs, die Sängerin von den Bangles, früher attraktiv gefunden habe. »Wieso früher?«, hatte Förster zurückgefragt und den Blick, den sie ihm daraufhin zugeworfen hatte, nicht deuten können, und deshalb interpretierte er ihr *Monday-Monday*-Singen als kleine eifersüchtige Spitze, obwohl Monika für echte Eifersucht viel zu klug und zu selbstbewusst war, also wollte sie vielleicht auch nur die Tatsache ironisch kommentieren, dass sie mit einem Mann zusammenlebte, der Playlists für Wochentage zusammenstellte.

Förster sah ihr zu, wie sie an der modernen Kücheninsel mit der schwarz glänzenden Arbeitsplatte stand und den Salat zubereitete. Er hatte sich noch nicht an diese Wohnung gewöhnt. So großzügig und modern hatte er nicht mehr gewohnt, seitdem er aus dem Flachdach-Bungalow seiner Eltern ausgezogen war. Letztes Jahr im Herbst hatte Monika ihn gefragt, wie lange er denn noch in dieser winzigen Wohnung leben wollte, die er in den Achtzigern bezogen hatte, und darauf hatte Förster keine Antwort gehabt. Als er in den

Neunzigern mit Martina zusammen gewesen war, hatte er mal kurz darüber nachgedacht, zu ihr zu ziehen, aber als die Sache in die Brüche gegangen war, war er froh gewesen, sich in seine vertraute Höhle zurückziehen zu können.

Förster stellte alles auf den Tisch, Brot und Aioli und Pflaumen im Speckmantel und Käse und Chorizo und spanischen Rosé, gut gekühlt, Sommerwein, auch wenn Fränge ihn *Friseusenwein* nannte, was frech nicht nur gegenüber Friseurinnen war, sondern auch gegenüber der tollen, durchaus roten, aber immer noch frisch transparent leuchtenden Farbe dieses Weins, den er mit Monika auf Lanzarote entdeckt und später über das Internet bestellt hatte.

»Was hast du heute gemacht?«, fragte Monika, als sie sich setzten und anstießen, während die Abendsonne flach durch die Fenster auf den Tisch fiel.

»Ich habe überlegt, einen *Ulysses* für unsere Zeit zu schreiben, aber dann hätte ich den von James Joyce lesen müssen, und das wollte ich dann doch nicht. Ich habe mich dann mit meinem Alternativprojekt beschäftigt.«

»Nichtstun, die Welt beobachten, Kaffee bei Fränge, lesen?«

»Genau das.«

»Prima, ich mag meine Männer gut ausgeruht. Wie geht es Fränge?«

Monika war Fränge gegenüber immer besonders verständnisvoll gewesen, egal was der angestellt hatte.

»Er macht sich Sorgen. Er fürchtet, dass er sich diesmal in etwas hineinmanövriert hat, aus dem er sich nicht so schnell herauswinden kann.«

Monika griff in ihre dichten schwarzen Locken, die ihr beim Essen immer wieder in die Stirn fielen, und bändigte sie mit einem Gummiband, das sie aus ihrer Jeans hervorgeholt hatte.

»Ich denke, er hat recht«, sagte sie. »Ich liebe ihn heiß und innig, aber aus dem Grab, das er sich da geschaufelt hat, kommt er nicht mal als Untoter wieder raus.«

»Der Alex kennt doch seinen Vater«, meinte Förster und wusste selbst nicht so genau, was er damit sagen wollte.

»Die Geschichten von Söhnen, die sich mit ihren Vätern wegen solcher Sachen überwerfen, sind Legion.«

»Und Töchter?«

»Lena kommt klar mit ihrem Vater«, sagte Monika und schien noch etwas hinzufügen zu wollen, aber da meldete sich Försters Handy. »Der Untote«, stellte Monika mit einem Blick aufs Display fest.

Nicht mal als Untoter, hat sie gesagt, dachte Förster, also war Fränge im übertragenen Sinne toter als untot, mithin auch nicht als Untoter zu bezeichnen, aber das lassen wir jetzt mal auf sich beruhen.

Förster nahm das Gespräch an und sagte: »Hallo, Fränge.«

»Förster, mein Förster! Lieblingsautor! Ich hoffe, ich störe beim Essen.«

»Wir haben gerade angefangen.«

»Trinkt ihr wieder diesen Friseusenwein?«

»Was ist los, du bist ja ganz aufgekratzt.«

»Mir geht es gut. Denn ich habe einen Plan.«

»Es ist immer gut, einen Plan zu haben.«

»Ich hatte vorhin die Uli in der Leitung. Man muss ja ständig was besprechen. Ist viel zu organisieren in so einer Beziehungsauszeit, wenn man ein gemeinsames Kind hat.«

Auszeit, aha, dachte Förster.

»Und natürlich hat sie mir noch mal den Kopf gewaschen wegen Samstag. Zu Recht. Ich will da gar nichts schönreden. Das war richtig scheiße von mir. Aber jetzt habe ich einen Plan.«

»Und den willst du mir erzählen?«

Förster hörte, wie Fränge einen tiefen Schluck aus einer Flasche nahm und dann aufstieß. Fränge und gutes Benehmen hielten sich selten im selben Raum auf.

»Was trinkst du denn da, Fränge?«

»Bier, wieso?«

»Ich dachte, dein Plan beinhalte vielleicht eine gewisse Mäßigung, was die Verhaltensweisen angeht, die dich dazu gebracht haben, dir dieses Grab zu schaufeln, aus dem du nicht mal als Untoter wieder herauskommst.«

»Was ist das denn für ein blöder Vergleich? Ist der von dir?«

»Gewissermaßen.«

Monika blickte auf. Die kriegt alles mit, die Monika, dachte Förster.

»Ich sage dir«, sagte Fränge, »ohne ein gewisses Maß an Rausch wäre ich auf diesen Plan überhaupt nicht gekommen. Und ich erzähle dir davon, weil du darin eine nicht unwesentliche Rolle spielst.«

Oha, dachte Förster, jetzt heißt es aufgepasst!

»Es geht um den Alex und seine Mannschaft«, sagte Fränge. »Du hast ja den Trainer kennengelernt am Samstag, der Typ ist eine Katastrophe.«

»Dem kann ich nicht widersprechen.«

»Du hast ja auch mitbekommen, dass die null zu fünfundzwanzig verloren haben und dieser Honk sich tierisch aufgeregt hat. Hast du doch, oder?«

»Ja, sicher, komm doch mal auf den Punkt!«

Förster fragte sich, was das für ein Brei sein konnte, um den Fränge so beharrlich herumredete.

Fränge nahm noch einen Schluck. »Dieser Honk hat jetzt in den Sack gehauen.«

»Heißt?«

»Was soll das schon heißen, Förster! Der hat aufgehört!

Der ist nicht mehr Trainer der C-Jugend der Spielvereinigung.«

»Das ist doch gut!«

»Ja, das ist gut.« Fränge machte eine kleine Pause. »Aber jetzt haben die keinen Trainer.«

»So ein Verein findet doch immer jemanden. Die anderen Mannschaften haben ja auch Trainer. Die kennen sich im Verein mit so etwas doch aus. Passiert bestimmt ständig.«

»Darum geht es nicht, Förster.«

»Sondern?«

»Ich mache das.«

»Du suchst denen einen neuen Trainer?«

»Ich BIN der neue Trainer.«

»Du? Kannst du das denn?«

»Ich gehe seit vierzig Jahren ins Stadion, ich habe unzählige Spiele gesehen. Wenn die sogenannten Profis auf mich hören würden, wären die längst wieder in der Bundesliga.«

»Sind sie das jetzt nicht?«

»Nein, Förster, der VfL spielt derzeit nicht in der Bundesliga, jedenfalls nicht in der ersten.«

»Wie viele gibt es denn?«

»Es gibt drei bundesweite Profiligen und ... Verdammt, Förster, das ist doch jetzt egal. Ich mache den Trainer, weil ...«

»Weil was?«

»Herrgott, ich fühle mich wie damals, als Gisela Hartmann unbedingt wollte, dass ich *Ich liebe dich* sage. Muss man denn immer alles aussprechen?«

»Das erleichtert dem Gesprächspartner nicht selten das Verständnis.«

Fränge seufzte schon wieder, ein Seufzen, das mehr ein entnerves Stöhnen war, fand Förster, dann nahm Fränge noch einen Schluck Bier und sagte: »Ich mache das, weil ich damit vielleicht mein Verhältnis zum Alex reparieren kann.«

Okay, dachte Förster, das könnte funktionieren. Wenn Fränge es nicht wieder verbockt.

»Ja, prima«, sagte Förster, »ist tatsächlich keine schlechte Idee, denke ich. Aber was habe ich damit zu tun?«

Fränge holte Luft und sagte: »Das ist zu viel Aufwand für einen alleine, und außerdem habe ich doch derzeit keinen Führerschein, und da muss ja immer was gefahren werden, Bälle und so und Spieler, da kommen ja kaum noch Eltern mit zu den Auswärtsspielen. Ich dachte: Ich habe den Bulli und Förster eine gültige Fahrerlaubnis. Außerdem hast du jede Menge Tagesfreizeit. Deshalb wollte ich dir den Job als mein Co-Trainer anbieten.«

»Wie bitte?«

»Ich wusste, du würdest dich freuen.«

»Ich, Co-Trainer? Ich habe von Fußball noch weniger Ahnung als Brocki.«

»Ja, der Brocki, der kann natürlich nicht, weil der ständig Unterricht hat und so. Und dass er keine Ahnung hat, würde ihn nicht davon abhalten, mir ständig reinzuquatschen. Du bist da viel pflegeleichter.«

»Du verstehst es echt, einem so etwas schmackhaft zu machen, Fränge!«

Förster sah, dass Monika mit dem Essen fertig war und ihren Teller in die Spülmaschine räumte. Sie goss sich Wein nach und sah Förster an.

»Mal ernsthaft, Förster«, sagte Fränge und wurde leiser, sanfter, klang fast wie ein Bittsteller. »Ich muss das machen. Das könnte meine letzte Chance sein, wenn ich den Alex nicht verlieren will. Aber ich kann das nicht alleine machen. Ich brauche deine Hilfe.«

»Das ist doch völliger Wahnsinn. Und es ist ja auch nicht so, dass ich so gar nichts zu tun hätte.«

Monika verschluckte sich an ihrem Wein, hustete und lachte.

»Muss die Moni kotzen?«, fragte Fränge.

»Lenk jetzt nicht ab.«

»Du bist mit deinem Buch über unseren Trip an die Ostsee doch fertig, du müsstest Zeit haben.«

»Nach dem Buch ist vor dem Buch.«

»Jahrelang hast du nichts auf die Reihe bekommen und jetzt geht es wie's Brezelbacken, oder wie?«

Tatsächlich hatte Förster schon erste Notizen für seinen nächsten Roman gemacht, in dem es um die Zeit in den Neunzigern gehen sollte, als er mit Martina Theater gemacht hatte, aber er wusste auch, dass er, so kurz nachdem er ein Buch fertiggestellt hatte, nicht gleich an das nächste gehen konnte. Das würde noch dauern.

»Fränge, von den vielen dummen Ideen, die du hattest, ist die in den Top drei, vielleicht sogar an der Spitze.«

Förster konnte praktisch sehen, wie Fränge grinste. »Du erkennst also das Potenzial der Idee?«

Förster warf Monika einen Blick zu. Sie griff sich an den Hinterkopf, zog das Gummi aus ihren Haaren und schüttelte ihre Locken.

»Du hast recht«, sagte Fränge, »ich bin nicht mal ein Untoter, ich bin komplett tot. Willst du mir helfen, wenigstens ein Zombie zu werden?«

Auf keinen Fall, dachte Förster, das kann alles nur in einem Desaster enden.

7 Holzstück und Sechskantmutter

»Ernsthaft?«

Die Augenbrauen der Frau, die Fränge Förster vorhin als Sabine vorgestellt hatte, schnellten so weit nach oben, dass Förster befürchtete, sie könnten unter dem Ansatz ihres dichten dunkelbraunen Haupthaars verschwinden, einmal um den Kopf laufen und am Kinn wieder herauskommen.

»Absolut«, sagte Fränge. »Ich bin euer Mann, ich ziehe das durch, ich bin da, wenn die Partei mich ruft. Gut, gerufen hat jetzt niemand, aber soweit ich weiß, ist es nicht so einfach, geeignete Kandidaten für den Job zu finden.«

Förster dachte: Der redet wie einer, der sich undercover in eine Drogengang einschmuggeln will.

»Und einen Co-Trainer habe ich auch.« Fränge zeigte mit dem Daumen auf Förster.

Sabine war die Leiterin der Jugendabteilung der Spielvereinigung. Sie trug ein weißes Poloshirt von Adidas mit schwarzen Streifen auf den Ärmeln. Auf der Vorderseite war links das Vereinswappen aufgedruckt und rechts eine Werbung für *Teamsport Hannes*. Sie saß an einem alten Schreibtisch, dessen Arbeitsfläche mit Resopal bezogen war, das sich an den Rändern aufbäumte. Vor ihr stand ein betagter Laptop mit rauschender Lüftung, an der Wand hinter ihr ein Regal vom Möbeldiscounter, in dem gelbe Westen herumlagen und rote Flaggen. Förster fragte sich, wofür die gut waren, es wurden hier ja wohl kaum Flugzeuge eingewiesen oder Baustellen gesichert. Auf dem obersten Regalbrett reihten sich DIN-A6-Plastikordner mit handbeschriebenen Etiketten aneinander: *Mini, F1, F2, F3, E1, E2, D, C, B.* Kein A, dachte Förster.

Die Luft in diesem Container war zum Schneiden, denn Sabine rauchte, und das bei geschlossenen Fenstern. Da auch noch die Rollläden davor heruntergelassen waren, standen sie im grellen Licht einer Leuchtstoffröhre, obwohl draußen die Sonne von einem wolkenlosen Himmel strahlte.

»Okay«, sagte Sabine und zog an ihrer Zigarette. »Es ist tatsächlich nicht so einfach, jemanden zu finden. Ich will nur sichergehen, dass ihr euch das gründlich überlegt habt. Nicht dass ihr in ein paar Wochen sagt, euch wird das alles zu viel, und dann lasst ihr mich mitten in der Saison hängen.«

»Keine Sorge«, sagte Fränge. »Ich denke, wir haben eine klare Vorstellung von dem, was uns erwartet. Ich meine, es ist Kinderfußball, oder? Wir sollen hier keinen Impfstoff gegen AIDS entwickeln.«

Fränge lachte, Sabine nicht.

Also, ich habe nicht die geringste Ahnung, worauf ich mich einlasse, dachte Förster. Er räusperte sich und sagte: »Muss man da nicht, keine Ahnung, einen Kurs machen oder so? Braucht man da nicht einen Trainerschein oder etwas in der Art?«

»Klar könnt ihr einen Übungsleiterschein machen. Der Kreis bietet immer wieder Lehrgänge an. Aber das ist keine Voraussetzung. Kommt mal mit!« Sabine zog ein letztes Mal an ihrer Zigarette und drückte sie in einem ziemlich vollen Aschenbecher aus, der Werbung für Marlboro machte. Sie nahm etwas aus einer Schublade und kam um den Schreibtisch herum. Förster und Fränge folgten ihr nach draußen und hinüber zu den Kabinen.

44

»Das hier«, Sabine zeigte auf eine der Türen, »ist die Kabine für die Heimmannschaft. Daneben die für den Schiedsrichter.«

Sabine schloss auf. Förster fand, der rundum gekachelte Raum sah aus wie eine Toilette, in der man die Toilette vergessen, dafür aber eine kurze Sitzbank mit Garderoben-Überbau, einen Tisch, einen Stuhl und einen Spind gestellt hatte.

»Hat was von einer Ausnüchterungszelle«, sagte Fränge.

»Das hier«, sagte Sabine und hielt einen Schlüssel in die Höhe, an dem ein längliches, grobes Holzstück befestigt war, »ist der Schlüssel für die Kabinen. Der liegt im Container in der Schublade vom Schreibtisch. Kann sein, dass ich am Spieltag nicht da bin, dann müsst ihr euch selber drum kümmern.«

»Letzte Saison haben noch Väter gepfiffen«, sagte Fränge.

»Ab C-Jugend Kreisliga A stellt der Kreis die Schiedsrichter«, sagte Sabine. »Aber keine Linienrichter. Der Kreis ist froh, wenn er genug Schiris zusammenbekommt.«

»Der Kreis?«, fragte Förster.

»Der Fußballkreis Bochum. Besteht aus Bochum, Wattenscheid, Witten und Hattingen.«

»Quasi die unterste Verbandsebene«, ergänzte Fränge.

Man lernt hier richtig was, dachte Förster.

Sabine schloss die Schirikabine wieder ab und öffnete die nächste Tür. Dahinter lag ein schmaler langer Raum. An den Wänden standen Sitzbänke ohne Lehnen, darüber waren Garderobenhaken angebracht. Der Geruch erinnerte Förster an die Umkleide beim Sportunterricht.

»Da hinten links geht es in die Dusche. Die teilt man sich mit der Gästemannschaft. Muss man bei den Blagen ein bisschen aufpassen. Dass die sich da nicht in die Wolle kriegen. Wenn sie überhaupt duschen. Viele tun das nicht mehr.«

Förster war verwundert. »Wieso nicht?«

»Die Moslems wollen sich aus religiösen Gründen nicht nackt zeigen, die Deutschen schämen sich«, sagte Sabine.

»Sind die Moslems keine Deutschen?«, fragte Förster.

»Du weißt, was ich meine.«

Sabine ging zu einer anderen Tür. Bevor sie aufschloss, hielt sie wieder einen Schlüssel in die Höhe. An diesem war kein Holzstück, sondern eine große Sechskantmutter als Anhänger.

»Wichtig!«, sagte sie. »Der Schlüssel zum Ballraum. Davon haben wir nur noch einen. Für beide Schlüssel gilt: Die dürfen auf keinen Fall wegkommen! Die Turnhalle und die Kabinen sind städtisch. Wenn die Schlüssel weg sind, müssen alle Schlösser ausgetauscht werden, weil das hier alles eine Schließanlage ist. Und wir müssen das bezahlen. Wer die Schlüssel verschlampt, wird erschossen.«

Sabine öffnete die Tür. Förster sah Metallregale, etwa einen Meter achtzig hoch. Vor jedem Regalfach war eine Sperrholzplatte angebracht, die unten von zwei Scharnieren gehalten und oben mit einem Vorhängeschloss gesichert wurde.

»Das hier ist euer Fach«, sagte Sabine und klopfte auf die Platte, die mit einem *C* beschriftet war. Sie löste einen kleinen Schlüssel von einem ziemlich dicken Bund, den sie zusätzlich zu den Schlüsseln an Holzstück und Sechskantmutter mit sich herumtrug.

»Hier«, sagte sie und reichte Fränge den Schlüssel. »Mach mal auf.«

Fränge öffnete das Vorhängeschloss, vergaß aber, die Platte festzuhalten, sodass sie unten gegen das Fach mit der Aufschrift *D* knallte.

»Das sind eure Bälle«, sagte Sabine, ohne auf Fränges Malheur einzugehen. Offensichtlich hatte sie nichts anderes erwartet.

In dem Fach lag ein Netz, das nach Försters Vermutung mal weiß gewesen sein musste, nun aber genauso schwarz aussah wie die Bälle darin.

»Wieso sind die Bälle schwarz?«, fragte er.

»Wegen dem Granulat.« Sabine hielt die Frage damit offenbar für beantwortet.

»Mensch, Förster«, stöhnte Fränge. »Auf dem Kunstrasen liegt Granulat aus geschredderten Autoreifen, damit der Untergrund nicht so stumpf ist. Das färbt auf die Bälle ab. Ist nun wirklich Allgemeinwissen.«

»Nee«, sagte Sabine. »Weiß so gut wie keiner. Regen sich nur alle drüber auf.«

Etwas versteckt neben einem der Regale war eine weitere Tür, die Sabine nun mit einem Ruck öffnete. In dem Raum dahinter standen Kisten, aus denen alles Mögliche herausquoll, alte Trainingsanzüge, grün-weiße Winterjacken, Trikots und T-Shirts.

»Hier müsste man mal ausmisten«, sagte Sabine. »Aber man kommt ja zu nichts.«

Sie musterte Förster und Fränge kurz von oben bis unten, griff dann in eine der Kisten und zog einen Stapel in Plastikhüllen eingeschweißte Adidas-Polohemden heraus, die genauso aussahen wie das, was sie trug.

»XL müsste hinhauen, oder?«

»Eher L«, meinte Fränge.

Sabine ging den Stapel durch. »L ist aus«, sagte sie. »M oder XL?«

»Dann M.«

Sabine zögerte kurz, zuckte dann mit den Schultern und drückte Fränge ein Shirt in die Hand.

»Ich sehe gerade«, sagte sie zu Förster, »dass das mein letztes in M war. Du kriegst also XL.«

Förster nahm das Shirt entgegen, obwohl er nicht überzeugt war, dass er es auch tragen würde, es kam ihm irgendwie anmaßend vor, über ein Kleidungsstück die Zugehörigkeit zu einer Gruppe zu demonstrieren, zu der er gar nicht gehörte, er war nur hier, um Fränge durch die Gegend zu fahren und vielleicht mal irgendwas von rechts nach links zu tragen.

Sabine drängelte sich an ihnen vorbei, zurück in den Ballraum. Förster und Fränge folgten ihr, sie schloss die Tür zu dem Kabuff ab und nahm dann das Netz mit den Bällen aus dem Fach. Dahinter kam irgendetwas aus buntem Plastik zum Vorschein. »Das sind eure Hütchen.«

»Hütchen?«, fragte Förster.

»Ohne die geht gar nichts«, sagte Fränge. »Hütchen sind die Eiswürfel im Baileys des Jugendfußballs.«

Sabine drückte Förster das Netz in die Hand, das sich schmutzig und brüchig anfühlte, und reichte Fränge die Hütchen.

Sie gingen nach draußen zu einem in den Vereinsfarben gestrichenen Schuppen gleich neben dem Spielfeld. Die Tür war offen.

»Das ist die Kreidebude«, sagte Sabine. »Als das hier ein Ascheplatz war, stand da der Wagen drin, mit dem der Platzwart die Kreidelinien gezogen hat. Ist ja jetzt nicht mehr nötig.«

In dem Schuppen erkannte Förster Stangen, die in Halbkugeln steckten, außerdem weitere bunte Hütchen in allen möglichen Größen und Formen sowie ein Gerät, das aussah wie ein Stromgenerator.

»Das ist die Kompressorpumpe für die Bälle«, sagte Sabine.

Sie reichte Förster den Schlauch, der an der Pumpe angebracht war und am vorderen Ende ein schwarzes Plastikstück mit Metallspitze hatte.

»Das hier steckst du ins Ventil, und dann drückst du hier drauf.« Sabine zeigte auf einen Knopf an der Pumpe. »Versuch's mal!«

Förster nahm einen Ball, der ihm besonders weich vorkam, aus dem Netz, führte die Spitze ins Ventil ein und drückte den Knopf. Erstaunlich schnell füllte sich der Ball mit Luft. Förster zog die Metallspitze heraus, und die Kompressorpumpe machte plötzlich einen Höllenlärm.

»Das wollte ich nicht!«

Fränge lachte. »Das Ding zieht Luft, Förster. Die muss ja irgendwo herkommen.«

»Klar, und was sind das für Stangen?«

»Die sind fürs Training«, sagte Sabine. »Slalom laufen und so, keine Ahnung. Kriegt ihr schon raus. Okay, ich würde sagen, ihr pumpt mal die Bälle auf, und wenn ihr damit fertig seid, kommt ihr ins Büro und ich erkläre euch den Rest.«

Sabine ließ sie allein, und Förster sagte, diese Einweisung komme ihm vor wie ein Initiationsritus. Fränge sagte nichts. Schweigend pumpten sie die Bälle auf.

»So, jetzt werde ich offiziell nervös«, sagte Fränge, als sie fertig waren und wieder nach draußen gingen.

»Das ist Kinderfußball«, sagte Förster, »du sollst hier keinen Impfstoff gegen AIDS entwickeln.«

»Ja, ja, nur, es ist so.« Fränge brach ab, zog die Nase hoch und blickte zum Himmel. »Alex weiß noch nicht Bescheid.«

»Worüber?«

»Dass du sein neuer Co-Trainer bist.«

»Damit wird er klarkommen, würde ich sagen.«

»Na ja, er weiß auch noch nicht, dass ich der neue Trainer bin. Soll eine Überraschung sein.«

8 Die wilde Dreizehn

Da saßen sie, verteilt auf die Bänke, dreizehn Jungs. Die wilde Dreizehn, dachte Förster, und dann ging ihm durch den Kopf, dass das nicht gerade viele waren, schließlich hatte eine Fußballmannschaft elf Spieler, die, laut der Überlieferung der Vorfahren, elf Freunde zu sein hatten, aber elf Freunde hatten besser mehr als zwei Auswechselspieler, das war sogar Förster klar.

Einer hatte sein Gesicht in den Händen vergraben und schüttelte immer wieder den Kopf, weil er nicht fassen konnte, wer sein neuer Trainer war, sein Vater nämlich, und der Junge neben ihm legte Alex eine Hand auf die Schulter. Diese Verzweiflung sah echt aus, und Förster beschlich die Befürchtung, das hier sei vielleicht doch nicht so eine gute Idee gewesen, vor allem, hier reinzuplatzen, ohne den Jungen vorzubereiten oder seine Meinung einzuholen.

»Ich weiß, das ist jetzt für einige von euch eine ziemliche Überraschung, also vor allem für einen, aber ich kann schon mal sagen, dass es bei mir kein Torschusstraining mit Medizinbällen gibt.«

Fränge machte eine Pause und wartete offensichtlich auf eine Reaktion, bekam jedoch keine.

»Also, ihr kennt mich ja schon eine ganze Weile, aber ihr könnt mich weiter Fränge nennen, oder auch Trainer, aber eben nicht Herr Dahlbusch oder Frank oder so. Frank nennen mich eigentlich nur meine Eltern. Und Alex' Mutter, wenn sie sauer auf mich ist. In letzter Zeit hat sie mich ziemlich häufig Frank genannt.«

Wieder machte Fränge eine Pause, wieder herrschte Stille.

»Und das hier ist der Förster«, fuhr er fort. »Der ist mein Co-Trainer, und der kennt euch ja noch gar nicht, also würde ich sagen, jeder sagt mal seinen Namen und welche Position er spielt.«

Links von Förster und Fränge saß ein Junge mit dunklen Haaren, wobei das in diesem Raum kein Alleinstellungsmerkmal war, nur drei Jungs waren blond, einer rothaarig. Der Junge jedenfalls richtete sich auf und sagte: »Ich heiße Giampiero, und ich schieße hier die Tore«, was von der restlichen Mannschaft mit einer Kakophonie aus *Bööh!* und *Alter!* und *Ja, klar, Digga!* und *Ey, du Lappen!* und *Ja, aber viel zu wenige!* und, für Förster völlig rätselhaft, *Deine Mutter!* quittiert wurde. Außerdem mischten sich einige türkische oder arabische Begriffe darunter.

Der nächste Spieler war klein und schmal und sagte, er heiße Luan und spiele meistens hinten links. Förster erinnerte sich, dass das der Sohn von Arjana war, die mit den weißblonden Haaren.

Der Nächste stand auf, stemmte die Hände in die Hüften und sagte: »Adnan, Innenverteidiger, Kapitän!«, was wieder einiges an Gegröle nach sich zog, allerdings mit einem respektvollen Unterton. Auch Adnans Mutter kannte Förster bereits, Luiza, die mit den dunklen Locken und dem Depeche-Mode-T-Shirt.

Es folgten zwei Jungs, die gleichzeitig aufsprangen und sich als Mostafa und Alim vorstellten, Mittelfeld, und als Fränge die Namen wiederholte (was er schon bei den drei Jungs davor gemacht hatte), korrigierten sie ihn: »Nicht Mustafa, sondern *Mostafa,* mit o!« – »Und Alim mit m hinten!«

Dann erhoben sich wieder zwei gemeinsam, als gehörten sie zusammen, obwohl sie sich gar nicht ähnlich sahen. Der eine war etwas größer und sagte, er heiße Valentin und sei der Torwart, was Förster schon vermutet hatte, denn er trug lange Hosen und hielt Handschuhe umklammert. Der andere war recht klein und sehr blond. Sogar die Augenbrauen und Wimpern waren beinahe weiß. Sehr leise, fast flüsternd, teilte er mit, sein Name sei Grischa und er spiele ebenfalls im Mittelfeld.

Dann stand ein Junge auf, der Förster bereits aufgefallen war, weil er die ganze Zeit grinste und über eine auffällige physische Präsenz verfügte, man könnte auch sagen, dachte Förster, er sei *stabil* oder *beleibt*, und er musste an eine Formulierung von Fränges Mutter denken, der früheren Bäckersfrau, die über eine recht korpulente Kundin mal gesagt hatte: »Die steht gut im Strumpf!«

»Mirkan«, sagte der Junge. »Heute noch Spielvereinigung, morgen schon Real Madrid!«

Das Gegröle, das jetzt anhob, war ohrenbetäubend. Mirkan, immer noch dieses freche Grinsen im Gesicht, nickte fortwährend und machte mit den Händen Bewegungen, die sein Publikum anstacheln sollten, was auch wunderbar funktionierte.

»Welche Position?«, wollte Fränge wissen, als sich der Trubel gelegt hatte.

»Ich kann alles. Aber meistens spiele ich hinten.«

Adnan, der sich vorhin als Kapitän vorgestellt hatte, schlug sich mit einer Faust an die Brust und rief: »Ey, Bollwerk, Alter!«

Mirkan machte die gleiche Geste und rief: »Bollwerk!«

»Null zu fünfundzwanzig, sage ich nur«, meinte der zweite blonde Junge im Team, der genau in dem Moment aufsprang Mirkan und Adnan sich wieder hinsetzten, was auf Förster wie eine einstudierte Choreografie wirkte. »Ich bin Niklas, und ich spiele linkes Mittelfeld, weil ich Linksfuß bin.«

»Vor allem bist du Schalker, du Lappen!«, rief der Schlaks, der neben Alex saß.

»Treu bis in den Tod!«, rief Niklas und grinste.

»Linkes Mittelfeld deshalb«, raunte Fränge Förster zu, während die Jungs ein paar nicht ernst gemeinte Verbalinjurien austauschten, »weil er dann den linken Fuß außen hat, um reinzuflanken.«

»Klar«, sagte Förster, der das tatsächlich logisch fand.

Der Junge, der neben Alex saß, hatte sein schmutzig blondes Haar scharf gescheitelt und über den Ohren sehr kurz rasiert. Er sagte kurz und knapp: »Marvin, hinten links oder hinten rechts, egal.«

Als Nächster erhob sich der Junge mit den feuerroten Haaren, der sich bisher völlig ruhig verhalten und bei den Flachsereien der anderen nicht mitgemacht hatte. »Justin, zentrales Mittelfeld.«

»Messi, Alter!«, rief Mirkan anerkennend. »Nur größer.«

Förster fiel auf, dass jetzt nicht gegrölt wurde und es auch keine Sprüche gab.

Es entstand eine kurze Pause, weil jetzt Alex dran war. Förster hatte den Eindruck, Fränge halte den Atem an.

»Ich bin der Alex, und ich möchte sterben.«

Kein Gegröle, dafür blickten alle in Fränges Richtung.

Der zögerte kurz und sagte dann: »Alex ist die Kurzform von Alexander, oder?«

Niemand lachte.

»Ja, gut, weiter bitte.«

»Rechtes Mittelfeld«, sagte Alex. »Meistens. Kann auch hinten rechts.«

»Ach so, ja«, stammelte Fränge.

»Paul«, sagte ein dunkler Lockenkopf. »Rechtes Mittelfeld. Hab auch schon vorne gespielt, als Giampiero nicht da war.« Grinsend fügte er hinzu: »Und zwei Buden gemacht.«

Giampiero zeigte auf Paul und sagte: »Freut mich, dass ich dir was beibringen konnte, Junge!«

»Dreizehn Mann also«, sagte Fränge. »Ist natürlich ein bisschen wenig. Aber wir kriegen das hin.«

Die Jungs wippten mit den Füßen, wollten offensichtlich raus auf den Platz, endlich Fußball spielen.

»Und noch etwas«, fügte Fränge hinzu. »Ihr schreibt mir am Ende des Trainings alle eure Handynummer auf. Ich mache dann eine WhatsApp-Gruppe und dann laufen alle Absprachen über mich und Förster.«

Über mich?, dachte Förster. Ich bin doch nur der Fahrer, und das auch nur für vier Wochen.

»Okay«, rief Fränge. »Rausgehen und warm machen.«

Alle blieben sitzen.

»Worauf warten die Herren?«

»Wie warm machen?«, fragte Adnan. »Also auf welche Weise?«

»Na, was ihr sonst auch immer macht.«

»Der Holger hat uns fünf Runden um den Platz laufen lassen, und danach waren wir dann immer völlig fertig«, sagte Adnan.

»Ja, war voll scheiße!«, bestätigte Mirkan.

Auch Förster dachte, dass sich das nicht gerade nach moderner Trainingslehre anhörte.

»Ja, also, heute erst mal zarter Aufgalopp«, sagte Fränge. »Zwei Runden um den Platz, und dann mal sehen.«

Davon schienen sie auch nicht gerade begeistert zu sein, aber sie standen auf und gingen nach draußen, ihre Stollenschuhe klackten über den Kabinenboden, und als Alex an seinem Vater vorbeiging, würdigte er ihn keines Blickes, und Förster dachte: Mal sehen, wie wild diese Dreizehn wirklich ist.

9 Oberwasser

»Muskelkater?«, sagte Brocki. »Du machst doch da nichts, du spielst dich ein bisschen auf und scheuchst sie durch die Gegend, davon kriegt man doch keinen Muskelkater!«

Sie saßen vor dem *Café Dahlbusch*, auf der Straße kroch der Feierabendverkehr vorbei.

»Du glaubst gar nicht, was da alles zu tun ist bei so einem Training«, sagte Fränge. »Stimmt doch, Förster, oder? Wir haben ein Tor durch die Gegend geschleppt und Stangen und Bälle, und wir sind von A nach B gelaufen, und B war manchmal ganz schön weit weg von A! Außerdem muss man ja auch mal was vormachen. Übungen, Stretching und so, das geht voll auf die Muskeln! Ich bin keine fünfzig mehr, Brocki!«

»Nee, einundfünfzig, also stell dich mal nicht so an! Wenn der Trainer nach dem Training fertiger ist als die Spieler, dann läuft doch was falsch!«

»Die waren auch ganz schön groggy, das kann ich dir flüstern!«

»Was ist denn mit dir, Förster?«, fragte Brocki. »Bist du auch so fürchterlich erschöpft? Hast du auch Muskelkater?«

»Nein, ich habe aber auch nicht so viel gemacht wie Fränge. Der hat sich ganz schön reingehängt, das muss man ihm lassen.«

»Hm«, machte Brocki, »na gut. Aber er muss ja nicht so rumjammern hier.«

In Wahrheit war Fränge Förster gestern ziemlich überfordert vorgekommen, weil er sich überhaupt keine Gedanken darüber gemacht hatte, wie man anderthalb Stunden Training sinnvoll mit Inhalt füllt. Er hatte sie simple Passübungen machen, sie ein bisschen Slalom laufen und dann ein Spiel machen lassen. Während des Spiels hatte Fränge ständig »Spiel ab!« gerufen, und sie sollten nicht so viel *fummeln*. Förster hatte an den alten May-Spils-Film *Nicht fummeln, Liebling* denken müssen.

Zum Abschluss des Trainings hatte Fränge dann, auf Drängen der Spieler, noch einen Wettbewerb austragen lassen, der sich *Elfmeterkönig* nannte. Dabei hatte Alex jeden Elfmeter absolut sicher verwandelt und souverän gewonnen.

»So, und jetzt pass mal ganz genau auf, Brocki!«, unterbrach Fränge Försters Gedanken.

»Wenn du redest, passe ich immer auf, seit fast fünfzig Jahren. Das muss ich tun, um das Schlimmste zu verhindern.«

»Ich gebe zu, dass wir das nächste Training etwas besser vorbereiten müssen.«

»Wir?«, sagte Förster. »Wieso wir? Ich bin eigentlich nur der Fahrer.«

»Du bist mein Co-Trainer, und es ist doch für dich auch viel interessanter, wenn du inhaltlich mitarbeiten kannst.«

»Als hättest du eine Ahnung, wie man so etwas richtig aufzieht!«, sagte Brocki.

»Weißt du, wann ich mein erstes Fußballspiel gesehen habe? 1975!«

»Na und, Fränge? Ich wasche mir jeden Tag die Hände, aber weiß ich deshalb, wie man Wasserleitungen verlegt?«

»Nein, aber du könntest es lernen, und genau das habe ich vor.«

Brocki gab sich verblüfft. »Du willst eine Klempnerlehre machen?«

»Sehr witzig, Herr Lehrer! Nein, ich habe Bücher, und man kann sich alles im Internet draufschaffen. Der DFB hat da tolle Angebote. Trainingslehre, Übungen, alles!«

Peggy, die bisher drinnen die Theke gemacht hatte, kam nach draußen und fragte, ob sie noch etwas wollten. Förster sagte, er nehme gerne noch ein Wasser. Fränge sah auf die Uhr, fand es offenbar noch zu früh für Alkohol und orderte einen weiteren Milchkaffee, während Brocki sagte, es sei schon ziemlich spät, deshalb steige er um auf Getreidekaffee mit Milch.

Peggy ging wieder hinein, und Fränge sagte zu Brocki: »Getreidekaffee? Was soll das denn?«

»Wenn ich jetzt noch Koffein zu mir nehme, kann ich später nicht schlafen.«

»Es ist kurz nach fünf! Wo soll das hinführen? Drehst du auch schon im September die Heizung hoch? Interessierst du dich für Treppenlifte? Und seit wann habe ich überhaupt Getreidekaffee auf der Karte?«

»Schon immer«, sagte Förster, der es übertrieben fand, dass Fränge Brocki wegen des Getreidekaffees so anging, denn auf den hatte er selbst auch schon oft zurückgegriffen.

Fränge seufzte. »Alles fing an, den Bach runterzugehen, als das mit dem alkoholfreien Bier losging.«

»Du verkaufst doch auch welches!«, sagte Brocki.

»Als Zugeständnis an den Massengeschmack. Aber eigentlich ist mein Credo: Entweder ich trinke Limo oder Bier, aber nicht beides.«

»Manchmal aber trinkst du Radler«, sagte Förster.

»Leg doch nicht jedes Wort auf die Goldwaage!«

Fränge winkte einer Frau zu, die in ihrem Auto an der roten Ampel stand, und die winkte tatsächlich zurück.

»Ich habe es immer noch drauf.« Er winkte noch mal und war kurz davor, aufzustehen und zur Ampel rüberzulaufen, aber gerade als es erst Gelb und dann Grün wurde, zeigte ihm die Frau lachend den Mittelfinger.

»So, das hast du jetzt davon!«, sagte Brocki.

»Wieso, war doch gut!«, meinte Fränge. »Der Mittelfinger ist ein Phallussymbol. Wann hast du das letzte Mal bei einer Frau eine solche Reaktion hervorgerufen?«

»Meine Schülerinnen machen so etwas hinter meinem Rücken ständig«, sagte Brocki.

»Woher weißt du das?«, fragte Förster.

»Einfach so, das spüre ich.«

Oh Mann, dachte Förster, was ist eigentlich das Gegenteil von Oberwasser?

10 Zitronen und Limetten

Die Sonne stand tief, aber es war noch warm, Ende August, der Sommer gibt noch mal alles, dachte Förster, aber als er jetzt auf das Haus zuging, in dem er so lange gewohnt hatte, traf ihn eine Brise, in der er den nahenden Herbst zu spüren meinte, einen Hauch von Kühle unter der Wärme, so als hätte man eine Zitrone nur kurz in ein Glas Wasser getaucht. Oder eine Limette. Förster hatte sich nie merken können, was genau der Unterschied zwischen den beiden war, mal abgesehen davon, dass eine Zitrone größer war.

In diesem Moment meldete sich sein Handy, Martina rief über FaceTime an. Auf dem Display erschien ihr immer etwas nachdenklich wirkendes Gesicht, im Hintergrund ein blauer Himmel mit einigen weißen Schäfchenwolken, *Sanso* fiel ihm ein, ein Waschmittel von früher. Hatte sich in der Werbung nicht immer ein Schaf mit einem zufriedenen Gesichtsausdruck auf einem frisch gewaschenen Wollpullover niedergelassen?

»Hallo, Martina, was ist los, bist du im Himmel?«

Sie zog die Stirn kraus, und wenn Martina die Stirn krauszog, dann sah das immer aus, als könne sie nicht fassen, was für einen Schwachsinn man absonderte. »Was? Ach so. Warte.«

Sie bewegte das Handy und setzte sich aufrecht hin. Jetzt war ein Wohnwagen im Hintergrund zu sehen.

»Tolle Zeit zum Campen«, sagte Förster.

»Ja, ja, sicher. Wir drehen.«

»Klar, Martina, das dachte ich mir.«

»Diesmal darf ich schießen. Und ich werde verprügelt und schlage zurück. Da passiert richtig was.«

»Der ganz normale Alltag einer Polizistin in Deutschland.«

»Im Ernst, Förster, das macht Spaß!«

»Verprügelt zu werden macht Spaß?«

»Wenn es nicht echt ist, kann es Spaß machen. Und im Fernsehen wird es super aussehen. Das ist diesmal praktisch ein Kinofilm, den wir hier machen, ein Thriller, aber eben für Sonntag, zwanzig Uhr fünfzehn.«

Bestimmt zehn Jahre machte Martina jetzt *Tatort*. Es war für Förster immer noch komisch, sie Sätze sagen zu hören wie: *Wo waren Sie letzten Dienstag zwischen einundzwanzig und dreiundzwanzig Uhr?* Vor einem Vierteljahrhundert hatte er sie zum ersten Mal auf einer Bühne gesehen, in einer ziemlich heftigen Version von *Medea*, in einer ehemaligen Fabrikhalle in Dortmund, das Stück war nicht gut gewesen, aber Martina sensationell, am Ende hatte sie blutüberströmt im hinteren Teil der Bühne vor der Wand gehockt und war auch für den Applaus nicht aufgestanden, war dort sitzen geblieben, bis der letzte Zuschauer, die letzte Zuschauerin den Raum verlassen und das Grauen mit nach Hause genommen hatte. Noch ein paar Jahre früher, Ende der Achtziger, hatte sie mit Fränge in einer WG in Berlin gelebt, und Förster hatte mehrmals in ihrem Bett geschlafen, war ihr aber nie begegnet, sie hatte immer irgendwo vorsprechen oder spielen müssen.

»Was ist eigentlich der Unterschied zwischen Zitronen und Limetten, Martina?«

»Wieso willst du das wissen?«

»Das wollte ich gerade nachsehen, deshalb war ich so schnell dran.«

»Es sind beides Zitrusfrüchte.«

»Ja, ich weiß, aber es muss doch einen Unterschied geben, sonst gäbe es nicht zwei unterschiedliche Begriffe.«

»Es gibt auch Hausflur und Treppenhaus. Zwei unterschiedliche Begriffe, die aber das Gleiche meinen.«

»Nicht zwingend«, gab Förster zu bedenken, »ein Haus kann einen Flur haben, ohne über ein Treppenhaus zu verfügen, zum Beispiel, wenn es nur eine Etage hat, also nur ein Erdgeschoss.«

Martina legte die Stirn in Falten. »Ich würde sagen, das ist extrem selten. Ein Mehrfamilienhaus, das nur ein Erdgeschoss hat? Wenn es keinen Hausflur hat, dann ist es doch wohl ein Einfamilienhaus.«

»Also denkst du auch, dass die beiden Begriffe nicht dasselbe meinen?«

Martina verzog das Gesicht wie ein Verdächtiger, dessen Alibi gerade geplatzt war.

»Ich habe den Überblick verloren«, sagte sie.

»Ich werde das später noch mal googeln, das mit den Zitronen und den Limetten.«

»Wieso interessiert dich das?«

»Nur so«, sagte Förster. »Aber das ist nur die halbe Wahrheit. Es hat auch mit dem Wind zu tun, also der Brise, die mich hier gerade erwischt hat.«

Martina nickte. »Die halbe Wahrheit. Manchmal reicht die.«

Die versteht mich, dachte Förster.

»Ich habe gehört, du bist jetzt Fußballtrainer.«

»Wo hast du das jetzt wieder her?«

»Brocki hat es mir erzählt.«

Das wunderte Förster. »Brocki? Wieso Brocki?«

»Wir telefonieren ab und zu.«

»Seit wann das denn? Wieso telefoniert ihr zwei? Was ist da los?«

Martina lachte. »Er hat mich gefragt, ob ich nicht mal zu ihm in den Unterricht komme, um ein bisschen zu erzählen, wie das so ist als Schauspielerin.«

»Ach so.«

»Und da hat er mir gesagt, dass du jetzt Fußballtrainer bist.«

Förster fand es merkwürdig, vor dem Haus zu stehen, in dem er so lange gewohnt hatte und dabei das sprechende Abbild seiner Exfreundin, mit der er in diesem Haus sehr intensive Zeiten erlebt hatte, in der Hand zu halten.

»Ich helfe da nur dem Fränge. Der will bei seinem Sohn ein bisschen was gut machen, und er hat doch derzeit keinen Führerschein, also der Fränge, der Alex ist ja eh noch zu jung. Aber ich mache das nur so lange, bis Fränge seinen Führerschein wiederhat.«

»Ist doch toll, auch wenn du keine Ahnung von Fußball hast.«

Sie hatte recht, trotzdem schmerzte ihn die Aussage. »Na ja. Man kann ja auch im Alter noch dazulernen.«

»Stimmt, ich lerne gerade das Schießen und das Verprügeln und Verprügeltwerden.«

»Außerdem macht das meiste ja der Fränge. Ich gucke mir das alles an und finde es interessant.«

»Was genau?«

Förster dachte nach. »Es ist ein bunter Haufen. Klein, groß, dick, dünn. Alle möglichen Hintergründe. Sizilianische Wurzeln, türkische, libanesische, albanische, biodeutsche. So eine Fußballmannschaft ist die reinste UNO.«

»Klingt spannend.«

»Ja, mal gucken.«

»Was?«, rief Martina, meinte aber nicht Förster, sondern jemanden, der sie von außerhalb des Bildes angesprochen hatte. »Förster, ich muss wieder ran. Die haben umgebaut und jetzt ... Also, es geht weiter.«

Die kleine Pause war Förster aufgefallen. Er fragte nach.

»Ich habe darauf bestanden, dass meine Figur auch ein bisschen Privatleben bekommt, und deshalb drehen wir jetzt meine erste Liebesszene.«

»Du hast doch schon öfter Liebesszenen gespielt.«

»Ja, und du hast sie dir immer gerne angesehen.«

Nein, dachte Förster. Er fühlte sich immer unbehaglich, wenn er sah, wie Martina in einem Film jemanden küsste, aber das sagte er jetzt nicht, er sagte gar nichts.

»Es ist jedenfalls meine erste Liebesszene in dieser Rolle.«

»Wahrscheinlich mit einem Verdächtigen. Das ist doch die Logik in diesen Krimireihen. Wenn die Kommissarin mal was erleben darf, dann geht es schlecht aus.«

»Dazu sage ich jetzt nichts«, seufzte Martina. »Und Förster?«

»Ja?«

»Solche Szenen fallen mir leichter, wenn ich vorher mit dir gesprochen habe.«

Darauf wusste er nichts zu sagen.

»Limetten, Förster, sind zwar kleiner als Zitronen, aber sie haben dafür mehr Saft. Auch ist der Geschmack etwas würziger. Und die Zitrone hat etwas mehr Vitamin C.«

Ja, dachte Förster, aber wahrscheinlich ist das nur die halbe Wahrheit.

11 Triptychon des Friedens

Förster hatte noch immer einen Haustürschlüssel, obwohl er seit knapp einem Jahr nicht mehr hier wohnte. Er hatte auch Schlüssel für die Wohnungen von Dreffke und Frau Strobel. »Falls mal was ist«, hatte Dreffke bei Försters Auszug gesagt.

Förster betrat den Hausflur, öffnete die Tür zum Kellerabgang, die schon früher nie verschlossen gewesen war, und stieg die knarzende, abgewetzte Holztreppe hinunter, vorbei an seinem alten Kellerabteil, hinter dessen aus Latten zusammengezimmerter Tür er undeutlich einige Gegenstände erkannte, eine alte Stehlampe zum Beispiel, die Peggy mal aus dem Sperrmüll gezogen hatte, das wusste Förster, weil Peggy seine Nachmieterin war.

Am Ende des Gangs war eine offene Tür und dahinter führte eine Treppe in den von Häusern umstellten Garten. Dreffke lag auf einer alten orangefarbenen Liege. Er war mit über siebzig immer noch drahtig, passte immer noch in die sehr knappe rote, bestimmt vierzig Jahre alte Badehose, die ihn aussehen ließ wie einen gealterten Bodybuilder, dabei hatte er seit dem Ausscheiden aus dem Polizeidienst nach eigener Aussage keinen Sport mehr getrieben, aber Förster hatte mal durch die geöffnete Schlafzimmertür in Dreffkes Wohnung eine Hantel auf dem Boden liegen sehen.

Frau Strobel saß in einem Campingstuhl und schaute in den Himmel.

»Wer kehrt denn da zurück an den Schauplatz seiner Mis- setaten?«, knurrte Dreffke, ohne die Augen zu öffnen. Frau Strobel warf Förster einen Blick zu, als sähe sie ihn zum ersten Mal, und für sie war es vielleicht auch so, denn dass sie knapp zwei Jahrzehnte Tür an Tür mit Förster gewohnt hatte, wurde ihr nur noch sporadisch klar.

»Ich war gerade in der Gegend«, sagte Förster. Das war ein typischer Begrüßungsdialog zwischen ihnen, denn Förs- ter war eigentlich immer in der Gegend, da die Wohnung, in der er jetzt mit Monika lebte, nur ein paar Hundert Meter entfernt war. Er wäre mit ihr überall hingezogen, aber dass sie diese wunderbare Bleibe in fußläufiger Entfernung zum *Café Dahlbusch* und zu seiner alten Wohnung gefunden hat- ten, war eine glückliche Fügung gewesen.

»Giampiero?«, fragte Frau Strobel, und diese Frage trug Förster aus der Kurve. Was hatte seine in den Nebel des Ver- gessens abdriftende Exnachbarin mit dem Stürmer einer C-Jugend-Mannschaft zu tun, der Förster einen Tag zuvor zum ersten Mal begegnet war?

»Bist du das, Giampiero?«

»Nein, Frau Strobel«, sagte Dreffke. »Das ist Förster.«

»Ach was!«, gab die alte Frau erbost zurück und machte eine wegwerfende Handbewegung. »Wieso Förster? Wir ha- ben hier ja nicht mal Bäume.«

»Der war gut, Frau Strobel!«, sagte Dreffke, öffnete die Augen und setzte sich auf. Nicht mal im Sitzen sieht man an diesem Mann auch nur ein Fettröllchen, dachte Förster.

Dreffke griff in einen Eimer voller Eiswürfel, holte eine Flasche Bier hervor und drückte sie Förster in die Hand. Warum nicht, dachte er, man kann nicht ablehnen, wenn ein Exbulle zum Trinken einlädt, so wie man es in frem- den Ländern nicht ablehnt, wenn einem das Nationalge- richt serviert wird, selbst wenn es sich um gegrillte Heuschrecken oder die gedünsteten Geschlechtsteile von exotischen Tieren handelte. Förster klappte den zweiten Campingstuhl auseinander, der neben dem Eiswürfeleimer im Gras lag, setzte sich drauf und stieß mit Dreffke an. Ein paar Minuten saßen sie schweigend da, und Förster ließ den Blick über die Fassaden ringsum wandern und stellte sich vor, wie sie aus den anderen Wohnungen beobachtet wurden, eine Greisin in einem geblümten Kleid mit einer Strickjacke darüber, ein praktisch nackter Alt-Adonis und ein unscheinbarer Mann Anfang fünfzig in einem schwarzen Poloshirt. Jemand sollte uns malen, dachte Förster, oder uns in ein Musikvideo einfügen, *Peace in the Valley* vielleicht, die Version von Johnny Cash, in die Aufnahme von seinem Auftritt im St. Quentin State Prison 1969. Das wäre ein interessanter Kontrast, Johnny Cash und die Carter Family vor den Gefangenen und dazwischen eine Super-8-Aufnahme von Dreffke, Frau Strobel und Förster, ein verwackeltes Triptychon des Friedens, des Friedens im Tal, *no sadness, no sorrow*, da wird man ganz schwermütig, dachte Förster, vielleicht ist das ja auch ein Lied über den Tod und das Sterben, und solche Gedanken mussten jetzt wirklich nicht sein, also fragte er Dreffke einfach mal, ob der jemals Fußball gespielt habe, und Dreffke antwortete, darauf könne Förster seinen unbeweglichen Arsch verwetten.

»Ich war der härteste Libero in der Geschichte der deutschen Polizeisportgruppen. Gegen mich war Klaus Augenthaler der reinste Mahatma Gandhi.«

Klaus Augenthaler, den Namen hatte Förster schon einmal gehört, wusste aber nicht mehr, wer das war, ein Fußballer natürlich, aber wo der gespielt hatte und wie der aussah, das war Förster unbekannt, und eigentlich interessierte es ihn auch nicht.

»Was ist das Besondere an Fußball?«, fragte er.

Dreffke trank von seinem Bier und schien nachzudenken. »Du stellst Fragen, Förster! Ich habe keine Ahnung.«

»Eigentlich ist es doch unlogisch, einen Ball mit den Füßen zu spielen. Mit den Händen ist es viel leichter.«

»Könnte das der Grund sein? Ich meine, wieso spielt man verstecken?«

»Worauf willst du hinaus?«

»Es ist doch unlogisch, jemanden zu suchen, der gerade noch vor einem stand. Es ist ein Problem, das man ins Leben baut, um sich über die Lösung zu freuen.«

»Okay, das verstehe ich. Aber warum spielen wir dann nicht alle ständig Verstecken?«

Dreffke nahm erneut einen Schluck, was ihm offensichtlich beim Nachdenken half. »Fußball ist so einfach. Du brauchst nur etwas Platz und einen Ball.«

»Du brauchst Tore.«

»Als Kinder haben uns Zweige genügt, die wir in den Boden gerammt haben. Da brauchten wir auf der Wiese auch keine Linien. Es ging irgendwie.«

»Würde das mit Handball nicht auch gehen? Es gab doch früher auch Feldhandball.«

»Keine Ahnung. Es muss Gründe geben, wieso es Feldhandball nur noch vereinzelt gibt. Vielleicht, weil Handballer nicht so gerne im Regen spielen. Außerdem ist da das Gemeinschaftsgefühl beim Fußball. Aber da wirst du sagen, dass es das beim Handball oder beim Basketball oder meinetwegen beim Hockey auch gibt.«

»Ist ja auch so. Vielleicht ist es tatsächlich das Artistische«, dachte Förster mal laut nach. »Einen Ball mit den Händen fangen, das bekommen wir alle einigermaßen hin, aber ihn mit dem Fuß sauber stoppen, das ist schon schwieriger. Aber da muss noch mehr sein.«

»Fußball ist schön«, schaltete sich gänzlich unerwartet Frau Strobel ein.

»Wie meinen Sie das, Frau Strobel?«, fragte Förster.

»Fußball sieht schön aus. Der große grüne Platz, die vielen Spieler. Dann rollt der Ball hin und her und kreuz und quer, und plötzlich fliegt er in das Netz, das sieht einfach schön aus.«

»Eine der wichtigsten Erfindungen war das Tornetz«, sagte Dreffke. »Stell dir vor, es gäbe kein Netz. Man wüsste manchmal gar nicht, ob der Ball drin war oder nicht.«

»Wie schön ein Tor ist«, redete Frau Strobel weiter, »hängt auch davon ab, wie schön der Torwart fliegt. Findest du nicht auch, Giampiero?«

Förster konnte sich nicht daran erinnern, Frau Strobel jemals so lange am Stück reden gehört zu haben. Diese Frau war voller Überraschungen. Letztes Jahr hatte er herausgefunden, dass sie in den Fünfzigern in einer Frauen-Tanzkapelle Saxofon gespielt hatte. Zur Reunion dieser Kapelle waren Förster, Fränge, Brocki, Dreffke und ein Teenager namens Finn mit ihr in Fränges Bulli in ein mondänes Hotel an der Ostsee gefahren, und über diese Reise hatte Förster einen Roman geschrieben, der im Frühjahr tatsächlich veröffentlicht werden würde. Welche Geschichten steckten noch im Kopf dieser Frau?

Eine Zeit lang schwiegen sie, und Förster dachte: Eine Drohne, das wär's! Eine Drohne, die über die Häuser fliegt und es von oben einfängt, dieses Triptychon des Friedens.

12 Die rennen uns die Bude ein

»Das kratzt«, sagte Förster.

»Das kratzt nicht«, meinte Fränge. »Das ist nur unge-
wohnt.«

»Das ist reines Polyester!«

»Zu hundert Prozent. Und das ist auch gut so, denn sonst
wird die Feuchtigkeit nicht nach draußen transportiert. Du
erinnerst dich an die T-Shirts, die wir früher im Sportunterricht vollgeschwitzt haben, die waren alle aus Baumwolle.
Die klebten nach ein paar Minuten am Oberkörper, das war
nicht schön.«

Förster fand eine Parklücke und stellte den Wagen ab. Sie
stiegen aus und gingen hinüber zum Platz.

»Wieso muss ich das überhaupt tragen? Ich trainiere doch
nicht, ich stehe nur daneben.«

»Du bist Mitglied des Trainerstabes und als solches hast
du Rudelkleidung zu tragen. Und jetzt hör auf zu quengeln.«

»Dein Shirt ist zu klein, meins zu groß.«

Der Himmel über dem Platz der Spielvereinigung war
wolkenlos blau und von einer strahlenden Helligkeit, dass
man kaum hinaufschauen wollte. Fränge schloss das Gittertor auf, und sie gingen hinüber zum Bürocontainer, um den
Kabinen- und den Ballraumschlüssel zu holen.

»Hast du denn wenigstens für heute einen Plan?«

»Wir machen einfach das Gleiche wie vorgestern.«

»Das ist doch kein Plan!«

»Das sind Abläufe, die sich verstetigen sollen. Ich will das, was wir am Dienstag erarbeitet haben, heute durch Wiederholung vertiefen.«

»Erarbeitet? Das war die reine Beschäftigungstherapie am Dienstag! Damit kommst du nicht ewig durch, Fränge! Du wolltest dir doch im Internet was ansehen. Der DFB hätte da so tolle Angebote, hast du gesagt.«

Fränge schloss die Kabine auf, und Förster hatte den Eindruck, der Schweißgeruch, der gestern hier eingeschlossen worden war, hatte es gar nicht erwarten können, nach draußen und in seine Nase zu strömen.

»Kommt alles, Förster. Jetzt bauen wir erst mal ein gutes Verhältnis zur Mannschaft auf. Wenn wir die zu sehr scheuchen, dann verlieren wir sie. Innerlich, meine ich. Die Jungs sollen Spaß haben. Wenn wir dann am Samstag unser erstes Spiel gewinnen, sehen sie, dass wir auf dem richtigen Weg sind, und dann machen wir es etwas anspruchsvoller. Klingt das wie ein Plan?«

Er drückte Förster den Ballraumschlüssel in die Hand, und der holte die Bälle und die Hütchen aus dem Fach, ohne dass ihm die Klappe entglitt, was ihn ein kleines bisschen stolz machte.

Fränge schlug ihm auf die Schulter. »Das hast du richtig gut gemacht. Der geborene Co-Trainer.«

Förster lächelte säuerlich.

Als sie wieder nach draußen kamen, standen da ein Mann und ein Junge, ganz sicher Vater und Sohn.

»Seid ihr hier die Trainer?«

Der Vater war etwas kleiner als Förster und Fränge, hatte aber enorm breite Schultern, und die Ärmel seines eng anliegenden schwarzen T-Shirts spannten sich über eindrucksvollen Bizepsen. Seine Haare hatte er mit Gel aufgestellt, und an seinem Hals baumelte ein großer D&G-Anhänger,

wobei Förster nicht wusste, was er absurder finden sollte, die Größe des Anhängers oder die Tatsache, dass es so etwas überhaupt gab. Der Mann trug eine weiße 3/4-Hose, die ebenfalls sehr eng anlag, sodass sich im Schritt deutlich ein quer liegendes Genital abzeichnete.

»Wir sind das Trainerteam der C-Jugend. Ich bin Fränge, das ist Förster.«

»Hallo«, sagte der Vater, griff nach Fränges ausgestreckter Hand, wobei er zusätzlich seine linke Pranke auf dessen Schulter legte. »Du bist der Trainer. Das ist mein Sohn. Kann der hier mal mittrainieren? Der ist gut.«

Der Sohn trug ähnliche Klamotten, nur war sein Shirt nicht schwarz, sondern beige, und seine Haare waren nicht senkrecht nach oben gegelt, sondern reckten sich im Fünfundvierzig-Grad-Winkel nach rechts, als wären sie mitten in einer Turnübung. An den Füßen hatte er strahlend weiße Sneakers mit dicker Sohle.

»Ja, klar.« Fränge gab dem Jungen die Hand. »Wie heißt du denn?«

»Ich bin der Armani.«

»Echt jetzt? Wie der Anzug?«

Es wäre besser gewesen, dachte Förster, Fränge hätte sich diesen Kommentar verkniffen, andererseits ist das vielleicht auch ein bisschen viel verlangt, wenn der Vater den Anhänger der einen Modemarke trug und seinen Sohn nach einer anderen benannt hatte.

Der Junge jedenfalls runzelte die Stirn.

»Ich würde sagen, du ziehst dich um und machst einfach mit«, sagte Fränge.

»Tasche haben wir im Auto«, sagte der Vater.

»Okay«, sagte Fränge. »Die Kabinen sind da vorne, die anderen Spieler müssten bald eintrudeln.«

Armani und sein Vater entfernten sich, wobei ihre Arme

unnatürlich weit vom Körper abstanden, wie Förster bemerkte, beim Vater wahrscheinlich wegen der tatsächlich vorhandenen Muskeln, beim Sohn, weil er die Körperhaltung des Vaters imitierte.

»Siehst du?«, sagte Fränge, »die rennen uns die Bude ein. Wir können gut noch ein paar Spieler brauchen.«

Förster sah Fränge an. »Der heißt Armani.«

»Das ist schräg«, gab Fränge zu, »aber dafür kann ja der Junge nichts. Die Welt ist heute voller Typen, die in den Achtzigern auf den Namen Kevin getauft wurden. Und jetzt greifen sie nach der Macht im Land! Kanzler Kevin, kannst du dir das vorstellen?«

»Eher als Kanzler Armani.«

»Wir hatten doch schon den Brioni-Kanzler.«

»Aber der hieß wenigstens nicht so!«

»Wichtig ist doch«, machte Fränge weiter, »wie der Junge mit Nachnamen heißt. Heißt der Armani Pirlo oder Armani Baggio oder Armani Meazza, ist doch alles in Ordnung, aber heißt der Armani Schmidt oder Armani Kleinheisterkamp oder Armani Koslowski, dann sieht das anders aus. Als Armani Koslowski hast du verloren, das ist mal klar!«

13 Zwei Finger heißt mehr Strom

Als sie die Kabine betraten, hatten sich die Jungs schon umgezogen, nur Justin war noch nicht da. Einige waren noch mit
ihren Schuhen beschäftigt, so wie Mostafa, der einen Fuß auf
die Bank stellte und Alim ein Zeichen gab, der auch gleich an-
gelaufen kam und anfing, ihm die Schnürsenkel zu binden.
Fränge warf Förster einen Blick zu, aber da niemand von den
Jungs irgendetwas sagte, gingen auch sie darüber hinweg.

Rechts neben der Tür saß Armani. Er trug ein blütenwei-
ßes Trikot, dazu ebenso blütenweiße Hosen und Stutzen,
und auch seine Schuhe waren von einem klaren, völlig reinen Weiß.

Mirkan rief quer durch die Kabine: »Ey Junge, du musst
den Finger auch mal links in die Steckdose stecken!«

Armani runzelte wieder die Stirn. Er hob das Kinn, als
wollte er sagen: Was willst du von mir?

»Na, deine Haare«, sagte Mirkan. »Die stehen nach rechts,
weil du in das rechte Loch gefasst hast. Steck mal morgen
links rein, dann stehen die zur anderen Seite. Und wenn
du beide Finger reinsteckst, dann stehen sie senkrecht nach
oben, ich schwör!«

»Und dann werden die auch länger«, sekundierte Mostafa.

Das verstand Armani nun gar nicht mehr. »Wieso länger?«

»Na, Alter, weil dann mehr Strom ankommt!«, sagte

Mostafa. »Zwei Finger heißt mehr Strom, und dann stehen die Haare senkrecht und wegen dem vielen Strom werden die auch länger. Weiß man doch.«

»Okay, ich versuch mal«, sagte Armani. »Danke für den Tipp.«

Förster war begeistert. Der Dialog war von den drei Beteiligten mit fast heiligem Ernst geführt worden.

Dann ging die Kabinentür auf und Justin kam herein, ohne sie hinter sich wieder zu schließen. Er hatte ein blaues Trikot mit einem stilisierten Eiffelturm im Wappen und der Werbung *Fly Emirates* auf der Brust an. Seine Schuhe strahlten in einem hellen Türkis, das einen interessanten Kontrast bildete zu seinen roten Haaren.

»Voll die sauberen Schuhe!«, staunte Armani.

»Ich bin der Justin.«

»Ich bin der Armani.«

»Echt jetzt?«

»Ja, echt.«

Justin grinste, ging hinüber zu Alex, klatschte ihn ab und setzte sich neben ihn.

»Seid ihr die neuen Trainer?«

Förster fuhr herum und sah einen Mann humpelnd auf die Kabine zukommen, der ein etwas zu enges Nike-Shirt, graue Jogginghosen und abgenutzte Laufschuhe trug.

»Der läuft mir immer weg«, sagte der Mann und blieb vor der Tür stehen. Förster brauchte einen Moment, um zu begreifen, dass er Justin meinte.

»Ich bin Justins Vater.«

Da der Mann keine Anstalten machte, in die Kabine zu kommen, ging Fränge nach draußen, und Förster folgte ihm.

»Ich bin der Fränge«, sagte Fränge, »und das ist mein Sancho Pansa, der Förster.«

»Ich will mir das mal ansehen«, sagte Justins Vater. »Ich

sage euch gleich, ich war dagegen, dass der Justin hier weitermacht, für mich ist das Perlen vor die Säue.«

Gut, dachte Förster, damit wäre das schon mal geklärt.

»Gut«, sagte Fränge, »hätten wir das schon mal geklärt.«

»Der Justin, der kann Profi werden«, sagte der Vater, »aber nicht, wenn er hierbleibt.«

Fränge nickte. »Viele fühlen sich berufen, aber nur wenige sind auserwählt.«

»Ich weiß nicht, was das heißen soll«, sagte der Vater, »aber das Arschloch, das vorher hier Trainer war, hatte keine Ahnung. Ich hoffe mal, da ändert sich jetzt was. Aber ist auch egal, in zwei Wochen hat der Justin Probetraining beim VfL und in Dortmund. Ich will nur hoffen, dass er sich vorher nix bricht oder so. Also achtet ihr mal auf die anderen Schwachmaten hier, dass die mir den nicht kaputt treten. Und wollt ihr jetzt nicht mal langsam mit dem Training anfangen? Ist schon kurz nach halb. Ich gehe mal davon aus, dass das hinten angehängt wird.«

Grußlos drehte der Mann sich um und hinkte davon.

Fränge sah Förster an und sagte, das könne noch interessant werden. Sie gingen zurück in die Kabine, Fränge klatschte in die Hände und rief: »Zwei Runden zum Warmmachen, und dann geht es los.«

Mirkan hob die Hand.

»Du musst dich nicht melden«, sagte Fränge.

Mirkan nahm die Hand wieder runter und sagte: »Heißt das, die zwei Runden gehören gar nicht zum Training?«

»Wieso nicht?«

»Du hast gesagt, zwei Runden zum Warmmachen, und dann geht es los.«

»Das Warmmachen gehört natürlich zum Training.«

»Weil, wenn das nicht zum Training gehört, müssen wir es eigentlich nicht machen, oder?

»Es gehört aber zum Training.«

»Kannst du das dann nächstes Mal auch so sagen, damit alle Bescheid wissen? Also besser: *Jetzt geht es los mit zwei Runden um den Platz zum Warmmachen.* Nicht dass einer meint, das gehört nicht dazu, und macht es dann nicht oder nicht so richtig oder so.«

Fränge nickte. »Mirkan, ich glaube, das wird sehr lustig mit uns.«

Mirkan grinste und klatschte mit Mostafa ab. Die Jungs trotteten nach draußen, ihre Schuhe machten wieder dieses Geräusch auf dem Kabinenboden, und als Justin und Mirkan an Förster und Fränge vorbeigingen, sagte Mirkan: »Ey, Junge, was sollen deine Haare, so rot? Ich hab dir gesagt, lass das mit den Möhren!«

14 Pfeife

»Guck dir das an!«, sagte Fränge, als sie auf dem Weg zur Kreidebude waren, um die Stangen und die Hütchen zu holen.

Förster wusste sofort, was Fränge meinte. Etwa die Hälfte der Mannschaft trabte brav um den Platz, während der Rest daherflanierte wie Figuren aus einem Wilhelm-Genazino-Roman.

»Denen werde ich jetzt erst mal Beine machen«, sagte Fränge, aber bevor er zu den Spaziergängern aufschließen konnte, erhob sich Justins Vater, der bisher rauchend auf der Steintribüne unter den Pappeln gesessen hatte, und schrie, ohne die Zigarette aus dem Mund zu nehmen: »Was wird das? Urlaub oder was? Bewegt eure Ärsche!«

Tatsächlich setzte sich die Gruppe in Bewegung und trabte den anderen hinterher, Mostafa drehte sich noch zu Fränge um, und der machte mit beiden Händen eine Bewegung, als scheuchte er ausgebüxte Ziegen zurück auf die Streichelwiese im Tierpark.

»Die musst du mal richtig einnorden, Kollege!«, schrie Justins Vater. »Das ist der reinste Sauhaufen hier!« Er setzte sich wieder hin, zog an der Zigarette und stieß den Rauch aus.

Förster stellte die Hütchen für die Passübung auf, Fränge die Stangen für den Slalomlauf.

Als die Jungs sich warmgelaufen hatten, teilte Fränge sie

in zwei Gruppen ein und rief: »Also, wie am Dienstag: Der Erste in der Reihe passt rüber, und zwar genau zwischen die Hütchen. Der Spieler dahinter stoppt den Ball und spielt ihn zurück. Der Passgeber läuft rüber und stellt sich hinten an. Diesmal auf Zeit. Fünf Minuten. Das Team, das mehr Pässe spielt, hat gewonnen.«

Wieder hob Mirkan die Hand.

»Du musst dich nicht melden, Mirkan. Was ist?«

»Trainer, das ist was für Minikicker. Wir sind C-Jugend.«

»Dann dürfte euch die Übung ja nicht schwerfallen«, sagte Fränge und raunte Förster zu: »Fürs nächste Mal müssen wir uns unbedingt was einfallen lassen. Gib mal deine Uhr.«

»Welche Uhr?«, entgegnete Förster. »Ich trage keine Uhr. Ich mag dieses Gefühl am Handgelenk nicht, vor allem, wenn sich der Schweiß unter dem Armband sammelt.«

»Ich habe auch keine Uhr«, stellte Fränge fest. »Wie sollen wir denn jetzt die Zeit stoppen? Hast du dein Handy dabei?«

»Ja, aber sind Handys beim Training nicht verboten?«

»Keine Ahnung. Ist es?«

»Ist doch praktisch Unterricht. Und im Unterricht sind Handys doch wohl verboten. Um das zu verifizieren, müssten wir Brocki anrufen.«

»Womit? Handys sind doch verboten.«

»Ja, aber ich habe meins in der Hosentasche.«

»Dann kannst du ja die Zeit nehmen.«

»Soll ich nicht erst Brocki anrufen und klären, wie das mit Handys im Unterricht ist?«

»Das ist doch jetzt egal, Förster, hol das Handy raus und nimm die Zeit, Herrgott!«

Förster zog sein Handy aus der Hosentasche, und als er aufblickte, sah er, dass die Jungs sie anstarrten.

»Die gucken uns an«, sagte er.

»Ja, sicher, die denken, wir haben sie nicht mehr alle. Also Zeit nehmen jetzt!«

Förster öffnete die Uhren-App auf seinem Smartphone und wählte die Option Stoppuhr.

»Förster nimmt die Zeit!«, rief Fränge. »Auf mein Kommando!«

Erneut ging Mirkans Hand nach oben.

»Du musst dich nicht melden, Mirkan!«

»Haben Sie keine Pfeife, Trainer? Eigentlich haben Trainer Pfeifen, damit geben sie dann das Kommando.«

»Seid ihr Hunde? Ich rufe einfach: Los und Stopp, und ihr fangt an oder hört auf.«

»Richtige Trainer haben eine Pfeife«, beharrte Mirkan.

»Es gibt auch Trainer, die *sind* Pfeifen!«, sagte Fränge. Sollte er gehofft haben, die Jungs würden das komisch finden, hatte er sich erneut getäuscht, stellte Förster fest.

»Du zählst links, ich zähle rechts«, sagte Fränge zu Förster und rief dann: »Los!«

Die ersten Pässe liefen ganz gut, aber dann gab es auch schon Ärger.

»Ey, der hat vor den Hütchen angenommen!«, rief Mostafa aus der anderen Gruppe herüber.

»Konzentrier dich auf deine eigene Mannschaft!«, rief Fränge. »Und Armani?«

»Ja?«

»Du sollst den Ball stoppen, nicht direkt zurückspielen.«

»Das *war* stoppen.«

»Ach so.«

Förster erkannte, dass es große Unterschiede zwischen den Jungs gab, was die Ballbehandlung anging. Adnan hatte ähnliche Probleme wie Armani, Mirkan machte kaum Fehler, dafür dauerte bei ihm alles ein bisschen länger. Grischa ging mit großer Ernsthaftigkeit zu Werke. Bei Niklas, den die beginnende Pubertät schon in die Schlaksigkeit getrieben hatte, waren alle vier Gliedmaßen gleichzeitig in Bewegung. Alex oder Marvin passten den Ball nicht immer ganz präzise, aber meistens brauchbar auf die andere Seite. Mostafa und Alim pflegten ihre Aktionen lautstark zu kommentieren und waren übertrieben begeistert von sich selbst. Valentin schien manchmal in einer komplett anderen Welt zu sein, ließ den Blick über den Platz schweifen und musste von seinen Mannschaftskameraden daran erinnert werden, mit der Übung fortzufahren.

Bei Justin lief alles noch einmal ganz anders, das erkannte auch Förster, obwohl er sich bisher kaum mit Fußball beschäftigt hatte. Alle Bewegungen hatten bei Justin eine große Selbstverständlichkeit, liefen flüssig und mühelos ab und vor allem etwa doppelt so schnell wie die anderen.

Irgendwann stellte Förster fest, dass er vergessen hatte, die Pässe seiner Übungsgruppe zu zählen. Waren das jetzt zwanzig Pässe gewesen, neunzehn oder zweiundzwanzig? Dafür war ihm aufgefallen, dass es in seiner Gruppe relativ ruhig zuging, während in der anderen ständig herumgebrüllt wurde. Vor allem zwischen Mostafa und Alim ging es hoch her.

»Ey, Junge, was spielst du für Scheiß!«

»Ey, deine Mudda, Scheiß!«

»Hör auf, ey!«

»Spiel sauber!«

»Ich spiel sauber, aber du bist behindert!«

»Den hol ich nicht, den holst du!«

»Hol selber, du Opfer!«

»Fick den Ball, du Lappen!«

Einiges verstand Förster nicht, weil es auf Arabisch oder Türkisch gebrüllt wurde. Zwischendurch versuchte Fränge für Ruhe zu sorgen und mahnte an, die Beleidigungen zu unterlassen, was Förster nachhaltig amüsierte, denn als Experte für saubere Sprache war Fränge bisher noch nicht aufgefallen. Fränge gab sich Mühe, die Jungs positiv zu bestärken und durch witzige Bemerkungen eine angenehme Stimmung zu schaffen. Die Reaktionen der Jungs ließen Förster allerdings daran zweifeln, dass das funktionierte.

»Super, Ali!«

»Alim, mit m hinten!«

»Sag das mal dem Mustafa!«

»Mostafa, mit o vorne!«

»M hinten, o vorne, alles klar!«

»Boah, merk dir das doch mal!«

Förster konzentrierte sich wieder auf seine Gruppe und fragte sich, wie er die Tatsache, dass er die Pässe nicht mitgezählt hatte, kaschieren konnte.

»Okay«, rief er, »ich hoffe, ihr zählt ebenfalls mit.«

»Siebenundzwanzig«, antwortete Giampiero und Förster war wieder im Bilde. Ein Blick auf Justin, und plötzlich musste er an ein Konzert des Schulorchesters vor über dreißig Jahren denken, in der Pausenhalle des Bert-Brecht-Gymnasiums. Zuerst hatte sich ein Junge an den Flügel gesetzt, der in Försters Stufe ging und der fehlerfrei und sehr gut gespielt hatte, was ihm einen freundlichen Applaus eingebracht hatte. Dann aber hatte ein Mädchen gespielt, das Förster vom Sehen kannte, und das, was der Junge vorher abgeliefert hatte, war Förster, der in Sachen klassischer Musik völlig ahnungslos war, plötzlich vorgekommen wie die Arbeit eines Entbeiners im Schlachthof oder das Rattern eines Presslufthammers. Es war das erste Mal gewesen, dass er den Unterschied zwischen Technik und echter Kunst wirklich wahrgenommen hatte. Das Mädchen hatte mit einer Leichtigkeit gespielt, für die Förster kein Adjektiv eingefallen war. Es hatte geklungen, als spiele sie auf einem ganz anderen Instrument.

So ungefähr war es, Justin am Ball zu sehen.

Kurz bevor die Zeit um war, sah Förster einen Mann in Fußballerklamotten quer über den Platz kommen. Er trug einen Ball unter dem Arm und trieb einen zweiten mit dem Fuß vor sich her. Er lief direkt auf ihn zu und sagte: »Hallo.«

Förster erwiderte den Gruß und nannte seinen Namen.

»Eren«, sagte der Mann, den er auf Ende zwanzig schätzte. Er war ein paar Zentimeter kleiner als Förster, hatte leichte O-Beine und auffällig kräftige Waden. Gewohnheitssportler, dachte Förster.

»Wir fangen heute bisschen früher an«, sagte Eren.

»Aha«, sagte Förster, ohne zu wissen, worum es ging.

»Sonst direkt nach euch, heute halbe Stunde früher.«

»Heißt das, wir sollen früher aufhören?«

»Nein.«

Der ist keine Plaudertasche, der Eren, dachte Förster. »Wie soll das denn funktionieren?«

»Ihr nehmt die hintere Hälfte, wir die vordere.«

»Okay, das klingt plausibel.«

In diesem Moment klatschte Fränge in die Hände und rief: »Stopp!«

Eren runzelte die Stirn. »Hat der keine Pfeife?«

»Nein, aber manche sagen, er ist eine.«

»Der braucht eine Pfeife«, sagte Eren.

»Ja, vielleicht.«

»Wollte nur Bescheid sagen.«

»Okay, danke, Eren.«

»Gut, Förster.«

Eren zog die Sohle seines rechten Schuhs über den Ball, schob die Spitze darunter, sodass der Ball auf seinem Spann zu liegen kam. Ein oder zwei Sekunden ließ er ihn dort liegen, als wollte er Förster zeigen, dass er dazu fähig war, dann schleuderte er die Kugel in die Höhe und ließ gleichzeitig den zweiten Ball fallen. Er fing den ersten und dribbelte mit dem zweiten zurück Richtung Kabinen.

Es stellte sich heraus, dass Försters Gruppe sehr viel mehr Pässe gespielt hatte als die andere, was Förster ein bisschen stolz machte, wie er erstaunt registrierte. Dabei konnte er doch gar nichts dafür und hatte zwischendurch sogar das Zählen vergessen.

Beim zweiten Durchgang galt es, den Ball direkt zurückzuspielen, ohne ihn vorher zu stoppen, und auch darin war Försters Team eindeutig besser. Beim Slalomlaufen mit Ball wurde schnell klar, dass es vor allem an Armani lag. Der Ball war nicht sein Freund, ja, Förster hatte das Gefühl, der Ball prallte von Armani zurück, noch bevor dieser die Chance hatte, ihn zu berühren, als wäre er von einem unsichtbaren Energiefeld umgeben.

»Was hast du in den Schuhen, Digga?«, rief Mirkan. »Steine oder was?«

Armani blickte an sich herunter, und als er den Kopf wieder hob, hatte er Tränen in den Augen.

»Meine Schuhe!«, jammerte er.

»Was los?«, fragte Mirkan.

»Meine Schuhe!«, wiederholte Armani und wimmerte leise.

»Was ist mit deinen Schuhen?«, fragte Fränge.

»Die sind ganz schwarz!« Eine Träne kullerte Armanis Wange hinab.

Mirkan starrte ihn an. »Ey, heulst du, Alter?«

»Die sind nicht ganz schwarz«, sagte Fränge. »Die sind ein bisschen schmutzig von dem Granulat. Das sind geschredderte Autoreifen. Deshalb sind die Bälle auch schon ganz schwarz.«

»Also sehen meine Schuhe bald aus wie die Bälle?«

»Nein, nein«, beeilte sich Fränge zu sagen, da der Junge kurz davor war, die Fassung zu verlieren. »Das kriegt man ganz leicht wieder sauber.«

»Aber die Bälle nicht?«

»Es hat niemand Lust, die Bälle zu schrubben, aber du kannst natürlich zu Hause deine Schuhe putzen. Ich verstehe, dass dir das wichtig ist. Jetzt mach einfach weiter.«

»Schwarze Schuhe sind auch cool«, sagte Mirkan.

»Aber keiner hat schwarze Schuhe an«, sagte Armani und wischte sich eine weitere Träne von der Wange. »Die sind alle rot oder rosa oder blau oder gelb.«

Da ist was dran, dachte Förster.

»Weil schwarze Schuhe scheiße sind, ich schwör!«, rief Mostafa.

Daraufhin machte Alim eine Bemerkung auf Arabisch, die Mostafa zum Lachen brachte. Armani rief etwas, wobei seine Stimme kurz davor war, sich zu überschlagen. Zum Glück ging Fränge dazwischen und meinte, sie sollten jetzt mal eine Pause machen, und dann würden die beiden Mannschaften in einem Spiel gegeneinander antreten.

»Du und ich, wir holen das Tor«, sagte Fränge zu Förster.

»Wieso das denn? Ich bin doch nicht der Torschlepper. Ich bin überhaupt kein Schlepper, ich sollte eigentlich nur der Fahrer sein. Und jetzt zähle ich Pässe und schleppe Tore durch die Gegend.«

»Das mit dem Pässezählen hat ja schon mal nicht hingehauen. Du musstest Giampiero fragen, wie viele es waren.«

Als sie den Fangzaun erreichten, sagte Fränge: »Die reden ständig Arabisch oder Türkisch, ich verstehe kein Wort, aber ich habe das Gefühl, die machen sich über mich lustig.«

»Damit könntest du recht haben.«

»Ich kann ihnen aber auch schlecht verbieten, ihre Muttersprache zu benutzen, oder? Ich meine, ich bin doch nicht so ein Scheiß-Nazi-Alman, der auf der deutschen Leitkultur besteht oder so.«

Förster bezweifelte, dass man gleich als rechtsradikal galt, wenn man als Trainer verstehen wollte, was die Spieler beim Training redeten, aber er hatte keine Ahnung, wie das beim Fußball gehandhabt wurde, also sagte er besser nichts dazu.

Das Abschlussspiel verlief dann recht chaotisch, mit einer Menge Gebrüll in unterschiedlichen Sprachen. Fränge versuchte immer wieder, alles in geordnete Bahnen zu lenken, übernahm auch tapfer die Rolle des Schiedsrichters, doch kaum eine seiner Entscheidungen wurde ohne Widerspruch hingenommen, ständig gab es Diskussionen und vor allem Ausreden, das fiel Förster besonders auf, die Jungs hatten wirklich für alles eine Ausrede. Mal sei das Anspiel zu schlecht gewesen, dann hätten einem die Haare in die Augen gehangen oder die tief stehende Sonne habe geblendet, dann wieder sei der Ball aus der nun wieder rätselhaft hoch stehenden Sonne gekommen.

Einmal, als ein langer Ball auf Paul zugekommen war und der nicht reagiert hatte, klatschte Fränge in die Hände, um das Spiel zu unterbrechen, was aber niemand begriff, sodass Förster dachte, eine Pfeife wäre wirklich keine schlechte Idee. Frange musste mehrfach klatschen und rufen, bis die Jungs endlich reagierten.

»Wieso hast du den Ball nicht angenommen, Paul?«

»Der kam aus dem Himmel?«

»Ist das eine Frage?«

»Der kam aus dem Himmel.«

»Was soll das heißen?«

»Ich habe hochgeguckt, und da war der Himmel, und ich habe den Ball nicht gesehen.«

»Hat die Sonne dich geblendet?«

»Nein, die Sonne war ganz woanders.«

»Was war denn dann das Problem?«

»Der Himmel war so blau?«

»Ist das wieder eine Frage?«

»Der Himmel war so blau.«

»Ist doch toll. Das heißt, wir haben schönes Wetter.«

»Wenn der so blau ist, kann ich den Ball nicht sehen. Das Blau ist so hell.«

»Die Sonne ist doch ganz woanders.«

»Ja, aber hinter dem Blau ist es unheimlich hell.«

»Hinter dem Blau?«

»Ist das jetzt eine Frage, Trainer?«

»Ja, das ist eine Frage.«

»Ja, also hinter dem Blau ist es irgendwie hell, und deshalb hat das Blau mich geblendet, und ich konnte den Ball nicht sehen.«

Fränge dachte kurz nach und sagte dann: »Okay, dann hätten wir das geklärt. Weiterspielen!«

Auf der anderen Hälfte des Platzes trainierte mittlerweile eine Gruppe von Männern, in der Förster jenen Eren erkannte, der ihn vorhin angesprochen hatte.

»Wer sind die eigentlich?«, fragte er.

»Die Zweite«, antwortete Fränge, ohne den Blick vom Spiel abzuwenden.

»Die zweite was?«

»Die zweite Seniorenmannschaft der Spielvereinigung.«

»Wieso Senioren? Die sind doch alle noch keine dreißig!«

»Senioren sind alle, die keine Junioren mehr sind, Förster. Also älter als A-Jugend.«

»Ach so. Ist aber verwirrend.«

»Es gibt auch älter als Senioren. Das ist dann Alte Herren.«

»Und ab wann spielt man bei denen?«

»Wenn es für Senioren nicht mehr reicht.«

»Und wann ist das?«

Fränge warf Förster einen genervten Blick zu. »Da gibt es keine definierte Altersgrenze. Paolo Maldini hat mit vierzig noch für Milan Serie A gespielt. Aber irgendwann ist Schluss und dann kannst du nur noch Alte Herren spielen.«

»Das da drüben sind also Senioren, die alle in ihren Zwanzigern sind?«

»So ist es, Förster.«

Es waren nur noch wenige Minuten bis zum Ende des Trainings, als Mostafa selbst aufs Tor schoss, anstatt auf Alim abzuspielen, der in einer besseren Position gewesen wäre, und die beiden sich zum wiederholten Male in die Haare bekamen, und wieder hagelte es *Opfer* und *Deine Mudda* und einiges auf Arabisch, das sich für Förster auch nicht besonders freundlich anhörte. Fränge klatschte in die Hände, was aber erst mal keine Reaktion zeitigte und Förster in der Überzeugung bestärkte, dass er unbedingt eine Pfeife brauchte. Schließlich lief Fränge auf den Platz, stellte sich zwischen die beiden Streithähne und appellierte an alle, sich mal zusammenzureißen, dieses ewige Beleidigen, das könne man sich doch nicht anhören und das führe ja auch zu nichts, sie seien doch alle Teil eines Teams, das nur gemeinsam zum Erfolg komme und so weiter.

Kaum zwei Minuten später gab es wieder Streit, diesmal zwischen Mirkan und Mostafa.

»Herrgott, was ist denn jetzt schon wieder los?«, wurde Fränge endlich mal laut.

»Der hat was zu mir gesagt!«, rief Mirkan.

»Ja und, was denn?«, wollte Fränge wissen.

»Habe ich gar nicht!«, verteidigte sich Mostafa, obwohl noch keine offizielle Anklage erhoben worden war.

»Der hat gesagt: ›Deine Mutter hat dich doch nur ausgeschissen!‹«

»Ernsthaft?«, zeigte Fränge sich ehrlich verblüfft.

»Stimmt doch«, sagte Mostafa.

»Also hast du es doch gesagt?«

»Nein, habe ich nicht. Stimmt aber.«

Fränge sah ihn an. »Woher weißt du das? Warst du dabei?«

»Weiß jeder«, meinte Mostafa. »Man muss den doch nur angucken.«

Fränge seufzte. Förster registrierte, dass Eren die Trainingsübungen mit seiner Mannschaft unterbrochen hatte und die ganze Angelegenheit aufmerksam verfolgte.

»Gut«, seufzte Fränge. »Für heute habe ich die Schnauze voll. Training ist vorbei.«

»Aber wir haben noch zehn Minuten!«, sagte Mostafa.

»Nee, haben wir nicht. Jetzt ist Schluss.«

Fränge stieß Förster mit dem Ellenbogen an und ging zu den Stangen, die er vor dem Spiel einfach neben der Seitenlinie abgestellt hatte. Förster folgte ihm.

»Mann, was gehen die mir auf den Sack!«, sagte Fränge.

»Vielleicht brauchst du doch eine Pfeife.«

»Wir brauchen jeder einen Rohrstock, Förster! Wann ist eigentlich das mit der Prügelstrafe aus der Mode gekommen?«

Sie trugen die Stangen und die Hütchen zurück zur Kreidebude. Förster bemerkte, dass Eren immer noch zu ihnen herüberblickte.

»Dieser Eren starrt uns an«, sagte er.

»Wir sehen ja auch super aus«, sagte Fränge, aber Förster bezweifelte, dass es Eren darum ging.

Sie gingen hinüber zur Kabine, wo einige der Jungs nicht nur mit Kleidungsstücken herumwarfen, sondern auch einen Ball hin und her kickten und lautstark grölten.

»Wo sind denn die anderen Bälle?«, rief Fränge in das Chaos hinein.

»Welche Bälle?«, fragte Justin, der gerade den Ball stoppte, die gleiche Bewegung machte, die Förster vorhin bei Eren gesehen hatte, und das Ding mit beiden Füßen in der Luft hielt.

»Da war ein Netz mit zehn Bällen. Ich dachte, ihr bringt die mit.«

»Wussten wir nicht«, sagte Mostafa und sagte etwas auf Arabisch zu Alim, der lachte und ebenfalls auf Arabisch antwortete, und das Ganze wäre wohl noch länger so weitergegangen, wenn nicht plötzlich jemand in beeindruckender Lautstärke *Ey!* gerufen, nein gebrüllt hätte, und Förster stellte fest, dass das nicht Fränge gewesen war, sondern Eren, der in der Tür stand, die Fäuste in die Hüften gestemmt. Er machte drei Schritte in die Kabine hinein. »Was ist das hier?«

Förster fand, dieser Eren hatte eine Stimme wie ein Schauspieler, voll und kräftig, tragend bis in die letzte Reihe eines großen Stadttheatersaales.

»Was das hier ist, will ich wissen!«

Niemand antwortete.

»Genau«, sagte Eren und zeigte nacheinander auf Mostafa, Alim, Mirkan, Paul und Marvin, die alle in der Mitte der Kabine herumgesprungen waren. Jeder, auf den Eren zeigte, setzte sich augenblicklich hin. Nur Justin stand noch immer in der Mitte und hielt den Ball mit beiden Füßen hoch. Eren gab ihm ein paar Sekunden, dann machte er einen Schritt auf ihn zu, Justin kickte den Ball hoch in die Luft, bis knapp unter die Decke, fing ihn auf und setzte sich dann ebenfalls hin. Die Stille, die jetzt herrschte, beeindruckte Förster.

»Du«, sagte Eren und meinte Mostafa. »Du«, fügte er nach einer kurzen Pause hinzu und wandte sich an Alim. »Das ist ein deutscher Verein. Kabinensprache ist Deutsch. Kein Arabisch, kein Türkisch, kein Russisch, kein Chinesisch oder sonst was. Ist das klar?«

Keine Antwort.

»Ob das klar ist?«

Widerwillig zustimmendes Geraune.

»In der Kabine wird nicht gepöhlt und auch nix durch die Gegend geschmissen. Auch klar?«

Wieder zustimmendes Geraune. Eren drehte sich zu Fränge und Förster um.

»Ansagen?«

»Ja, äh«, begann Fränge umständlich, fing sich dann aber und sagte: »Am Samstag ist unser erstes Spiel. Bei uns auf dem Platz. Anstoß ist fünfzehn Uhr. Wir treffen uns eine Stunde vorher.«

Adnan hob die Hand.

»Das ist der Kapitän«, sagte Fränge. »Darf der ...«

Eren nickte.

»Ja, Adnan?«, sagte Fränge.

»Heim oder auswärts?«

»›Bei uns auf dem Platz‹, habe ich gesagt.«

»Also Heim?«

Fränge schien nachzudenken, ob Adnan ihn veralbern wollte, aber der Junge blickte sehr ernst und konzentriert drein.

»Ja, Heim«, sagte Fränge.

»Und wann ist Treffpunkt?«

»Eine Stunde vor Anstoß.«

»Wann ist Anstoß?«

»Fünfzehn Uhr.«

»Und Treffpunkt ist dann vierzehn Uhr?«

»Zwei Uhr, ja.«

»Ist gut«, sagte Adnan, als sei der Zeitplan damit von ihm genehmigt.

Bevor Fränge noch irgendetwas sagen konnte, ging die Kabinentür erneut auf. Förster, Fränge und Eren drehten sich um. In der Tür stand Justins Vater und wirkte nicht amüsiert. Er sah seinen Sohn an und knurrte: »Raus jetzt!«

Es herrscht hier eine gewisse Vorliebe für extrem ver-knappte Kommunikation, dachte Förster.

Justin nahm seine Sachen und folgte seinem Vater nach draußen. Förster sah, wie Eren die Augen verdrehte und den Kopf schüttelte.

»Okay«, sagte Fränge und klatschte wieder in die Hände. »Wir sehen uns dann am Samstag.«

Die Jungs verließen die Kabine. Förster bekam mit, wie Armani zu Niklas sagte: »Meine Schuhe! Die krieg ich doch nie wieder sauber! Was mache ich denn jetzt?«

Förster bemerkte außerdem, wie Alex seinem Vater im Rausgehen einen recht ungnädigen Blick zuwarf und den Kopf schüttelte.

»So wird das nichts«, sagte Eren, als alle raus waren. »Du musst denen klare Ansagen machen.«

»Na ja, ich dachte, wir sind hier nicht beim Militär«, sagte Fränge.

»Doch«, sagte Eren. »Die verstehen das sonst nicht. Und lass nicht zu, dass die kein Deutsch sprechen. Nicht in der Kabine und nicht auf dem Platz. Außerdem: keine Eltern in der Kabine! Die Kabine ist für Spieler und Trainer. Eltern müssen draußen bleiben.«

Förster dachte an die Schilder, die oft an den Türen von Lebensmittelläden zu sehen waren und die Hunden den Zu-tritt verwehrten: *Wir müssen leider draußen bleiben.*

»Dann«, fuhr Eren fort, »Tore, Stangen und Hütchen wer-den von den Spielern getragen. Ihr seid doch nicht der Die-ner von denen.«

Die Diener, dachte Förster, hielt es aber nicht für ange-bracht, Eren zu korrigieren.

»Die Bälle sammeln die Spieler ein«, sagte Eren. »Bei je-dem Training ein anderer.«

Die Bälle sammeln die Spieler ein, das kann man auch

falsch verstehen, dachte Förster, und stellte sich vor, wie die Bälle über den Platz hetzten, um die Spieler in ein Netz zu werfen. Herrje, dachte er, man wird ja ganz kindisch, die reinste Regression.

»Okay«, sagte Fränge.

»Und noch was: Besorg dir eine Pfeife!«, sagte Eren und verließ die Kabine.

Fränge wartete ein paar Sekunden, bis er sicher war, dass Eren ihn nicht mehr hören konnte. Dann sagte er: »Das war deutlich.«

»Du brauchst wirklich eine Pfeife.«

Als sie wieder auf den Platz gingen, um die Bälle einzusammeln, da die Spieler ja nun mal weg waren, sahen sie, dass Justin einsame Runden auf der Laufbahn zog. Am Rand stand sein Vater und rief ihm Anweisungen zu, die Förster nicht verstand, die aber nicht besonders freundlich klangen. Als Justin an ihnen vorbeilief, vermied er jeden Blickkontakt.

»Guck dir die Scheiße an«, sagte Fränge.

»Sollen wir da was sagen?«

»Was denn?«

»Dass das Quatsch ist, was der Vater da macht?«

»Nee, Förster, das geht uns nichts an.«

Vielleicht sollte man die Regel *Keine Eltern in der Kabine* erweitern auf *Keine Eltern beim Training*, dachte Förster. Er setzte den Fuß auf einen der Bälle, zog ihn nach hinten und versuchte, unter den Ball zu kommen, scheiterte aber kläglich.

Er richtete den Blick zum Himmel. Er fand, Paul hatte recht: Hinter dem Blau war es ganz schön hell, auch wenn sich schon der Abend ankündigte.

15 Nordkorea

Die Uli kam aus der FKK, der *Freien Kunst Kooperative*, die im
Gebäude einer ehemaligen Betriebskrankenkasse von Krupp
untergebracht war, und reichte Förster und Monika je eine
Flasche Radler, die sie gleich aufploppen ließen, und Förster
dachte, dass er gar nicht so ein großer Radler-Fan war, weil
ihm das zu süß war, aber an so einem frühen Freitagabend
im Spätsommer, wenn der Boden noch die Wärme der langsam vergehenden Jahreszeit ausdünstete und die Sonne sich
große Mühe gab, auf den letzten Metern des siechenden Tages einen richtig guten Job zu machen, da war das gar nicht
so schlecht, gleichsam das Äquivalent zum Eisessen am
Nachmittag, denn Eis war ja auch süß. Monika hatte ein Stu-
dio im gleichen Gebäude und gerade Porträts von Förster für
sein im Frühjahr erscheinendes Buch gemacht, sein erstes
seit sechs Jahren.

Die Uli hatte einen dritten Plastikstuhl mitgebracht, so einen, wie man ihn vor einfachen Kneipen und Restaurants
fand, weiß und stapelbar, und dann saßen sie nebeneinander
in der Abendsonne, und Forster dachte, das würde ein schönes Schlussbild für einen Film abgeben, und ja, es war wieder
ein Triptychon des Friedens, aber diesmal stellte er sich keine
Drohnenaufnahme vor, sondern ein eher untersichtiges Bild
aus zehn, zwanzig Metern Entfernung, in dem noch einiges
von dem kleinen Park zu sehen war, der eigentlich kein Park
war, eher eine verwilderte Brache, auf der die Künstlerinnen

und Künstler der FKK Skulpturen und Objekte verteilt hatten, und wenn sie groß und aus Lava-Tuff oder Beton waren, konnte man sicher sein, dass die Uli sie gemacht hatte. Auch heute hatte die Uli gearbeitet, deshalb die Blaumann-Latzhose und das ausgeleierte, löchrige, mit Farbspritzern verzierte T-Shirt, während Monika ein schwarzes ärmelloses Top trug, das ihre trainierten Oberarme betonte. Mit der legt man sich besser nicht an, hatte Förster vor Jahren gedacht, als er diese Oberarme zum ersten Mal gesehen hatte.

»Das mit dem Training«, sagte die Uli. »Ich glaube nicht, dass er damit das Verhältnis zu Alex reparieren kann. Er hat ihn jetzt seit einem Jahr vernachlässigt und immer wieder enttäuscht, seinen Geburtstag vergessen, Verabredungen nicht eingehalten und was weiß ich. Außerdem die Frauengeschichten.«

»Ich weiß gar nicht, ob der Plural so richtig angemessen ist«, sagte Förster. »Das mit der Peggy ist vorbei. Die arbeitet noch bei ihm, weil sie da einfach einen guten Job macht.«

»War da neulich nicht etwas mit einer Studentin von deinem Vater?«

Förster nickte. »Eine ehemalige. Eine sehr ehemalige. Und gelaufen ist da gar nichts. Die hat auf dem Sofa geschlafen.«

»Woher weißt du eigentlich davon?«, wandte sich Monika an die Uli.

»Ich war kürzlich da, um den Alex abzuholen, und da habe ich im Hausflur diesen Chaoten aus dem zweiten Stock getroffen. Der wusste gut Bescheid.«

»Lukas«, sagte Förster. »Keine besonders zuverlässige Quelle. Der ist die meiste Zeit bekifft und kann es nicht ertragen, wenn Fränge ihn dazu ermahnt, pünktlich zu seinen Schichten zu erscheinen. Ich meine, der hat ja nun nicht gerade eine lange Anfahrt.«

»Der hat jedenfalls erzählt, dass bei Fränge ein großes Kommen und Gehen herrscht.«

»Förster hat doch gerade gesagt, dass man dem Typ nicht trauen kann«, sagte Monika, und Förster registrierte, wie sie sich anspannte. Die kann ziemlich sauer werden, die Monika, dachte er, wenn man jemanden angreift, den sie mag.

Förster war kurz davor, der Uli zu verraten, dass Fränge zu Kathrin gesagt hatte, er werde nie wieder eine andere Frau anrühren, aber die Uli kam ihm zuvor: »Ihr wollt mir doch nicht erzählen, dass Fränge zum Mönch mutiert ist.«

»Das hat Förster nicht behauptet«, sagte Monika, »aber offenbar ist es auch nicht so schlimm, wie du es dir ausmalst. Was ich ja verstehen könnte.«

»Ich male mir gar nichts aus«, sagte die Uli. »Ist mir auch egal, ob er es in unserem Bett mit anderen Frauen treibt. Ich werde da eh nie wieder drin schlafen.«

»Ich will hier nicht zu viel verraten«, sagte Förster, »aber mit den Gerüchten über Fränges Liebesleben ist es so wie mit denen zu Paul McCartneys und Mark Twains Tod: Sie sind stark übertrieben. Und um auf deine ursprüngliche Frage zurückzukommen: Man kann Fränge doch nicht vorwerfen, dass er was gutmachen will. Ob das funktioniert, kann man nach zwei Trainingseinheiten noch nicht sagen. Außerdem braucht er eine Pfeife.«

»Eine Pfeife?«

»Gestern hat er ständig in die Hände geklatscht und was gerufen, aber das hören die oft nicht, außerdem ist das albern. Ein Trainer braucht eine Pfeife.«

»Manche Trainer *sind* Pfeifen«, gab Monika zu bedenken.

»Ja, das wissen wir«, bestätigte Förster. »Der Witz kommt ständig, wird aber durch Wiederholung nicht lustiger.«

Die Uli schüttelte den Kopf und grinste. »Der Fränge mit

einer Pfeife um den Hals wie ein Sportlehrer. Das will ich sehen!«

»Die Jungs machen es ihm aber auch nicht leicht. Die sind schon ziemlich undiszipliniert. Und dann diese ständigen Beleidigungen.«

»Die wenigsten haben zu Hause einen Professorenvater«, sagte Monika.

»Mein Vater war nie Professor, immer nur Privatdozent. Das ist ja das Elend. Er hat sich habilitiert, aber nie eine C4-Stelle bekommen.«

»Ich weiß nicht, wie der Fränge so einem Haufen Disziplin beibringen will. Das ist doch für ihn ein Fremdwort«, sagte die Uli.

»Ist es für uns alle«, meinte Förster, »schließlich kommt es aus dem Lateinischen.«

»So was sagt er völlig ohne ironischen Unterton«, stellte Monika fest.

»Hey, hier kommt Alex«, zitierte die Uli Die Toten Hosen, und tatsächlich, dachte Förster, da kommt er, praktisch aus der untergehenden Sonne.

»Woher des Weges, einsamer Held?«, fragte Monika.

»Ich war beim Justin. Der wohnt da vorne. Aber gerade ist sein Vater nach Hause gekommen, da musste ich gehen, weil Justin jetzt noch Kondition machen muss.«

»Der Vater spinnt«, sagte die Uli.

Förster nickte. »Der hat ihn gestern nach dem Training noch Runden laufen lassen.«

»Er war nicht zufrieden mit Justin«, sagte Alex. »Er fand, er hat sich nicht genug angestrengt.«

»Na ja, er hat drei oder vier Tore gemacht«, warf Förster ein.

»Dem Vater passt nicht, dass Justin überhaupt wieder bei uns spielt. Er meint, dass der Profi werden soll.«

»Ist so ein ganz klassisches Ding«, sagte die Uli. »Der Vater hat es selber nicht geschafft, jetzt soll es der Sohn nachholen.«

»Der hat was am Fuß, der Vater«, meinte Alex. »Das geht nicht weg. Deshalb kann er nicht gut laufen.«

»Der hat was am Kopf, der Vater«, sagte die Uli.

»Fährst du nach Hause?«, fragte Alex seine Mutter. »Kannst du mich mitnehmen?«

»Ich habe noch was zu tun. Nimm doch die Bahn.«

Das passte Alex offensichtlich nicht. Bis zu seiner alten Wohnung wäre es nicht weit, aber seit der Trennung im letzten Jahr lebte die Uli in einem Vorort, und das bescherte ihm einiges an Fahrten mit öffentlichen Verkehrsmitteln.

»Ach, die Scheiß-Bahn!«

»Alex, bitte.«

»Wir wollten eh gerade gehen.« Monika stellte ihre leere Flasche ab. »Wir können dich mitnehmen.«

»Das ist doch ein Riesenumweg!«, sagte die Uli.

»Kein Problem.«

»Er hat morgen ein schweres Spiel«, sagte Förster. »Als Co-Trainer muss ich darauf bestehen, dass er sich nicht zu sehr verausgabt.«

Die Uli wollte offensichtlich etwas erwidern, lächelte dann aber und sagte: »In Ordnung. Ich habe drinnen frisches Brot, das kannst du schon mal mitnehmen, falls du Hunger hast.«

»Brot? Echt jetzt? Wir hatten die letzten Tage schon Brot. Wann gibt es denn mal wieder Brötchen?«

»Du kannst ja nächstes Mal welche besorgen.«

Alex verzog das Gesicht. »Ey, voll Nordkorea hier.«

»Gewagter Vergleich«, sagte Förster, als Alex im Haus verschwunden war, um das Brot aus dem Atelier zu holen.

Die Uli seufzte. »Vorrecht der Jugend. Aber ich sage dir:

Ein bisschen Diktatur muss sein. Das kannst du auch dem Fränge sagen. Mit In-die-Hände-Klatschen kommt er bei so einer Fußballmannschaft nicht weiter. Ich habe die oft genug bei Spielen gesehen.«

»Und war Fränge da nicht dabei?«, fragte Monika.

»Doch, sicher, aber der hat immer mit den anderen Vätern Bier getrunken oder war ins Spiel vertieft oder es war ihm egal. Jungs, hat er gesagt, das sind eben Jungs. Jetzt bekommt er mal selber mit, was das genau heißt.«

Okay, dachte Förster, dann bin ich mal gespannt auf morgen.

16 Wim Thoelke

»Was will der denn hier?«, rief Fränge, als Förster mit Brocki auf den Hof hinter dem *Café Dahlbusch* kam, wo er neben seinem Volvo ungeduldig auf und ab tigerte.

Brocki lachte. »Ich lasse es mir doch nicht entgehen, wie der Herr Dahlbusch einen auf Trainerfuchs macht. Außerdem hat es sich schon gelohnt, wenn ich dich in dieser antiken Buxe sehe. Die hast du doch schon früher in der Schule angehabt!«

Auch Förster war die sehr knappe dunkelblaue Sporthose mit den zwei Streifen an der Seite gleich aufgefallen. Er musste an die Badehose von Dreffke denken, fand aber auch, Brocki hatte keinen Grund, sich in Stilfragen über Fränge zu erheben, lief er doch wieder in der Brocki-Uniform herum, Variante *Wochenende*, also in einem kleinkarierten, in Orangetönen gehaltenen Hemd aus Funktionsmaterial, dazu trug er khakifarbene Cargoshorts und sicher sehr bequeme, aber eben auch fürchterlich hässliche Wandersandalen, die seine unbesockten Füße hobbitmäßig groß erscheinen ließen, ein Effekt, den Förster nicht verstand, aber innerlich aufs Heftigste beklagte.

»Die ist historisch, die Hose!«, sagte Fränge. »Habe ich seit 1982. Meine große Zeit. Bitte erinnere dich daran, wie ich im Spiel gegen die Schwachmaten vom Ostring drei Buden gemacht habe!«

»Soviel ich weiß, hat unsere Schule das Spiel fünf zu drei verloren«, sagte Brocki.

»Aber ich habe drei Buden gemacht. In dieser Hose! Das ist ein gutes Omen.«

»Trainerfuchs in Hotpants, und das bei famosem Wetter«, sagte Brocki. »Das wird eine Schau!«

»Sprich nicht, als hätten wir noch 1970! Ach nee, sorry, das war *deine* große Zeit! Hast du nicht damals deinen Schniedel Wim Thoelke genannt?«

Da musste sogar Brocki grinsen, und Förster bückte sich nach dem Autoschlüssel, den Fränge ihm zugeworfen hatte.

»Was hast du dadrin?«, fragte Förster und zeigte auf den Beutel, den Fränge über der Schulter trug.

»Das ist der alte Turnbeutel vom Alex. Und was dadrin ist, werdet ihr noch früh genug erfahren.«

Als sie am Platz der Spielvereinigung ankamen, stand Sabine vor dem Container und rauchte.

»Pünktlich, die Herren, nicht schlecht.«

Es waren noch zwei Stunden bis Anstoß. Die Mannschaft würde erst in einer Stunde kommen, aber Fränge hatte gemeint, es könne nicht schaden, die Atmosphäre, das ganze Drumherum eines solchen Spieltages, aufzusaugen, sich zu akklimatisieren, um dem Team maximal entspannt und cool entgegenzutreten, und Förster hatte noch über dieses Verb nachgedacht, entgegentreten, das klang ja wie bei einem Boxkampf, fand er, aber so ganz falsch war das ja auch nicht.

»Und so sportlich«, fügte Sabine hinzu.

»Geil, oder?«, sagte Fränge. »Die Hose ist historisch. Habe ich seit 1982!«

Sabines Blick glitt an Fränge hinab bis zu den weißen Tennissocken.

»Das war seine große Zeit«, sagte Brocki und stellte sich vor.

»Er hatte seine große Zeit Anfang der Siebziger«, sagte Fränge. »Sein bester Freund war Wim Thoelke.«

»Ernsthaft?«

»Auf jeden!«, sagte Fränge. »So richtig unzertrennlich wurden sie aber erst in den Achtzigern. Da hatten sie täglich miteinander zu tun. Es gab aber auch immer Reibereien zwischen ihnen.«

Förster seufzte.

»Kam der nicht aus Duisburg?«, fragte Sabine. »Wim Thoelke. Ich glaube, der war in Duisburg auf der Schule. Der wurde doch in Mülheim geboren, oder?«

Brocki hob die Brauen. »Thoelke war ein Ruhri?«

Sabine grinste. »Sonst hättest du ihn doch nicht kennen können.«

»Der Dahlbusch weiß nicht, was er redet!«

»Zumindest hast du ihm öfter mal die Hand gegeben«, meinte Fränge.

»Die Trikots hast du auch schon mitgebracht«, stellte Sabine mit einem Blick auf die Tasche, die Fränge hinter sich herzog, fest.

»Ja, ich dachte, ich gehe auf Nummer sicher.«

Die Wahrheit war, dass Fränge Alex angeboten hatte, ihn abzuholen, was Alex jedoch abgelehnt hatte, er fahre lieber mit der Bahn, worauf Fränge gesagt hatte, das sei doch albern. Alex hatte sich aber nicht umstimmen lassen, also hatte Fränge am Abend zuvor wenigstens die Trikots, welche die Uli unter der Woche gewaschen hatte, abgeholt, damit Alex sich damit nicht in der Straßenbahn abmühen musste.

»Und was hast du in dem Turnbeutel?«, wollte Sabine noch wissen.

»Da habe ich ein Getränk drin. Und was ich sonst noch so brauche.«

Förster wunderte sich, dass Fränge sich so bedeckt hielt, was den Inhalt des Turnbeutels anging.

»Wir bereiten dann schon mal die Kabine vor«, sagte Fränge.

Sabine atmete Rauch aus. »Da müsst ihr noch warten. Erst geht noch mal die D rein zur Passkontrolle. Danach könnt ihr.«

Passkontrolle, dachte Förster, als ginge man auf eine Reise, begehre Einlass in ein fremdes Land.

Brocki schlug Fränge auf die Schulter. »Spitzentiming! So kennen wir unseren Fränge!«

»Ich weiß auch gar nicht, was du da vorbereiten willst.«

»Na ja, die Trikots an die Haken hängen und so«, sagte Fränge. »Soll doch schön aussehen, wenn die Jungs kommen.«

Sabine trat ihre Zigarette aus. »Ich glaube, ich habe im Büro noch ein bisschen Zucker, den könntest du ihnen hochkant in den Arsch blasen.«

Brocki lachte. »Touché! Die hat schon rausgekriegt, was du für einer bist, Fränge!«

Hinter dem Blau am Himmel war es wieder ziemlich hell, und Förster dachte, vielleicht wäre es das Beste, den Paul nicht hoch anzuspielen.

17 Funktürme

Förster, Fränge, Brocki und Sabine sahen beim Spiel der D-Jugend zu und Förster ließ all die neuen Eindrücke mal ganz bewusst auf sich wirken: die Rufe der Trainer, die Pfiffe des Vaters, der als Schiedsrichter fungierte, die Anfeuerungsrufe der Eltern und den Torjubel der Spieler und auch Spielerinnen, denn bis zur D, so hatte Sabine erklärt, durften die Mädchen noch in Jungsmannschaften spielen. Der Wind trug den Geruch aus der Bratwurstbude zu ihnen herüber und vermischte sich mit dem des Kaffees, den Sabine, die direkt neben Förster stand, in der Hand hielt.

Fränge stieß Förster mit dem Ellenbogen an. »Was wollen die denn hier?«

Förster folgte seinem Blick und sah, dass gerade eine Mannschaft das Gelände betrat, die sich verlaufen haben musste.

»Das sind eure Gegner«, sagte Sabine.

»Nein«, sagte Fränge. »Die sind ja doppelt so groß wie unsere Jungs.«

»Das sind richtige Funktürme«, bestätigte Sabine. »Ändert aber nichts. Das sind eure Gegner.«

Brocki pfiff durch die Zähne. »Groß für ihr Alter, so sagt man wohl.«

Fränge wollte das offenbar nicht glauben. »Das kann nicht sein, die haben sich verfahren. Oder in der Turnhalle ist ein Basketballspiel.« Er machte sich auf den Weg, um das zu klären.

»Das ist die TuS«, sagte Sabine. »Alle Spieler Altjahrgang, die meisten Januar und Februar. In der C-Jugend ist das irre, wie weit die körperlich manchmal auseinanderliegen.«

»Altjahrgang?«, fragte Förster.

»Jede Altersklasse besteht aus zwei Jahrgängen. Die C-Jugend in diesem Jahr aus den Geburtsjahrgängen 2003 und 2004. Die meisten von der TuS sind Anfang 2003 geboren. Die meisten von euren Spielern 2004. Der Luan hat erst im Dezember Geburtstag. Das heißt, der ist praktisch zwei Jahre jünger als die meisten von den Lulatschen da.«

»Das ist doch ungerecht. Da haben wir doch gar keine Chance.«

»Willkommen im Jugendfußball auf Kreisebene, Förster. Vielleicht kann der Luan seinem Gegner aufrecht durch die Beine laufen, wenn der nicht damit rechnet.«

»Ja, für dich ist das lustig.«

»Ich habe das einfach schon oft genug erlebt. Kann man nichts machen. Außerdem habt ihr das Problem, dass ihr Kreisliga A spielt, weil die letzte C-Jugend aufgestiegen ist.«

»Und wo ist die jetzt, die C-Jugend?«, wollte Förster wissen.

Sabine sah ihn an, als wollte sie fragen, ob das sein Ernst sei. »Na, die sind jetzt B-Jugend. Die werden jedes Jahr älter, die Blagen.«

»Ach so, ja.«

»Eine Liga zu hoch mit einem klein gewachsenen Jungjahrgang, das wird nicht leicht. Kreisliga B wäre besser für euch. "

»Wäre schön gewesen, du hättest uns das vorher gesagt.«

»Ich bin davon ausgegangen, dass der Fränge das weiß. Außerdem kann ich mir keine Trainer backen. Ich bin froh über jeden, der das macht.«

Förster schwieg.

Brocki sagte: »Lauf mal zum Fränge rüber und fang ihn auf, wenn er auf den Boden der Tatsachen stürzt.«

Förster nickte. Er ging an den Eltern vorbei, die sich das Spiel der D-Jugend ansahen und Kaffee aus Pappbechern tranken. Es wurde geredet und gelacht, eine Frau brüllte: »Das war ein klarer Elfer!«, ein Mann sagte: »Uli Hoeneß!«, ein anderer lachte.

Als Förster bei Fränge ankam, beendete der gerade ein Gespräch mit dem Trainer der Funktürme. »Das sind tatsächlich unsere Gegner. Ich kann es nicht fassen!«

»Ich nehme an, die sind alle Altjahrgang«, sagte Förster. »Und dann auch noch Januar, Februar, März oder so. In der C-Jugend ist das irre, wie weit die körperlich manchmal auseinanderliegen.«

»Da ist einer, der ist bestimmt eins neunzig«, sagte Fränge. »Der muss sich schon zweimal am Tag rasieren! Wenn der Grischa vor dem steht, sieht er den Kopf von dem gar nicht!«

»Vielleicht kann er dem aufrecht durch die Beine laufen, wenn der nicht damit rechnet.«

»Findest du das etwa lustig?«

»Nein, man hat es nur schon viel zu oft erlebt.«

»Du hast in dieser Woche zum ersten Mal einen Fußballplatz betreten!«

»Das stimmt nicht, wir hatten in der Oberstufe regelmäßig Sportunterricht auf dem Platz am Pappelbusch. Und das mit dem *zu oft erlebt* hat die Sabine gesagt.«

Fränge seufzte. »Wir müssen das so sehen: Die sind lang und unbeweglich, das heißt, wir müssen sie am Boden ausspielen. Gepflegtes Kurzpassspiel, dann geht das.«

»Okay, das klingt doch wie ein Plan.«

»Plan? Ihr habt einen Plan?«

Förster und Fränge fuhren herum. Alex sah sehr ernst aus, Justin grinste.

»Unsere Trainer haben einen Plan«, sagte Alex.

»Jetzt brauchen wir nur auch noch einen«, sagte Justin.

»Guter Witz!«, sagte Fränge.

Alex und Justin warfen sich einen Blick zu, als überlegten sie, in welches Pflegeheim sie Fränge demnächst einweisen sollten, dann drehten sie ab und liefen Richtung Kabinen. Förster sah Adnan mit seinen Eltern auf den Platz kommen, jedenfalls ging Förster davon aus, dass der Mann neben Luiza Adnans Vater war, da musste man ja vorsichtig sein, Patchwork war nicht mehr nur eine Art, Decken zu machen. Außerdem war ein kleiner Junge mit einem Laufrad dabei.

Außerdem erkannte Förster Martina und Monika, die ihm mit Gesten bedeuteten, dass sie gleich zur Bude hinübergehen würden, um etwas zu trinken.

»Hallo, Förster, hallo, Trainer.« Adnan nickte ihnen zu. »Meine Mutter kennst du, Förster, und das hier ist mein Vater.«

»Mergim«, sagte der Mann lächelnd. Er war Förster gleich sympathisch. »Heute geht es los, was?«

»Ja«, antwortete Förster, »heute startet die Saison.«

»Und wir haben einen Plan«, tönte Fränge.

»Wie sieht der denn aus, der Plan?«, wollte Luzia wissen.

»Flach spielen, hoch gewinnen«, sagte Fränge.

»Das ist mein Bruder.« Adnan zeigte auf den Jungen, der mit seinem Laufrad schon unterwegs war zum Vereinsheim. »Aber den Namen musst du dir nicht merken, der nervt.«

Luzia gab ihm lachend einen Klaps auf den Hinterkopf, und er rannte zu den Kabinen, während Mergim seinem jüngeren Sohn hinterherlief.

Justins Vater kam aufs Gelände gehumpelt. Er sah aus, als

habe er sich seit vorgestern nicht gewaschen und auch die Kleidung nicht gewechselt. Ohne Förster und Fränge zu begrüßen, sagte er: »Das wird eine Eins-a-Beerdigung, da dürft ihr sicher sein!«

18 RoFrö66

»Gib her!«

»Lass los!«

»Ey, du Lappen!«

»Deine Mudda!«

So ging es nun schon seit einigen Minuten hin und her zwischen Mostafa und Alim, und Fränge schaute sich das in aller Ruhe an. Zu Försters Verwunderung stritten sie darum, wer von ihnen das Trikot mit der Nummer sieben bekam. Er fragte sich, ob das mit irgendeinem Märchen zu tun hatte, *Der Wolf und die sieben Geißlein* oder *Sieben auf einen Streich* in *Das tapfere Schneiderlein, Die sieben Raben, Die sieben Schwaben,* die Zahl Sieben war ja enorm wichtig in den Märchen der Gebrüder Grimm, doch bevor er das zu Ende denken konnte, ertönte in ohrenbetäubender Lautstärke der Klang einer Gasdruckfanfare oder wie man die Dinger nannte, da war Förster sich nicht sicher, er wusste nur, er hätte Fränge dafür am liebsten eine gelangt. Das also hatte er die ganze Zeit in seinem Turnbeutel gehabt.

Immerhin war es mit einem Mal still. Mostafa und Alim standen in der Mitte der Kabine, jeder hielt eine Seite des Trikots fest. Wie Grusche und Natella Abaschwili in *Der kaukasische Kreidekreis*, dachte Förster, wobei es bei Brecht um ein Kind ging und nicht um ein Fußballtrikot, aber jetzt musste mal Schluss sein mit den literarischen Verweisen, Konzentration auf das bevorstehende Spiel, bitte schön!

»Prima, jetzt habe ich eure Aufmerksamkeit.« Offensichtlich zufrieden verstaute Fränge die Fanfare wieder im Beutel. »Ihr wollt also beide die Sieben haben. Ich nehme mal an, wegen Ronaldo. Gib mal her!«

Er nahm ihnen das Trikot weg und sagte zu Niklas: »Du bist doch Schalker.«

»Treu bis in den Tod!«, antwortete Niklas stolz, und Förster erinnerte sich, dass er das schon beim ersten Training gesagt hatte.

»Du kriegst die Sieben. Wegen Raúl, Rüdiger Abramczik und Stan Libuda. In umgekehrt chronologischer Reihenfolge. Wer nicht weiß, wer Libuda und Abramczik waren oder sind, der kriegt das bis zum nächsten Training raus. Ich werde das abfragen.«

Fränge zeigte auf Mostafa und Alim: »Setzen!« Tatsächlich gehorchten die zwei.

Grischa hob die Hand.

»Wieso meldet ihr euch immer? Wir sind doch nicht in der Schule!«

Grischa wartete trotzdem, bis Fränge ihn förmlich aufrief.

»Ja, Grischa?«

»Kann ich die Zehn?«

»Meinetwegen.«

»Ey, Messi!«, meldete sich Alim zu Wort. »Voll der Loser.«

»Ja, sicher, Messi ist der Loser«, sagte Giampiero, stand auf und wühlte in der Trikottasche herum. »Wo ist die Neun?«

Die Verteilung der restlichen Nummern lief vergleichsweise reibungslos.

»Förster!«, rief Sabine, als er gerade am Bürocontainer vorbeiging, um Monika und Martina richtig zu begrüßen, dazu war er vorhin nicht gekommen. Etwas widerwillig trat er ein, fühlte sich herbeizitiert, sagte sich aber dann, das dürfe man nicht so eng sehen, das hier sei schließlich ein Fußballplatz, da schätzte man die direkte Ansage.

»Einer von euch muss den elektronischen Spielbericht vorbereiten und freigeben«, sagte Sabine, ohne die Zigarette aus dem Mund zu nehmen; Rauch kräuselte sich an ihrem Gesicht empor und verlor sich in ihrem Haaransatz.

»Ich habe für beide von euch einen Zugang eingerichtet und schicke euch die Login-Daten aufs Handy, aber du bist gerade hier.«

»Ja, gut. Was muss ich machen?«

Sie setzte sich auf einen zweiten Stuhl, den Förster bisher nicht bemerkt hatte, und wies ihm den Platz hinter dem Laptop zu.

»Erst mal einloggen. Ich habe dir den Usernamen *RoFrö66* gegeben.«

»Wieso RoFrö?«

»Hab mich vertippt. Sollte eigentlich *RoFör* heißen, für Roland Förster. Ist aber egal. Jetzt heißt du *RoFrö66*. Und dein Passwort ist 2q3rG7S.«

»Hauptsache, leicht zu merken, was?«

»Weil das heute das erste Spiel der neuen Saison ist, gehen wir zuerst in die Spielberechtigungsliste. Hier klickst du alle Spieler an, die in deiner Mannschaft sind. Da werden auch die jüngeren angezeigt, weil die ja theoretisch auch spielen dürften. Der Neue ist noch nicht dabei.«

»Welcher Neue?«

»Dieser Gucci.«

»Armani.«

»Kleiner Spaß«, sagte Sabine ernst.

»Ich dachte, der kommt gar nicht wieder«, sagte Förster. »Der war so verzweifelt, weil er sich im Training die Schuhe versaut hat.«

»Der Vater hat jedenfalls einen Aufnahmeantrag abgegeben. Eure sind die mit Jahrgang 2004. Ich glaube, einen Nulldreier habt ihr gar nicht. Da sind auch ein paar Karteileichen, aber ich gehe mal davon aus, du weißt, wer aktuell dabei ist.«

In der Liste standen alle Spieler mit vollständigem Namen, manche hatten noch einen Zweit- oder sogar Drittnamen. Die ausländischen Namen kamen ihm zum Teil richtig musikalisch vor, bei den deutschen Namen fiel ihm auf, dass sie tatsächlich die zwei häufigsten deutschen Nachnamen im Team hatten, Niklas hieß nämlich Schmidt und Marvin Müller, und Förster fragte sich, wie man einem Kind einen Vornamen geben konnte, der mit dem gleichen Buchstaben begann wie der Nachname. Eine Alliteration auf zwei Beinen.

»Wenn du hier die Option *Feste Rückennummern vergeben* anklickst, dann stehen die für den Rest der Saison fest.« Sabine bewegte den Cursor an die entsprechende Stelle.

Förster zögerte. »Da haben wir gar nicht drüber gesprochen. Das mit den Rückennummern scheint eine wichtige Sache für die Jungs zu sein.«

»Ja, vor allem die Sieben, die Zehn und die Neun. Leg das fest, dann habt ihr Ruhe.«

Förster gehorchte.

»So, jetzt kommen wir zum heutigen Spiel.« Sabine griff nach der Maus und klickte so schnell hintereinander irgendwelche Menüpunkte an, dass Förster nicht mehr mitkam. Das würde er sich noch einmal in Ruhe zeigen lassen müssen.

»Unter *Verantwortliche und sonstige Angaben* musst du eure Namen eintragen. Mach mal!«

Neben dem ersten Feld stand *Trainer*, da trug er *Frank Dahlbusch* ein. Sich selbst schrieb er in das Feld *Trainerassistent*. Das hat was, so eine offizielle Bezeichnung, dachte er und wunderte sich, dass es ihm gefiel, dort genannt zu sein. Die anderen Felder hießen *Arzt, Physiotherapeut, Zeugwart, Mannschaftsverantwortlicher, Offizieller* und *Doping-Beauftragter.*

»Das meiste davon kannst du vergessen. Nur bei *Mannschaftsverantwortlicher* muss was stehen. Da kannst du mich eintragen.«

Sabine leitete ihn durch den restlichen Prozess, der ihm ziemlich bürokratisch vorkam. Andererseits gefiel ihm die Vorstellung, dass diese Informationen jetzt auf ewig gespeichert waren. Der gelernte Historiker in ihm freute sich immer, wenn sich irgendwo die Quellenlage verbesserte.

»So, das ist jetzt freigegeben und kann nicht mehr geändert werden.« Sabine klappte den Laptop zu und zündete sich eine weitere Zigarette an. »Eine Frage hätte ich da noch.«

»Ja?«

»Die zwei Frauen, die da vorhin gekommen sind. Freundinnen von dir?«

Offensichtlich meinte sie Monika und Martina, also bejahte er.

»Die eine, die kennt man doch, oder? Ich meine, die sieht nicht nur aus wie die aus dem *Tatort*, das ist sie auch, oder?«

Auch diese Vermutung konnte Förster bestätigen.

Sabine nickte. »Eine *Tatort*-Kommissarin bei der Spielvereinigung. Nicht schlecht.«

Förster wusste nicht, was er darauf antworten sollte, und das musste er auch nicht, denn in diesem Moment klopfte jemand an die offene Tür, ein sehr junges, auffallend hübsches Mädchen mit streng zurückgekämmten dunkelbraunen Haaren, die es am Hinterkopf zu einem Pferdeschwanz gebündelt hatte. Sie trug einen Trainingsanzug und über der Schulter eine Sporttasche.

»Hallo, ich bin die Schiedsrichterin für das C-Jugend-Spiel. Könnt ihr mir die Schirikabine zeigen?«

Sabine zeigte mit dem Daumen auf Förster. »Das macht der Co-Trainer.«

Förster öffnete die Schublade des Schreibtisches und nahm den Schlüssel an dem groben Holzstück heraus.

»Ich bin *RoFrö66*«, sagte er draußen.

Das Mädchen sah ihn ausdruckslos an.

»Ich bin Förster. *RoFrö66* ist meine Kennung. Hat mir die Sabine verpasst.«

»Aha.«

Bei der Schirikabine angekommen, hielt er kurz inne, bevor er aufschloss, verfluchte sich dann aber gleich für den Gedanken, ihr dieses Drecksloch eigentlich nicht zumuten zu wollen, denn bei einem Mann hätte er keine Sekunde gezögert, und herrje, sie sollte dort ja auch nicht übernachten, sondern sich nur umziehen und ihre Sachen lagern.

»Ist nicht schön«, sagte er trotzdem.

Die junge Frau zuckte nicht mal mit der Wimper, nahm Förster den Schlüssel aus der Hand, ging in die Kabine und schloss hinter sich ab.

»Zwei Möglichkeiten«, sagte Sabine, die jetzt vor dem Bürocontainer stand. »Entweder die Jungs drehen total durch, wenn sie die Kleine sehen, oder sie werden lammfromm.«

»Ich bin gespannt«, sagte Förster. »Soll ich dich der Martina mal vorstellen?«

»Nee, lass mal. Ich bin nicht promigeil oder so. Und wenn ich was von der will, dann sage ich ihr das schon selber.«

Förster blickte über den Platz, sah Brocki in ein Gespräch mit Eltern der D-Jugend vertieft und dachte: Da hat er aber schnell Anschluss gefunden.

»Ist ja auch nicht so, als hätten wir hier noch nie Schauspieler rumlaufen gehabt. Kennst du den Zöllner? Stefan

Zöllner. Der ist Schauspieler. Hat aber eigentlich nur Theater gemacht. War lange in München. Seit ein paar Jahren
ist der wieder hier und schmeißt mit seiner Jugendliebe die
Kneipe von ihrem Oppa. Die machen da im Hinterzimmer
Kabarett und so. Jedenfalls hat der früher mal für die Spielvereinigung gespielt.«

»Nie gehört.«

»Ja, wie gesagt, der hat nur Theater gemacht. Muss man
nicht kennen.«

19 Delikte am Menschen

Am Vereinsheim waren unter einem Vordach aus Wellplastik mehrere Bierzeltgarnituren aufgebaut. An einer saßen Martina und Monika, jede ein Radler vor sich. In ein paar Wochen ist die Radler-Zeit vorbei, dachte Förster, so wie die Kurze-Ärmel-Zeit und Leichte-Jacken-Zeit. Früher war ihm das Wetter egal gewesen, aber seit einigen Jahren bereitete es ihm fast körperliche Schmerzen, wenn der Sommer langsam endete und man abends nicht mehr draußen sitzen konnte, und er fing an, darüber nachzudenken, ob man sich nicht doch von Dezember bis März irgendwo aufhalten sollte, wo einem kein eisiger Wind in die Ohren schnitt, denn die Ohren, meinte Förster festgestellt zu haben, wurden mit dem Alter immer kälteempfindlicher, seine jedenfalls.

»Steht dir«, sagte Martina und meinte sein Poloshirt.

»Rudelkleidung ist Pflicht. Zugehörigkeit zeigen und so.«

»Er muss sich immer noch rechtfertigen«, sagte Monika. »Da fehlt ihm das Selbstbewusstsein.«

»Aber er sieht in dem Shirt sportlicher aus, als er ist.« Martina nahm einen Schluck aus der Flasche mit dem Bügelverschluss. »Obwohl es ihm eine Nummer zu groß ist.«

Förster fragte sich, was er an sich hatte, dass manche Menschen gerne über ihn in der dritten Person redeten, obwohl er danebenstand. Fränge und Brocki machten das auch gerne.

»Ihr solltet Fränge sehen in seiner Sporthose von 1982. Trainerfuchs in Hotpants, hat Brocki gesagt.«

»Brocki ist hier?«, fragte Martina.

»Steht irgendwo da drüben und redet mit Leuten, die er nicht kennt.«

»Sind bestimmt Eltern, deren Kinder bei ihm Unterricht haben«, vermutete Monika.

»Dann sehe ich den auch mal wieder, den alten Strategen«, sagte Martina.

»Nein, nein, Martina«, sagte Förster. »Der Spitzname *alter Stratege* ist für den Gerd reserviert, und das seit Jahrzehnten.«

Martina lachte. »Du hast recht. Es kann nur einen alten Strategen geben, und das ist der Gerd.«

»Klärt mich auf«, forderte Monika.

»Wie du weißt, haben Förster und ich früher zusammen Theater gemacht. Und Gerd war unser Techniker. Norbert, der Chef vom *Theater Namenlos*, hat ihn immer so genannt: Gerd, der alte Stratege.«

»War nicht weit weg von hier, das Theater«, sagte Förster. »Vielleicht zehn Minuten zu Fuß.«

»War eine schöne Zeit«, sagte Martina. »Oh Mann, ich höre mich an wie eine alte Frau!«

»Ich hole mir auch mal was zu trinken.« Förster ging hinüber zu dem offenen Fenster des Vereinsheims, an dem Pommes, Bratwurst, Bier, Kaffee und andere Getränke verkauft wurden.

Direkt vor ihm stand ein Mann in einem sehr alten grünweißen Trikot, auf dem die Werbung eines lokalen Dachdeckerbetriebs schon fast bis zur Unkenntlichkeit verblasst war. Seine Jeans hing hinten praktisch gesäßlos herunter, an den Füßen trug er brandneu wirkende knallrote Laufschuhe, und seine schon länger nicht gewaschenen Haare, die fettig glänzten, hatte er zu einem Stummelzöpfchen gebunden. Der Mann drehte sich um, als Förster hinter ihn trat, und musterte ihn von oben bis unten.

»Du bist neu hier«, sagte er.

»Stimmt.«

»Vonne C?«

»Co-Trainer.«

»Und?«

»Was und?«

»Habt ihr ne Schongs?«

»Keine Ahnung.«

»Ist nicht kompliziert. Das Runde muss ins Eckige, ganz einfach.«

»Die Gegner sind alle fast doppelt so groß.«

»Okay, dann gibt es heute auff'n Arsch! Friedhelm.«

»Nee, Förster.«

»Ich! Friedhelm.«

»Förster.«

»Beruf oder Name?«

»Name.«

»Vorname?«

»Vergessen.«

Förster fand langsam Gefallen an dieser Form der reduzierten Kommunikation.

»Sach ma, die eine da …« Friedhelm machte eine Kopfbewegung Richtung Martina. »Die kenne ich doch. Die habe ich doch schon mal gesehen.«

»Ist das erste Mal hier«, sagte Förster.

»Aber ich kenn die irgendwoher. Kann ich die kennen?«

»Glaube ich nicht. Die wohnt nicht hier.«

»Ich glaub, die kenn ich aus dem Fernsehen. Die sieht aus wie die vom *Tatort*.«

»Das sagen viele.«

»Deine Freundin?«

»Früher mal.«

»Hasse verkackt?«

Förster verfluchte sich dafür, eine ehrliche Antwort gegeben zu haben, anstatt weiter auszuweichen. Zum Glück war Friedhelm jetzt dran und bestellte zwei Flaschen Bier, von denen er eine Förster hinhielt. Förster war überrascht und fand das auch sehr nett, aber das ging jetzt natürlich nicht.

»Vielen Dank. Nicht vor dem Spiel.«

Friedhelm schlug ihm auf die Schulter. »Das sagen die Neuen immer. Wenn du länger dabei bist, ändert sich das. Ich habe hier zwanzig Jahre gespielt. Das ändert sich, glaub mir.«

Friedhelm entfernte sich, und Förster war sicher, dass er keine Mühe haben würde, beide Flaschen allein auszutrinken.

»Einen Kaffee hätte ich gerne«, sagte er zu der Frau im Fenster.

Sie zapfte heißen Kaffee aus einer großen Pumpkanne in einen Pappbecher, stellte ihn auf das schmale Fensterbrett. »Ein Euro.«

»Nee, der ist Trainer!«, sagte eine Stimme hinter der Frau, und Förster erkannte Arjana, die, angetan mit einer weißen Schürze, vor einer Fritteuse stand, in der Pommes in sprudelndem Fett siedeten. Sie grüßte ihn, und er grüßte zurück.

»Dann fünfzig Cent«, sagte die andere Frau.

»Ist die Mutter vom Marvin«, sagte Arjana.

»Hallo, ich bin Förster, der Co-Trainer.«

»Ich bin Tanja, die Mutter von Marvin.«

»Ey, Leute!«, rief ein bärtiger, breitschultriger Mann hinter Förster. »Nehmt euch ein Zimmer, aber macht voran!«

Förster bezahlte und ging mit seinem Kaffee zurück zu Monika und Martina, die nicht mehr allein waren. Friedhelm hatte sich zu ihnen gesellt und hockte rittlings auf einem Holzstuhl am Kopfende des Biertisches. Förster setzte sich dazu.

»Förster, ich sach gerade, deine Freundin, also deine Ex natürlich, die sieht aus wie die eine aus dem *Tatort*. Und weißt du, was sie darauf gesagt hat? Dasselbe wie du! Nämlich: Das sagen viele.«

Martina sah Förster an und schmunzelte. »Schön auch, dass du gegenüber Friedhelm gleich unseren Beziehungsstatus geklärt hast.«

Friedhelm beugte sich zu ihr und senkte die Stimme. »Ich weiß, du bist es. Du willst nicht erkannt werden, klar. Aber mal was anderes: Bei uns ist letztens wieder eingebrochen worden. Also hier im Vereinsheim. Und die haben eine Geldkassette mitgehen lassen. Die Bullen ... Entschuldige, die Polizei kommt da nicht weiter. Hast du irgendwelche Tipps oder so?«

»Ich weiß nicht, wovon du sprichst.«

Friedhelm nickte. »Klar, du bist nicht im Dienst. Tarnung und so.«

Martina seufzte. »Ich spiele die Kommissarin nur.«

»Ja, ja, aber du bereitest dich doch auf so eine Rolle vor. Da kriegst du doch was mit. Ich meine, mein Urologe, der weiß ja auch ein bisschen was wegen meiner Pumpe, oder wenn ich wieder meinen Ausschlag habe, dann frage ich den auch.«

Martina lächelte. »Friedhelm, du hast Glück. Zufällig habe ich die Frau dabei, die mich beim *Tatort* fachlich berät. KHK Hoffmann, Viertes K., Abteilung *Delikte am Menschen*.«

Monika verzog keine Miene.

Friedhelm riss die Augen auf. »Du bist Bulle?«

Monika blickte ihn streng an. »Heutzutage sagt man Bullin.«

»Delikte am Menschen? Mord und so?«

»Weißt du, was das Problem von Polizistinnen und Polizisten ist?«, sagte Monika. »Kaum haben die Leute rausbekommen, was sie beruflich machen, bekommen sie ständig Fragen gestellt. Wie bei Ärztinnen und Ärzten. Die sind auch nie privat.«

»Ist ja auch spannend«, sagte Friedhelm. »Aber Mord und so, ist das nicht tierisch belastend? Vor allem für eine Frau?«

»Wenn man nicht gerade selbst das Opfer ist, geht es.«

»Viele Verbrechensopfer leiden ja noch Jahre später an posttraumatischen Belastungsstörungen«, sagte Martina.

Monika nickte. »Ganz besonders Mordopfer.«

»Geil!« Friedhelm konnte seine Augen nicht von Monika lassen, er beachtete Martina gar nicht mehr. »Hast du ne Knarre?«

»Können wir das Thema wechseln?«, bat Monika.

»Natürlich hast du eine Knarre. Ich wette, du kannst super schießen.« Friedhelm wandte sich wieder Martina zu. »Hat sie dir das auch beigebracht?«

»Wir haben auch Schießtraining gemacht beim Dreh, klar! Natürlich nur mit unscharfer Munition.«

»Unscharf? So heißt das?«

Förster war sicher, dass Martina keine Ahnung hatte, wohl aber wusste, dass es die Glaubwürdigkeit einer Geschichte erhöhte, wenn man vermeintliche Fachausdrücke einflocht. Statt zu antworten, trank sie von ihrem Radler.

»Und Verhörtechniken?« Friedhelm sah wieder Monika an. »So ein Arschloch erst mal schmoren lassen, stundenlang nicht in das Zimmer gehen, aber ihn durch die Scheibe beobachten, die auf der anderen Seite ein Spiegel ist. Und dann mit dem Kollegen rein, und der ist dann der Bad Cop und du so verständnisvoll und so, bietest ihm ne Zigarette an oder Kaffee ...«

»Umgekehrt«, sagte Monika. »Der Kollege kommt mit dem Kaffee, und die Kommissarin packt das Arschloch gleich mal an den Eiern. Metaphorisch gesprochen. Meistens.«

»Friedhelm«, riss Martina das Gespräch wieder an sich. »Wo warst du am Dienstag zwischen acht und zehn?«

»Morgens oder abends?«

»Sag du es mir.«

Friedhelm dachte nach. Dann sagte er: »Boah, du bist echt gut. Ich muss nachdenken, und damit mache ich mich gleich verdächtig.«

»Vielleicht war das mit dem Vereinsheim ja ein Insiderjob«, sagte Monika.

Friedhelm zuckte zusammen. »Ey, das ist mein Verein, den würde ich nie ... Boah, du bist auch gut, muss ich echt sagen!«

»Ich rate euch, Kameras anzuschaffen«, sagte Monika. »Die müssen gar nicht eingeschaltet sein. Oft sind das ja Junkies. Beschaffungskriminalität. Wenn die Kameras sehen, steigen die meistens gar nicht erst ein.«

Friedhelm strahlte. »Beschaffung, genau! Und macht ihr auch Nahkampfausbildung und so? Kannst du einen Mann mit ein, zwei Schlägen schachmatt setzen?«

»Das geht mir zu weit«, sagte Monika. »Wir sollten das jetzt beenden.«

»Delikte am Menschen, geil!« Friedhelm kriegte sich gar nicht mehr ein. »Finde ich alles andere als unscharf, ehrlich! Darauf brauche ich noch zwei Bier.« Tatsächlich hatte er während des kurzen Gesprächs beide Flaschen, die er vorhin gekauft hatte, geleert.

Er stand auf, auch Monika erhob sich. Sie war einen halben Kopf größer und streckte ihm die Hand hin. Als er sie ergriff, drehte sie ihm den Arm in einer blitzschnellen Bewegung auf den Rücken und drückte seinen Kopf auf die Tischplatte. Es gab einen Knall und einen Schrei, alle blickten zu ihnen herüber.

Monika rief: »Alles in Ordnung! Es gibt hier nichts zu sehen!«

Sie ließ Friedhelm los, und seine Begeisterung kannte keine Grenzen mehr.

»Super! Ich wusste, dass ihr auch Nahkampf macht! Aber echt, jetzt muss ich was trinken. Wollt ihr auch was, Ladys? Vielleicht mal was Richtiges und nicht nur sonne Mädchentraube?«

»Nein, danke«, sagte Martina.

Monika setzte sich wieder.

Friedhelm wandte sich zum Gehen, drehte sich aber noch mal um und sagte: »Denk dran, Förster!«

»Was denn?«

»Das Runde muss ins Eckige! Ist ganz einfach.« Er stellte sich wieder in die Schlange vor dem Verkaufsfenster.

»Delikte am Menschen?«, sagte Förster.

Martina zuckte die Schultern. »Habe ich mal in einer Serie gehört.«

Zu Monika sagte er: »Und der Selbstverteidigungskurs hat sich auch gelohnt, was?«

»Ich dachte, ich schmeiß mich weg vor Lachen.« Monika verzog keine Miene.

»Mensch, Martina, du hier?«

Plötzlich stand Brocki neben ihrem Tisch.

»Hallo, Brocki!« Martina stand auf, und die beiden umarmten sich.

»Toll«, schwärmte Brocki. »Alle wollen sehen, wie Fränge sich lächerlich macht. Ich bin begeistert.«

»Du hast ja schnell Anschluss gefunden!«, sagte Monika, als Brocki sie nicht minder herzlich begrüßte.

»Das sind Eltern, deren Kinder bei mir Unterricht haben. Ich treffe ständig welche.«

Förster hatte seinen Kaffee ausgetrunken und meinte, er müsse jetzt mal zur Mannschaft.

20 Ihr spielt auf mich, dann geht ihr steil

Sie hatten sich mit den gleichen Übungen warmgemacht wie beim Training, und jetzt saßen sie in der Kabine und warteten auf die Schiedsrichterin, die mit der Passkontrolle in der Gästekabine anfing, weil die Spieler der gegnerischen Mannschaft sich einfach disziplinierter und schneller dorthin begeben hatten. Die eigenen hatten Förster und Fränge einfangen müssen wie entlaufene Schafe. Jetzt hockten sie auf den Bänken und wippten mit den Beinen und redeten wild durcheinander. Beim Warmmachen hatten sie die Gegner gesehen und versuchten jetzt, ihre Eindrücke zu verarbeiten.

MIRKAN: Ey, habt ihr die gesehen? Voll die Riesen!

JUSTIN: Ja, aber wir sind voll schnell!

PAUL: Da haben wir keine Chance!

MOSATAFA: Kannst ja nach Hause zu Mama gehen!

MIRKAN: Zwei Meter sind die alle! Mindestens! Jeder!

ALEX: Einer war mindestens drei Meter!

ALIM: Hast du gesehen, Digga? Der hatte Bart!

GIAMPIERO: Keine hohen Bälle! Flach machen wir die fertig.

ADNAN: Die dürfen keine Ecken kriegen!

MIRKAN: Drei Meter? Kein Mensch ist drei Meter!

MARVIN: Der größte Mensch der Welt ist zwei vierzig oder so.

NIKLAS: Macht euch nicht schon vorher in die Hose, bleibt mal stabil, Leute!

MIRKAN: Keiner macht sich in die Hose, aber sie sind zwei Meter!

ALIM: Der eine hat Bart!

MOSTAFA: Mein Bruder hat auch Bart, aber der kann kein Fußball spielen!

MIRKAN: Und was ist mit deiner Mutter, du Lappen?

ALIM: Die kann auch kein Fußball spielen!

MIRKAN: Aber die hat auch Bart.

MOSTAFA: Ey, was laberst du? Willst du Fresse?

ALIM: Was denn, deine Mutter hat Bart. Wissen alle.

MIRKAN: Und kann kein Fußball.

LUAN: Deine Mutter hat echt Bart?

MOSTAFA: Nur bisschen. Der labert Scheiße!

JUSTIN: Alim, du spielst auf mich, und dann gehst du steil!

ALIM: Was ist, wenn Mostafa auf dich spielt?

JUSTIN: Dann gehst du auch steil.

MOSTAFA: Was ist mit mir?

JUSTIN: Du kannst auch steil gehen. Ich schick euch beide.

ALIM: Gleichzeitig?

JUSTIN: Quatsch.

MOSTAFA: Aber wie sollen wir wissen, auf wen du spielst?

JUSTIN: Wenn ihr das nicht wisst, weiß es der Gegner auch nicht.

ALIM: Hat er recht.

MOSTAFA: Vallah, ist gut. Ich geh steil.

ALIM: Ich auch.

MARVIN: Rasiert die sich echt, deine Mutter?

Mostafa wollte auf Marvin losgehen, aber in diesem Moment ging die Tür auf und die Schiedsrichterin kam herein. Jetzt mal sehen, in welche Richtung das geht, dachte Förster, zumindest sind sie erst mal still, das ist doch schon mal ein Anfang.

»Okay«, sagte die Schiri. »Ich bin die Schiri für heute. Habt ihr die Pässe parat?«

»Vorschriftsmäßig«, bestätigte Fränge und reichte ihr die DIN-A6-Mappe. Die Pässe hatte er in der Reihenfolge der Rückennummern sortiert. Die Schiri hatte einen Ausdruck des Aufstellungsbogens in der Hand, rief die Nachnamen auf, und der Betreffende musste kurz aufstehen und sich einmal umdrehen, damit sie seine Rückennummer sehen konnte, um diese mit dem Ausdruck abzugleichen. Alle taten das schweigend und ohne irgendwelche Faxen. Nur Mirkan stemmte eine Hand in die Hüfte und drehte sich wiegend wie ein Model zweimal um die eigene Achse. Die Schiri reagierte nicht, sondern rief den nächsten auf.

»Gut«, sagte sie, als sie mit den Pässen durch war. »Noch ein paar Sachen, die eigentlich selbstverständlich sind, aber ich sage sie trotzdem. Ich bin hier zum Pfeifen und nicht zum Diskutieren. Benehmt euch ordentlich, dann kriegen wir keine Probleme. Verstehen wir uns?«

Alle nickten stumm.

»Schön, wir sehen uns auf dem Platz.«

Als die Tür hinter der Schiri ins Schloss gefallen war, dauerte es noch eine Sekunde, dann ging es wieder los.

MIRKAN: Ey, hast du gesehen, wie die aussieht?

JUSTIN: Zwei Meter ist die jedenfalls nicht.

ALIM: Aber die ist voll schön, Junge!

MOSTAFA: Pass auf, ich mach drei Tore und dann krieg ich ihre Nummer, ich schwör!

GIAMPIERO: Die sizilianische Rakete macht hier die Tore!

LUAN: Die hat bestimmt einen Freund.

MIRKAN: Die ist älter als du, die gibt dir nie ihre Nummer!

MOSTAFA: Dann mach ich vier Tore!

GIAMPIERO: Ich mache die Tore, also kriege ich ihre Nummer!

ALIM: Die ist voll schön und du bist für die viel zu klein!

MIRKAN: Ältere Mädchen machen nie was mit jüngeren Jungs!

MOSTAFA: Aber mit mir! Ich mach fünf Tore, Alter!

PAUL: Ich glaub, ich kenn die! Die geht in die Stufe von meinem Bruder.

JUSTIN: Dann kriegt dein Bruder vielleicht ihre Nummer.

PAUL: Ich glaube, die hat einen Freund.

LUAN: Habe ich doch gesagt!

ALEX: Hier kriegt keiner irgendwelche Nummern. Konzentriert euch mal aufs Spiel!

MOSTAFA: Ich bin voll heiß, ich mach sechs Tore, Digga!

GIAMPIERO: Ich mach hier die Tore.

JUSTIN: Ihr spielt auf mich, und dann geht ihr steil.

MARVIN: Rasiert sich deine Mutter nass oder trocken?

Bevor es Verletzte geben konnte, scheuchte Fränge sie nach draußen.

Alex war der Letzte, der die Kabine verließ, und da er auf Förster ein bisschen deprimiert wirkte, sprach er ihn an.

»Alles okay?«

»Jaja«, seufzte Alex.

»Also nein. Sag's mir.«

»Ich glaube nicht, dass es eine gute Idee ist, dass ich von Anfang an spiele.«

»Wieso?«

»Ich bin der Sohn vom Trainer. Das sieht aus, als ob er mich bevorzugt.«

»Meinst du denn, der Paul oder der Alim würden auf deiner Position besser spielen?«

Alex zuckte mit den Schultern. »Weiß nicht. Der Alim ist besser im Zweikampf. Sieht einfach blöd aus.«

»Mach dir nicht so viele Gedanken. Zeig einfach, was du draufhast.«

»Hat gegen die langen Latten sowieso keinen Sinn.«

»Na, komm! Wer kämpft, der kann verlieren, aber wer nicht kämpft, der hat schon verloren.«

»Muss ich jetzt Amen sagen?«

»Du musst einfach nur dein Bestes geben.«

Herrje, dachte Förster, von welchem Kalenderblatt habe ich denn all diese Sprüche? Ist das hier die Plattitüden-Olympiade?

Er klopfte Alex auf die Schulter, der trabte los, um die anderen einzuholen, und genau in diesem Moment entdeckte Förster Frau Strobel in einem geblümten Sommerkleid, eingehängt bei Dreffke in einem Hawaiihemd, Grundfarbe Rot, garniert mit allerlei Palmen und Ananas. Sie kamen auf Förster zu und winkten.

»Wurde das Spiel in der Zeitung angekündigt?«, fragte Förster.

»Dein Kumpel hat mir Bescheid gesagt«, antwortete Dreffke. »Und die Kundin hier kann man ja praktisch nicht mehr allein lassen.«

»Schickes Hemd. Historisch?«

»Brandneu. Im Internet bestellt. Feine Sache.«

»Du kannst das tragen.«

»Ernsthaft, Förster, wir müssen uns was mit der Elisabeth überlegen.«

»Elisabeth?«

Dreffke zeigte mit dem Daumen auf Frau Strobel.

»Ich wusste gar nicht, dass sie Elisabeth heißt.«

»Ich habe ihren Pass gefunden. Wenn wir nicht aufpassen, fackelt die uns noch die Bude ab. Neulich war ich abends bei ihr, da hatte sie drei Zigaretten gleichzeitig in verschiedenen Aschenbechern glimmen.«

Förster wusste, dass Dreffke jeden Abend nach Frau Strobel sah, mögliche Gefahrenquellen eliminierte, auch den Abwasch machte, wenn es notwendig war, und erst wieder ging, wenn sie sicher im Bett lag und schlief. So konnte es auf Dauer nicht weitergehen, das war klar.

»Aber heute wollen wir erst mal sehen, was du hier auf dem Platz zustande bringst«, sagte Dreffke.

»Ich bringe gar nichts zustande. Ich bin ja eigentlich nur der Fahrer.«

»Du erinnerst mich an James Garner in diesem einen Film.«

»In welchem?«

»Da spielt er einen Sheriff, der ständig meint, er sei eigentlich auf dem Weg nach Australien.«

»Auch ein Sheriff braucht mal Hilfe.«

»Wem sagst du das«, brummte der Exbulle.

»So heißt der Film«, präzisierte Förster.

»Ich liebe Western«, sagte Dreffke. »Und? Habt ihr einen Plan für heute?«

»Wir spielen auf Justin, und dann gehen wir steil.«

Dreffke sagte, das höre sich gut an, und ging mit Frau Strobel, die nicht zu erkennen gab, ob sie irgendetwas von dem Gespräch mitbekommen hatte, in Richtung der schattigen Plätze unter den Pappeln.

21 Das Spiel hat siebzig Minuten

Förster saß auf der Trainerbank, während Fränge in der sogenannten *Coachingzone* stand, ein mit Hütchen abgegrenzter Bereich auf der Tartanbahn. Förster war nicht unglücklich darüber, dass ein paar Wolken aufgezogen waren, denn in der prallen Sonne war es vorhin fast unerträglich heiß gewesen. Er hatte den Eindruck, dass der Kunstrasen diese Wärme besonders gut aufnahm und dann großzügig an alle abgab, die ihm nahekamen oder sogar die Frechheit besaßen, auf ihm herumzulaufen.

Giampiero stand am Anstoßpunkt, Mostafa im Mittelkreis ein paar Meter hinter ihm. Links hatte sich die C-Jugend der Spielvereinigung in der von Fränge befohlenen Formation aufgestellt. Justin, Niklas und Giampiero machten noch einige aufwärmende Bewegungen, sprangen hoch und zogen die Hacken an den Po oder hoben die Knie und drehten die Oberschenkel nach außen. Der Rest des Teams zeigte eine teilweise irritierende Körpersprache; Standbein, Spielbein, Arme schlaff herabhängend, Adnan und Mirkan klatschten ab und riefen: »Bollwerk!«

Rechts ragten die Funktürme in den Himmel.

Die Schiedsrichterin pfiff das Spiel an. Es müsse, hatte Fränge ihnen in der Kabine noch erklärt, anders als früher, nicht mehr zwingend nach vorne gespielt werden. Er empfehle, erst mal auf Ballsicherung zu setzen. Giampiero solle als Stürmer den Anstoß ausführen, falls man die Seitenwahl gewinne, und dann nach hinten auf Mostafa spielen, der auf einen der Flügel passen sollte, damit im Falle eines Ballverlustes der Gegner nicht gleich mittig vor dem eigenen Tor auftauche, in bester Schussposition. Förster hatte über so etwas bisher nie nachdenken müssen, aber Fränges Ausführungen hatten ihm eingeleuchtet.

Mostafa ging es anders. »Ey, wie sollen die denn so schnell bei uns vorm Tor sein?«, hatte er gemault, und nun passte er den Ball, den er von Giampiero bekommen hatte, nach hinten durch zu Adnan, der etwa einen Meter vor dem Strafraum stand und bekanntermaßen technisch nicht der Stärkste war. Der Ball sprang ihm mindestens zwei Meter vom Fuß weg, augenblicklich tauchten vier Gegner vor ihm auf, von denen sich einer den Ball schnappte und direkt aufs Tor schoss. Der Ball ging einen guten Meter drüber.

Adnan war stinksauer: »Der Trainer hat gesagt, du sollst nicht direkt auf mich spielen!«

Mostafa rief: »Was regst du dich auf, ist doch nichts passiert!«

So was nennt man wohl Resilienz, dachte Förster.

Valentin legte den Ball auf die Fünf-Meter-Linie, aber bevor er den Abstoß ausführen konnte, pfiff die Schiedsrichterin und bedeutete ihm, noch zu warten, denn Adnans kleiner Bruder war mit seinem Laufrad aufs Spielfeld gerannt oder gefahren, ja, was denn nun, dachte Förster, geranntfahren oder was, jedenfalls störte das doch sehr, die Funktürme schüttelten die Köpfe, der gegnerische Trainer lachte. Mergim lief auf den Platz und fing seinen Jüngsten wieder ein.

Die Schiedsrichterin pfiff erneut, und Valentin schlug den Ball Richtung Mittelkreis, wo der gegnerische Spieler mit der Nummer vier wenig überraschend das Kopfballduell gegen

Grischa gewann, worauf der Ball von einem anderen Funkturm aufgenommen und auf die linke Seite zu einem Mannschaftskameraden gespielt wurde, der versuchte, direkt in den Strafraum zu passen, was Marvin allerdings zu verhindern wusste, indem er beinahe artistisch heranflog und den Ball ins Aus lenkte.

Die Funktürme führten den fälligen Eckball schnell aus, und der Spieler, der kurz zuvor noch zu hoch gezielt hatte, war diesmal mit dem Kopf zur Stelle und ließ Valentin keine Chance.

Fränge sah auf die Uhr. »Es sind gerade mal sechzig Sekunden vorbei, und wir liegen null zu eins hinten.«

»Das Spiel hat neunzig Minuten«, sagte Förster.

»Zum Glück nicht. Bei uns ist nach siebzig Minuten Schluss.«

»Ach ja?«

»Ja, Förster. In der C-Jugend spielen wir zwei mal fünfunddreißig Minuten.«

»Wusste ich nicht.«

»Jetzt weißt du es und kannst es dir hoffentlich merken.«

Fränge klatschte und rief den Spielern aufmunternde Worte zu. Es folgte der erneute Anstoß. Giampiero spielte wieder auf Mostafa, der, als sei nichts gewesen, wieder scharf nach hinten auf Adnan passte.

»Ey, hast du den Arsch offen?«, schrie Adnan, erwartete aber nicht wirklich eine Antwort und versuchte diesmal gar nicht erst, den Ball anzunehmen, sondern prügelte ihn möglichst weit aus der Gefahrenzone.

Förster war bass erstaunt, wie weit der Ball flog, und die gegnerische Mannschaft schien dieses Erstaunen zu teilen. Sie starrten zu dem Ball hoch wie die Menschen von Metropolis, als sie zum ersten Mal Superman am Himmel über der Stadt erblickten. Wie lautete die ikonische Frage?

Is it a bird? Is it a plane? Nein, dachte Förster, es ist ein *Derbystar*, denn so hieß die Firma, die den Spielball hergestellt hatte, der nun in der gegnerischen Hälfte aufsprang, von dem einen dort stehenden Abwehrspieler falsch berechnet und unterlaufen wurde. Dahinter zündete die sizilianische Rakete die zweite Stufe, ließ den ungelenk wirkenden, nicht sonderlich schnellen zweiten Verteidiger einfach stehen, schob das Runde dem aus dem Tor stürzenden Torhüter durch die Beine ins Eckige. Friedhelm hatte recht, dachte Förster, ist alles gar nicht so schwer.

Fränge ballte die Fäuste, beugte den Oberkörper zurück und schrie ein lang gezogenes »JAAAAAA!« in den Himmel. Giampiero sprintete in die Arme von Justin, Grischa und Niklas. Mostafa drehte sich zu Adnan und rief: »Habe ich super gemacht, oder?«

Stark, dachte Förster, vielleicht wird das hier ja doch noch was.

22 Nachspielzeit

Förster brachte die Hütchen, welche die Coachingzone markiert hatten, in die Kreidebude zurück, da das Spiel der B-Jugend, das hätte folgen sollen, abgesagt worden war. Als er wieder herauskam, lief er Dreffke und Frau Strobel in die Arme.

»Der Anfang war ja spektakulär«, sagte Dreffke.

»Der Rest irgendwie auch«, entgegnete Förster.

»Schön«, sagte Frau Strobel. »Das war sehr schön. Die haben sich alle gefreut.«

»Na ja, nicht alle«, schränkte Förster ein.

»Und die waren so schön laut«, fügte Frau Strobel hinzu. »Es muss Stimmung sein in der Bude.«

Giampiero kam über den Platz getrottet. Gleich nach dem Schlusspfiff war er zu seinem Vater gelaufen, und Förster hätte schwören können, dass beide geweint hatten. Die anderen waren bereits in der Kabine.

»Hey, Giampiero, Kopf hoch!«, rief Förster.

»Geile Bude!«, ergänzte Dreffke.

»Aber ich konnte der Mannschaft nicht helfen«, sagte Giampiero.

»Früher warst du größer«, sagte Frau Strobel.

Giampiero sah sie verständnislos an.

»Früher warst du groß und stattlich. Aber die Jahre sind nicht spurlos an dir vorbeigegangen, Giampiero!«

Dreffke tätschelte Frau Strobel die Hand. »Das ist nicht dein Giampiero, Elisabeth!«

»Ach, was wissen Sie denn!«

»Dein Tor war wirklich toll, Giampiero!«, sagte Förster.

Der Junge blickte zu Boden. »Hat aber nichts gebracht.«

»Wir werden im Alter alle kleiner«, sagte Frau Strobel. »Und bald sind wir alle tot. Du hattest ein gutes Leben, Giampiero.«

Giampiero runzelte die Stirn und sagte, er müsse mal los.

Die meisten der Jungs waren schon weg, als Brocki mit zwei Flaschen Bier vom Vereinsheim herüberkam und eine Förster reichte, der auf seinem Arm die ersten Tropfen spürte und daraus schloss, dass es bald regnen würde, denn auch wenn der Himmel über der Innenstadt wieder ein geradezu schmerzhaftes Blau zeigte, hatte es sich über der A 40 bereits tiefgrau, fast schwarz zugezogen.

»Mir war ja schon klar, dass der Dahlbusch den Mund zu voll genommen hat, aber wie das gelaufen ist, war schon sehr enttäuschend, oder?«

Sie stießen an, und Förster zog es vor zu trinken, statt zu reden. Die Schiedsrichterin kam aus dem Bürocontainer, wo sie den elektronischen Spielbericht fertiggestellt hatte. Als sie Brocki sah, stutzte sie. »Hallo, Herr Brock, Sie hätte ich hier nun gar nicht erwartet.«

»Hallo, Linda, das war eine reife Leistung. Soweit ich das beurteilen kann, ich habe ja keine Ahnung von Fußball.«

»Ich denke auch, dass es gut gelaufen ist.«

»Am Anfang war es etwas hektisch, aber dann haben sie gespurt.«

»Ich musste keine Karte zeigen, das ist ein gutes Zeichen.«

In der ersten Viertelstunde hatte sie ein paarmal laut werden müssen, ausschließlich gegenüber Jungs von der

Spielvereinigung, aber die des Gegners hatten auch, nachdem sie sich von dem unerwarteten Ausgleich erholt hatten, kaum Gründe gehabt, sich über irgendetwas zu beschweren.

»Ich hoffe, du bist noch fit genug, dich auf die Klausur am Montag vorzubereiten.«

Linda versicherte, da müsse Brocki sich keine Sorgen machen, und ging Richtung Schirikabine.

»Um die muss ich mir wirklich keine Sorgen machen«, sagte Brocki. »Einser-Schülerin. Eloquent und durchsetzungsstark, gut organisiert. Ist mit drei älteren Brüdern aufgewachsen, von denen zwei studieren und der dritte nächstes Jahr Abi macht.«

»Nimm bitte mein Bier mit rüber zum Vereinsheim, ich gehe mal und schließe ihr die Kabine auf«, sagte Förster, der sich rechtzeitig den Schlüssel besorgt hatte, und folgte Brockis Einser-Schülerin. Als er sie beinahe eingeholt hatte, kam Grischa aus der Heimkabine, die Tasche mit den verschwitzten Trikots hinter sich herziehend. Als er die schöne Schiedsrichterin erblickte, blieb er stehen, als wäre er vor eine Wand gelaufen. Einfach weiterzugehen schien für seine Füße keine Option zu sein. Förster schloss die Tür zur Schiri-Kabine auf und sah aus den Augenwinkeln, dass Linda Grischa anlächelte. Förster hatte den Eindruck, dass es die Art Lächeln war, die man als Erwachsener für Säuglinge aufsetzte. Bei Grischa bewirkte dieses Lächeln allerdings, dass seine Hand nicht mehr in der Lage war, die Trikottasche festzuhalten, die mit einem unangenehmen Geräusch auf den Boden knallte. Linda zuckte zusammen, sah erst zu Grischa hinüber, ein Mahnmal jugendlicher Schwärmerei, und dann zu Förster, als hätte sie ein schlechtes Gewissen und wollte sich für etwas entschuldigen, für das sie nichts konnte, und rot, dachte Förster, wird sie auch noch. Sie verschwand in der Kabine und zog die Tür hinter sich zu. Förster bückte sich und drückte Grischa den Griff der Trikottasche in die Hand.

Mirkan und Adnan waren die Letzten, die aus der Kabine kamen, und Förster stand schon mit dem Schlüssel parat.

»Förster?«

»Ja, Mirkan?«

»Wissen Sie, ob hier irgendwo ein dm ist oder Rossmann oder so?«

»Du musst mich nicht siezen.«

»Ja, aber weißt du?«

»Ich glaube, der nächste ist in der Innenstadt. Wieso denn?«

»Die Mutter von Mostafa braucht noch Rasierschaum.«

Adnan hob die Hand, Mirkan klatschte ab und beide riefen: »Bollwerk!«

Gewagter Ausruf nach diesem Spiel, dachte Förster und sah den beiden nach, wie sie gut gelaunt das Gelände verließen.

Der Regen prasselte auf das Dach aus Wellplastik, doch über der A 40 war die Sonne zu sehen, und deshalb spannte sich ein perfekter Regenbogen über den Platz der Spielvereinigung. Sie hatten die Tische beiseitegeschoben und die Bänke an die Wand des Vereinsheims gestellt, damit sie alle unter das Dach passten, was dazu führte, dass sie dasaßen wie in einem Film, alle in einer Reihe, das ergäbe eine schöne Kamerafahrt, dachte Förster: Fränge, Monika, Martina, Sabine, Brocki, Dreffke und Frau Strobel.

Für ihn war kein Platz mehr auf der Bank, also nahm er sich einen Stuhl und setzte sich vor die anderen hin und fühlte sich, als würde er jetzt eine Unterrichtsstunde leiten, wusste aber nicht, was er sagen sollte, also hörte er einfach zu.

FRAU STROBEL: Das war schön.

DREFFKE: Wie man's nimmt.

FRAU STROBEL: Es sah schön aus, als der Ball ins Netz geflogen ist.

BROCKI: Es war deftig.

FRÄNGE: War klar, dass dir das gefällt.

MONIKA: Die waren aber auch wirklich sehr groß.

SABINE: Früher waren die nicht so groß.

BROCKI: Für die Jungs tut es mir leid, aber dass du mal auf den Boden der Tatsachen geholt wirst, kann nicht verkehrt sein, Fränge.

MARTINA: Ich fand es trotzdem toll. Auch jetzt hier zu sitzen, ich meine, der Regen und die völlig unterschiedlichen Leute, die frische Luft, das hat schon was, oder?

FRÄNGE: Was soll das denn heißen, der Boden der Tatsachen? Wo ist der denn, der Boden? Und was sind die Tatsachen?

SABINE: Die werden immer größer. Ich weiß nicht, wo das noch hinführen soll. Wir machen demnächst eine Basketballabteilung auf.

BROCKI: Das eine Tor von euch und die zwölf von den anderen. DAS ist der Boden der Tatsachen, Mister Supertrainer.

MONIKA: Aber unsere Spieler beweisen doch eigentlich das Gegenteil. Die meisten sind ziemlich klein für ihr Alter.

SABINE: Ich weiß auch nicht, warum wir immer die kriegen, wo man denkt, dass die Mutter in der Schwangerschaft geraucht hat.

FRÄNGE: Wieso Supertrainer? Ich habe nie behauptet, dass ich ein Supertrainer bin.

BROCKI: Nee, da sollten wir alle selber drauf kommen.

FRÄNGE: Eine der Tatsachen ist, dass meine Jungs bis zur letzten Minute versucht haben, die zwote Bude zu machen. So muss man das sehen!

MONIKA: Ich dachte, der kleine Italiener fängt gleich an zu heulen.

FÖRSTER: Giampiero ist Sizilianer.

BROCKI: Soweit ich weiß, gehört Sizilien noch zu Italien.

FÖRSTER: Aber er legt Wert darauf, dass er die *sizilianische Rakete* ist.

FRAU STROBEL: Früher sah der älter aus.

DREFFKE: Das war ein anderer, Elisabeth.

FRAU STROBEL: Ach, was wissen Sie denn!

SABINE: Früher waren die in der C nicht so groß. Ich frage mich, wie groß sind die in zwanzig Jahren in dem Alter?

MARTINA: Das ist praktisch Theater. Großes Theater.

FRÄNGE: Bitte nicht, Martina! Intellektualisier das nicht! Es gibt hier keinen doppelten Boden. Es geht darum, mindestens ein Tor mehr zu schießen als der Gegner. Fertig, aus.

SABINE: Die Eintracht hat heute auch so hoch verloren.

BROCKI: Was stänkerst du die Martina an? Von Theater hast du noch weniger Ahnung als von Fußball!

SABINE: Gegen die Eintracht könnt ihr gewinnen. Die sind auch Jungjahrgang.

MARTINA: Brocki?

BROCKI: Ja, Martina?

MARTINA: Wenn wir uns das nächste Mal sehen ...

BROCKI: Ja?

MARTINA: Könntest du dann geschlossene Schuhe anziehen?

FRÄNGE: Ha!

MARTINA: Diese Trekking-Sandalen, Brocki – kannst du nicht machen.

BROCKI: Da muss Luft dran, an die Füße.

FRÄNGE: Aber es sieht scheiße aus!

DREFFKE: Stimmt das, dass sich die Mutter von einem eurer Spieler regelmäßig rasieren muss?

BROCKI: Ich wusste ja nicht, dass du kommst, Martina.

MARTINA: Nächstes Mal sage ich vorher Bescheid.

DREFFKE: Der mit der Acht, wie heißt der?

FRÄNGE: Justin.

DREFFKE: Der ist gut.

Eins zu zwölf, dachte Förster. Es kann nur besser werden. Heißt: Von jetzt an geht es bergauf.

TEIL 2

Die verbindende Kraft
des Breitensports

23 Kalter Fuß

T. S. Eliot hatte keine Ahnung, dachte Förster. Von wegen *April is the cruellest month!* Der Januar ist viel schlimmer, es bleibt schon wieder ein wenig länger hell, wird aber sehr kalt, und jederzeit ist mit Schnee zu rechnen, und Schnee heißt auch immer Schneeräumen, und das hasste Förster wie die Pest. Ging es einfach nur darum, die weiße Pracht mit einer großen Schaufel von A nach B zu hieven, war das ja noch in Ordnung, aber wenn die Schaufel an die Unebenheiten im Gehsteig stieß, dieser Stoß einen Schmerz bis ins Schultergelenk nach sich zog und man nur eine verschwindend geringe Menge Schnee erwischte, einem aber dennoch der Schweiß die Wirbelsäule hinunterlief, dann war das ein ganz anderer Schnack. Schwitzen bei Minusgraden, schlimm, aber zum Glück schneit es ja gar nicht, dachte er, während er durch das Fenster in den pechschwarzen Nachthimmel blickte, der streng genommen erst ein Abendhimmel war, der wird auch in ein paar Stunden nicht anders aussehen als jetzt, um kurz vor acht, man sollte wirklich überlegen, dachte Förster, demnächst die Winter auf der Südhalbkugel zu verbringen, um mehr Licht abzubekommen, Neuseeland soll ja sehr schön sein.

»Und?«, fragte Monika, die lautlos hinter ihn getreten war und ihm ein Glas Wein reichte, »gefunden?«

»Was gefunden?«

»Das frage ich dich.«

»Ich habe nichts gesucht.«

»Es sah so aus, als würdest du den Himmel absuchen.«

Sie küsste ihn, und er sagte: »Jetzt gefunden.«

»Hallo? Ist da wer?«, kam es aus Försters Laptop, der auf dem Couchtisch stand. »Die sind nicht da, Susanne. Es ist doch acht Uhr, oder? Da ist aber niemand.«

»Ich bin ja auch noch nicht da, Klaus.«

»Aber es ist acht Uhr, oder?«

»Es ist acht Uhr, Klaus.«

»Time waits for no one, Susanne.«

»Sollen wir das einfach noch eine Weile laufen lassen?«, flüsterte Förster Monika zu.

»Das wäre fies.«

»Aber lustig.«

Förster ging rüber zum Tisch und beugte sich von hinten über den Laptop.

»Hallo, Papa.«

»Wie oft habe ich dir schon gesagt, dass du mich Klaus nennen sollst?«

»Ich habe nicht mitgezählt, aber das erste Mal war, glaube ich, 1969.«

»Er ist da, Susanne!«

Förster ging um den Tisch herum und setzte sich. Sein Vater hockte auf diesem alten braunen Ledersofa, im Hintergrund ein Kandinsky-Druck.

»Hallo, Roland, deine Mutter kommt gleich.«

»Wie geht es dir?«

»Wo ist denn Monika?«

»Hier bin ich, Klaus«, sagte Monika und setzte sich neben Förster.

»Was machst du denn so lange?«, rief Försters Vater nach links aus dem Bild hinaus. »Hallo, Monika, du siehst toll aus!«

»Du auch, Klaus!«

Da hat sie recht, dachte Förster, mein Vater ist immer noch schlank und drahtig, erstaunlich, wenn man bedenkt, dass er auf die achtzig zugeht. Dass er jünger wirkte, hatte nicht zuletzt mit seiner Vorliebe für Jeanshemden zu tun. Das, welches er an diesem Abend trug, war eines von der besonders verwaschenen Sorte, und darunter blitzte ein T-Shirt mit Rolling-Stones-Zunge hervor.

Jetzt endlich kam Försters Mutter ins Bild, in einer grauen Jogginghose, die an ihr wie Haute Couture wirkte. Außerdem trug sie einen weiten schwarzen Pullover mit Rollkragen. Auch sie und Försters Vater tranken Wein, aber wahrscheinlich, dachte Förster, führen sich die beiden auf dem Bildschirm einen besseren Tropfen zu Gemüte als Monika und ich. Förster hatte im Supermarkt eine eher schlichte Traube besorgt, allerdings eine, die im Regal weit oben gestanden hatte, keine Bückware, ein Wort, das Förster immer sehr witzig gefunden hatte.

Während seine Mutter Monika nach ihrer Arbeit fragte, ging Förster durch den Kopf, dass er hier mit modernsten Mitteln mit zwei Menschen kommunizierte, die noch im Zweiten Weltkrieg geboren wurden, sein Vater in Schleswig, kurz bevor Deutschland Frankreich überfiel, seine Mutter im Saarland, einen Tag nach Goebbels' Rede vom *Totalen Krieg*.

Förster hatte sich eigentlich vorgenommen, seinen Vater endlich mal nach Kathrin Borgemeister zu fragen, weil ihm der Gedanke keine Ruhe ließ, dass die bei seinem Vater vielleicht nicht nur promoviert hatte, aber als er seine Eltern jetzt so friedlich nebeneinandersitzen sah, ließ er das Vorhaben wieder fallen, denn letztlich ging es ihn nichts an, und außerdem hatten seine Eltern in vielen Gesprächen immer wieder durchblicken lassen, dass sie in diesen Angelegenheiten immer sehr liberal gelebt hatten, alte Achtundsechziger, die sie waren.

»Roland, weißt du eigentlich, dass Mick ein großer Fußballfan ist?«

Natürlich war Förster gleich klar, welchen Mick sein Vater meinte, aber er hatte Lust, ihn ein bisschen hochzunehmen. »Klar weiß ich das. The Clash haben eine Menge Fußball gespielt, als sie die Songs für *London Calling* geschrieben haben. Habe ich kürzlich erst in einem Artikel gelesen. Ist praktisch ein Fußballalbum.«

Sein Vater war verwirrt. »Wieso The Clash?«

»Sprechen wir nicht über Mick Jones?«

»Nein, Quatsch, du weißt, welchen Mick ich meine.«

»Weißt du, dass es mehrere Fußballspieler und Rockmusiker gibt, die Mick Jones hießen?«

»Warum sollte mich das interessieren?«

»Michael David Jones zum Beispiel wurde zweimal englischer Meister mit Leeds United.«

»Ich meine einen anderen Mick.«

»Das weiß er«, sagte Försters Mutter. »Er nimmt dich hoch.«

»Ich rede von meinem Mick«, sagte der Vater.

»Er redet von seinem Mick, Förster«, sagte Monika und grinste. »Du weißt doch, wer sein Mick ist, oder?«

»Mick Jones von Foreigner ist es nicht«, sagte Förster.

»Könnte mich bitte mal jemand ernst nehmen?«, rief der Vater.

»Also dein Mick ist ein großer Fußballfan«, sagte Förster.

»Ja, klar. Taucht ständig bei den Weltmeisterschaften auf und so. Großer Fußballfan, mein Mick!«

»Zur Wahrheit gehört aber auch, Papa ...«

»Er hat wieder Papa gesagt, Susanne!«

»Zur Wahrheit gehört aber auch, dass die Mannschaften, die dein Mick unterstützt, meistens verlieren. Man spricht schon vom Jagger-Fluch. Wusstest du das?«

»Wieso das denn? Was soll das sein, der Jagger-Fluch?«

»Auch darüber habe ich gerade erst einen Artikel gelesen«, sagte Förster. »1998 war Mick Jagger live im Stadion, als England bei der WM gegen Argentinien verlor. Ganz dicke kam es bei der WM 2010 in Südafrika. Erst war er mit Bill Clinton im Stadion, als die USA gegen Ghana versagten. Ein paar Tage später trug er im Stadion sogar ein brasilianisches Trikot, als Brasilien gegen die Niederlande den Kürzeren zog. Im Achtelfinale saß er auf der Tribüne, als Deutschland seine Engländer mit 4:1 abfertigte. 2014 hat er gesagt, Portugal könne Weltmeister werden, und dann sind sie in der Vorrunde rausgeflogen. Bei einem Konzert in Rom hat er den italienischen Fans zugerufen, Italien werde Uruguay genauso packen, wie es die Engländer tun würden, aber beide verloren ihre Spiele. Und der Gipfel war dann, als er 2014 die Brasilianer gegen Deutschland anfeuerte. Ergebnis war das historische Eins-zu-sieben-Debakel!«

»Das hat doch mit Mick nichts zu tun, Roland. Du bist doch sonst nicht so ein Esoteriker.«

»Die Brasilianer nennen Mick Jagger jetzt *Kalter Fuß*. Das ist jemand, der Pech bringt«, sagte Förster.

»Dein Vater wollte eigentlich sehr elegant zu der Frage überleiten, wie es denn mit deiner Fußballmannschaft läuft«, sprang Försters Mutter ihrem Mann bei.

»Ich finde es nach wie vor super, dass du das machst, Roland«, sagte er, und Förster erkannte mal wieder eine der hervorstechendsten Eigenschaften seines Vaters: Er war nicht nachtragend.

»Sie werden besser«, sagte Monika. »Sie verlieren nicht mehr zweistellig.«

»Wir haben auch schon zweimal gewonnen«, sagte Förster.

»Das ist toll, Roland«, sagte seine Mutter.

»Im Prinzip ist es so«, sagte Förster, »in der Liga sind zwölf Mannschaften. Die letzten vier können einander schlagen und haben gegen die ersten acht keine Chance. Die unteren vier verlieren mit fünf, sechs Toren Unterschied, manchmal höher. Da sind zehn oder zwölf Punkte Abstand zwischen dem Achten und dem Neunten. Gegen zwei direkte Konkurrenten haben wir schon gewonnen. Nächste Woche haben wir ein Nachholspiel gegen die andere Mannschaft im unteren Drittel.«

»Hast du gehört, Susanne? Er sagt: *wir*! Er identifiziert sich voll damit.«

»Erzähl ihm von dem Schnaps«, warf Monika ein.

»Was für Schnaps?«, fragte Försters Vater.

»Roland hat zu Weihnachten von einem der Väter seiner Spieler eine Flasche kosovarischen Sliwowitz geschenkt bekommen«, sagte Monika, die ihn nur vor seinen Eltern Roland nannte.

Der Vater nickte. »Klingt gut. Hat nicht jeder.«

»Worauf Monika hinauswill«, sagte Förster, »ist die Tatsache, dass der Vater Moslem ist. Und bei der Weihnachtsfeier lief so ein Altvorderer herum, ein gewisser Friedhelm, der uns schon beim ersten Saisonspiel auf den Wecker gegangen ist und jetzt immer mal wieder auftaucht, weil er hofft, dass er Martina über den Weg läuft.«

»Verstehe«, sagte Försters Vater.

»Jedenfalls hing der bei unserer Weihnachtsfeier im Vereinsheim herum, und als der Vater von Luan Fränge und mir jeweils eine Flasche Sliwowitz geschenkt hat, hat der Friedhelm das mitbekommen.«

Förster hatte die Szene noch genau vor Augen und vor Ohren, nicht zuletzt, weil er sie am gleichen Abend noch aufgeschrieben hatte.

FRIEDHELM: Was hat der euch denn da für'n Rapunzelwasser überreicht?

FRÄNGE: Albanischer Sliwowitz ist das, Friedhelm.

FRIEDHELM: Was wollt ihr damit machen? Möbel abbeizen?

LUANS VATER: Das ist ein guter Tropfen.

FRIEDHELM (lacht): Hast du den im Keller selber zusammengebrannt? Bisschen Brennspiritus rein, bisschen Mäusedreck?

LUANS VATER (lacht nicht): In der Heimat gekauft.

FRIEDHELM: Heimat? Ich dachte, du wohnst hier in der Nähe.

LUANS VATER: Aber aufgewachsen bin ich im Kosovo.

FRIEDHELM: Ist schön da, oder?

LUANS VATER: Da ist es sehr schön.

FRIEDHELM: Willst du da irgendwann wieder hin?

LUANS VATER: Nein. Weiß nicht.

FRIEDHELM: Hm. Und sag mal, bist du nicht Moslem oder so?

LUANS VATER: Nicht oder so. Ich bin Moslem.

FRIEDHELM: Und da trinkst du Schnaps?

LUANS VATER: Ist ein guter Tropfen.

FRIEDHELM: Ja, aber du bist doch Moslem!

LUANS VATER: Und du?

FRIEDHELM: Ich nicht.

LUANS VATER: Was bist du, wenn du nicht Moslem bist?

FRIEDHELM: Ich bin katholisch.

LUANS VATER: Hast du Kinder?

FRIEDHELM: Junge, ich hab ja nicht mal ne Frau!

LUANS VATER: Also warst du noch nie mit einer Frau im Bett?

FRIEDHELM: Watt? Ich bin der Nagelgott hier in der Gegend, ich kann knattern, bis die Sonne aufgeht, mein Beiname ist Python!

LUANS VATER: Fastest du von Aschermittwoch bis Ostern? Isst du kein Fleisch am Freitag? Gehst du jeden Sonntag in die Kirche?

FRIEDHELM: Ey, was willst du von mir?

LUANS VATER (zu Förster und Fränge): Ist ein guter Tropfen. Sagt mal Bescheid, wie der euch geschmeckt hat.

Försters Vater lachte. »Gut gegeben! Aber bei kosovarischem Sliwowitz wäre ich wirklich vorsichtig. Das ist doch bestimmt ein ganz scharfes Zeug!«

»Papa, wenn du glaubst, dass Leute aus dem Kosovo prinzipiell nur Schnaps saufen, von dem man blind wird, dann bist du nicht besser als Friedhelm.«

»So meine ich das doch nicht, Junge.«

»Das ist wirklich ein guter Tropfen. Recht weich sogar, mit einer leichten Pflaumennote.«

Monika war aufgestanden, hatte die Flasche aus dem Küchenbereich geholt und hielt sie jetzt in die Kamera.

»Die hat ja ein ganz normales Etikett!«, staunte Försters Vater.

»Wieso auch nicht?«, fragte Förster.

»Ich weiß nicht. Ich dachte nur ... Und Pflaumen sind ja auch drauf abgebildet.«

»Ist nur fair bei Pflaumenschnaps, Klaus«, sagte Försters Mutter.

»Fünfundvierzig Umdrehungen hat der«, stellte ihr Mann fest, nachdem er seine Brille aufgesetzt hatte. »Das geht ja noch.«

»Wenn du denkst, die brauen da auf dem Dorf nur irgendwas aus Kuhmist und Kartoffeln zusammen und kippen dann Diesel aus ihren Traktoren da rein, dann ...«

»Ja, dann bin ich nicht besser als dieser Friedhelm«, gab Försters Vater zu.

»Aber sag mal, Roland, wie geht es denn jetzt weiter?«, wollte Försters Mutter wissen.

»Morgen haben wir Hallenstadtmeisterschaften. Da muss ich schon um neun Uhr an der Gesamtschule Markstraße sein.«

»Hallenfußball?«, sagte Försters Vater. »Das ist doch nicht der wahre Jakob, oder?«

»Wir haben hier gerade um die null Grad«, gab Monika zu bedenken.

»Außerdem soll es morgen schneien«, sagte Förster.

Monika schenkte für sich und Förster Sliwowitz ein. Seine Eltern hoben ihre Weingläser, tranken auf die Mannschaft und wünschten ihr viel Erfolg bei dem Turnier.

Förster dachte: Solange Mick Jagger und sein kalter Fuß nicht auftauchen, ist alles gut.

24 Früh dran

Es schneite schon seit Stunden. Fränge griff nach dem Antibeschlagtuch und wischte zum x-ten Male die Windschutzscheibe.

»Du solltest mal die Lüftung reparieren lassen«, sagte Brocki. »Dieses ewige Wischen während der Fahrt ist der Verkehrssicherheit nicht eben zuträglich.«

»So wird einem aber auch nicht langweilig. Immer was zu tun«, entgegnete Fränge und lenkte den Wagen auf den Parkplatz der Gesamtschule.

»Ist schon ziemlich voll hier«, sagte Förster.

»Ich wollte ja eine halbe Stunde früher losfahren«, sagte Brocki, »aber der Herr Cheftrainer brauchte seinen Schönheitsschlaf!«

Förster dachte an die ersten Wochen der Saison zurück, als er mit Fränge allein unterwegs gewesen war, bis Brocki angeboten hatte, seine pädagogischen Fähigkeiten in den Dienst der Mannschaft zu stellen. Förster hatte sich, als Fränge seinen Führerschein zurückhatte, nicht lösen können, er steckte zu tief drin und musste zugeben, dass ihm die ganze Sache mittlerweile richtig Spaß machte. Also waren sie jetzt zu dritt, und es funktionierte überraschend gut.

Sie stiegen aus, Fränge holte die Tasche mit den Trikots aus dem Kofferraum, Brocki nahm das Netz mit den Bällen. Sie hatten nur drei Stück eingepackt, weil es laut Sabine schwierig sein würde, in der Halle überhaupt irgendwelche Aufwärmübungen zu machen. Der Zeitplan war eng getaktet, und neben dem Spielfeld durfte man während der Spiele nicht kicken.

Förster hatte die Herrschaft über Notizblock und Taktikmappe. Fränge hatte sich tatsächlich eine Mappe zugelegt, in der man auf einem stilisierten Spielfeld kleine Magnete herumschieben konnte. Heute würde es zwar nicht groß um Taktik gehen, denn pro Mannschaft waren gerade mal vier Feldspieler und ein Torwart zugelassen, doch Fränge war der Meinung, dass es immer gut war, wenn der Trainerstab den Eindruck erweckte, er habe sich akribisch auf die kommenden Herausforderungen vorbereitet. Förster musste zugeben, dass Fränge das Training, die Spiele und alles, was mit der Mannschaft zu tun hatte, mittlerweile sehr routiniert und reibungslos managte. Er lud sich Trainingsübungen aus dem Internet herunter und modifizierte sie, wenn sie zu schwer waren. Kam die Mannschaft zum Training, war alles aufgebaut, und Fränge hatte eine genaue Vorstellung davon, was er in den folgenden neunzig Minuten machen wollte. Das hatte ihm mehr Respekt eingebracht, sogar Alex schien die Bemühungen seines Vaters zu honorieren, war nicht mehr so pampig und abweisend zu ihm wie noch im Sommer.

Die Gesamtschule verfügte über zwei Turnhallen, die durch einen schmalen Mittelbau miteinander verbunden waren. Hier waren ein paar Tische und Stühle aufgebaut sowie ein provisorischer Tresen mit gelben Papierdecken, an dem drei Frauen Kaffee, Kuchen, Bockwurst und Softdrinks anboten. Im Eingangsbereich saß ein älterer Mann und verkaufte Wertmarken. In der linken Halle wurde das Turnier der D-Jugend-Mannschaften ausgetragen, in der rechten der C-Jugend-Wettbewerb.

An einem der Tische saß ihre Mannschaft, und Förster war überrascht, sie hier zu sehen, er hatte damit gerechnet, dass die Jungs auf den letzten Drücker kommen würden.

»Hey, Trainerleute!«, rief Mirkan und grinste. »Bisschen spät dran! Ich würde sagen, zwei Runden um den Platz!«

»Ihr seid früh dran«, sagte Fränge.

»Neun Uhr ist Treffpunkt, zehn Uhr erstes Spiel«, sagte Giampiero.

»Es ist acht Uhr fünfundfünfzig«, sagte Fränge mit einem Blick auf sein Handy.

»Nur Spaß!«, sagte Mirkan.

»Wo ist Justin?«, fragte Brocki.

Und jetzt fiel es auch Förster auf: Statt neun Spielern, die sie für das Turnier nominiert hatten, saßen nur acht am Tisch: Valentin, Grischa, Niklas, Alex, Adnan, Mostafa und eben Mirkan und Giampiero.

»Der Justin kommt nicht«, sagte Alex.

»Wieso kommt der nicht?«, fragte Fränge.

»Sein Vater will nicht, dass er hier heute spielt. Er sagt, die Verletzungsgefahr in der Halle ist zu groß.«

»Muss der morgen nach Barcelona zum Medizincheck oder was?«

»Der Vater hat gesagt, der hat Probetraining morgen beim VfL«, sagte Adnan.

»Das ist Quatsch«, sagte Fränge.

»Wieso soll das Quatsch sein?«, wollte Brocki wissen.

»Das ist Quatsch, weil die nicht mitten im Januar Probetraining machen. Die haben ihre Spieler für die nächste Saison schon im September vorspielen lassen. Das machen die noch mal im März, und zwischendurch haben sie Scouts auf den Plätzen im ganzen Kreis.«

Mirkan riss die Augen auf. »Bei uns auch?«

»Ja, sicher. Nicht bei jedem Spiel, aber es waren schon welche da.«

Fränge hatte Förster davon erzählt und auch nicht vergessen zu erwähnen, dass diese Scouts stets für Spieler anderer Mannschaften gekommen waren. Er hatte auf einen älteren Mann mit grauem Bart gezeigt und gesagt: »Das ist einer von den Vögeln. Die verdienen sich ein bisschen was dazu und machen die Nachwuchsabteilungen der größeren Vereine auf Spieler aufmerksam. Dann kommt vielleicht einer von den Trainern und schreibt ein Gutachten. Das ist voll durchorganisiert.«

»Sind heute auch Scouts da?«, fragte Giampiero.

Fränge verneinte. »Zu den Hallenturnieren gehen die nicht. Tatsache ist, dass wir hier und heute durchaus was holen können. Das ist ein Turnier, da geht alles. Wer glaubt, dass wir mit Justin besser sind als ohne ihn?«

Alle Arme gingen hoch. Mirkan hob sogar beide.

»Klare Ansage.« Fränge nahm Förster beiseite. »Du fährst jetzt zum Justin nach Hause und holst ihn ab. Wir brauchen den!«

»Wieso ich? Wieso macht das nicht Brocki, unser Pädagoge?«

»Weil es nicht darum geht, den Jungen zu überzeugen, sondern den Vater.«

»Ja und?«

Fränge seufzte. »Ich muss bei der Mannschaft bleiben, und Brocki hasst Eltern noch mehr als Schülerinnen und Schüler.«

»Das habe ich gehört«, sagte Brocki und trat näher. »Ich hasse meine Schülerinnen und Schüler nicht.«

»Und die Eltern?«

»Die hasse ich, das stimmt.«

»Na also.«

»Die meisten jedenfalls. Und ich hasse definitiv Leute, die an ihren eigenen Kindern nachholen wollen, was sie selbst nicht geschafft haben.«

»Heißt, dass Brocki der am wenigsten geeignete Kandidat ist, um mit Justins Vater zu sprechen.« Fränge drückte Förster die Autoschlüssel in die Hand. »Wär gut, wenn du noch tanken könntest.«

»Dann gib mir Geld!«

»Ich habe keins dabei. Kriegst du wieder.«

»Kriegst du zurück, muss es eigentlich heißen«, sagte Förster und machte sich auf den Weg nach draußen.

25 Ich war ganz nah dran

Mit nur einer Person im Fahrgastraum kam die kaputte Lüftung viel besser zurecht, sodass Förster nicht die ganze Zeit mit dem Antibeschlagtuch hantieren musste. Er stellte fest, dass es eigentlich ganz schön war, an einem Sonntagmorgen durch die fast komplett leere Stadt zu fahren, die eingeschneit war wie die russische Taiga. Er fuhr die Unistraße stadteinwärts, überholt nur von einer Straßenbahn, die ein paar Kilometer weiter zur U-Bahn werden und bis nach Herne fahren würde, es hing ja alles zusammen in dieser Gegend und in diesem Leben sowieso, deshalb konnten die Gedanken auch hin und her springen, was einem die Zeit vertrieb, aber letztlich nirgendwo hinbrachte, außer von einer Turnhalle in die russische Taiga und von dort nach Herne und zurück in einen alten Volvo.

Er erwischte eine grüne Welle und kam erst am Hauptbahnhof an einer roten Ampel zum Stehen. Er dachte an das Nachholspiel, das sie am Mittwoch absolvieren mussten, und er dachte *wir*, weil er sich längst zugehörig fühlte, da hatte sein Vater gestern recht gehabt, und das ist doch erstaunlich, dachte Förster, es scheint etwas dran zu sein an der verbindenden Kraft des Breitensports.

Er tankte an der ARAL an der Alleestraße und ließ sich beim Bezahlen die Quittung geben, um korrekt mit Fränge abrechnen zu können. Er fuhr an der FKK vorbei, dachte kurz an die Uli, musste sich dann aber voll aufs Fahren konzentrieren, denn nach den ganz ordentlich geräumten Hauptstraßen hatte er es hier in den Nebenstraßen mit einer geschlossenen Schneedecke zu tun, und Fränge hatte es bisher nicht für nötig befunden, Winterreifen aufziehen zu lassen. Förster spürte ein paarmal, wie das Heck des Volvo ausbrechen wollte, bekam das aber in den Griff und stellte Karl-Heinz am Anfang von Justins Straße ab.

Justin und sein Vater wohnten in einem alten Stahlarbeiterreihenhaus. Der Schnee auf dem Bürgersteig knirschte unter Försters Schuhen. Er klingelte, es dauerte ein wenig, bis der Türsummer ertönte. Im Treppenhaus sah Förster nach oben und erblickte Justins feuerroten Schopf.

»Was willst du denn hier?«

Förster hatte sich nicht zurechtgelegt, was er sagen wollte, also musste er improvisieren. »Ich dachte, du hast vielleicht verschlafen.«

Nicht besonders originell, dachte er.

Justin sagte nichts. Förster ging nach oben.

»Kann ich mal mit deinem Vater sprechen?«

Justin zuckte mit den Schultern und ging in die Wohnung.

Als Erstes fiel Förster auf, wie niedrig die Wohnung war. Wenn er sich auf die Zehenspitzen stellte, könnte er die Decke berühren. Im Korridor lag dunkler Teppichboden, der an den Rändern nicht gut verklebt war und sich ein wenig nach oben bog. Justin trug eine Trainingshose, ein Nike-Shirt und dicke Stricksocken. Er war vor einer Tür stehen geblieben und sagte: »Der Förster ist da.«

Mutter, der Mann mit dem Koks ist da, dachte Förster, ein Berliner Küchenlied, das Falco irgendwann sehr modern interpretiert hatte, wobei er nach eigener Aussage nicht an das schwarze Zeug zum Heizen gedacht hatte.

Justins Vater trat in den Flur. Er sah müde aus, war unrasiert und hielt sich am Türrahmen fest. Er trug die gleichen Stricksocken wie sein Sohn.

»Was ist los?«

»Ich dachte, der Justin hat vielleicht verschlafen, und da wollte ich ihn fürs Hallenturnier abholen.« Jetzt kann ich das auch durchziehen, dachte Förster.

»Der hat nicht verschlafen.«

»Okay, dann vergessen, egal, ich bin jedenfalls da und wir können gleich los.«

Der Vater schüttelte den Kopf. »Der kommt nicht mit, der Justin.«

»Ist er verletzt?«

Jetzt machte es Förster sogar ein bisschen Spaß, sich dumm zu stellen.

»Der bleibt hier, *damit* er sich nicht verletzt. Hallenfußball ist scheiße. Der Justin hat nächste Woche ein Probetraining.«

»Das glaube ich nicht.« Förster erntete erst einen überraschten Blick von Justin und dann von dessen Vater, der ein paar Sekunden länger brauchte, um den Satz zu verarbeiten. Es bringt ja nichts, hier einen auf Weichei zu machen, dachte Förster, der Junge will spielen und darf nicht, das geht nicht.

»Wieso nicht?«, fragte der Vater.

»Die Profivereine haben im September ihre Probetrainings und dann wieder im März.«

»Mag sein, aber er hat ein Probetraining bei 46, die spielen Leistungsklasse, das ist ein Sprungbrett, die werden regelmäßig von den großen Vereinen beobachtet.«

»Das werden wir auch«, sagte Förster. »Hast du mal diesen älteren Typen mit Bart gesehen, der manchmal auf unserer Anlage herumläuft? Der scoutet für den VfL.«

»Aber der kommt nicht für die Spielvereinigung, der guckt sich höchstens die Gegner an. Und in so einer Losertruppe wie eurer kann der Justin nix zeigen, da fällt er nicht auf. Der muss woanders den nächsten Schritt machen, damit ihn einer entdeckt.«

»Wenn jemand so talentiert ist wie Justin«, setzte Förster zu einem Strategiewechsel an, »hat er nicht nur das Recht, sondern sogar die Pflicht, dieses Talent zu entwickeln. Das verstehe ich. Aber was bringt es, wenn er den Spaß verliert? Man wird nicht gut in einer Sache, wenn man sie nicht gerne tut. Und was wir ihm bieten, sind Einsatzzeiten. Wegen des Wetters ist draußen kaum was möglich, vielleicht nicht mal so ein Probetraining, wenn die Stadt die Plätze sperrt, und dann fehlt dem Justin Wettkampfpraxis, die ist doch durch nichts zu ersetzen, oder? Sehe ich das richtig?«

Förster käute einfach wieder, was Fränge in einem seiner nächtlichen Monologe im *Café Dahlbusch* von sich gegeben hatte, als er, befeuert von mehreren Bieren, Förster und Brocki die Welt im Allgemeinen und den Fußball im Besonderen erklärt hatte.

»In der Halle kann so viel passieren«, sagte der Vater, klang jedoch schon etwas defensiver.

»Aber die Schiris pfeifen viel strenger. Ich habe da vorhin das erste Spiel gesehen, da ging nichts durch, aber auch gar nichts.« Okay, dachte Förster, das ist jetzt mal glatt gelogen.

»Papa, bitte«, sagte Justin. »Ich passe auch auf.«

Der Vater seufzte und schloss kurz die Augen, was für Justin das Signal war, in sein Zimmer zu stürzen. Während er offenbar seine Sachen packte, stand der Vater einfach nur da und sah Förster an, bis der wegucken musste.

Mit seiner Sporttasche kam Justin zurück und zog sich die Schuhe an.

»Auf geht's«, sagte Förster.

»Danke«, sagte Justin, und Förster fragte sich, wen er meinte.

Er ließ Justin vorgehen, und als der schon im Treppenhaus war, hielt der Vater Förster am Arm fest.

»Ich war ganz nah dran«, sagte er. »Ich war gut genug, und sie hatten mich alle auf dem Zettel.«

Förster blickte in gerötete Augen, in denen mehr Flüssigkeit zu sein schien als nötig.

»Und dann die Scheiße mit dem Fuß. Da war alles vorbei. Das wird dem Justin nicht passieren. Dafür werde ich sorgen.«

Förster machte sich los, ging die Treppe hinunter und sah Justin draußen grinsend im Schneegestöber stehen. Er sagte: »Ich wusste gar nicht, dass du so viel am Stück reden kannst, Förster!«

26 Ey, da ist Blut!

Förster stellte fest, dass die Evolution, als sie sich darangemacht hatte, das menschliche Ohr zu entwickeln, Hallenturniere nicht auf der Rechnung gehabt hatte. Man kann, dachte er, während neben ihm ein vielleicht fünfjähriger Junge eine Spielzeughupe drückte, um damit seinen großen Bruder auf dem Spielfeld anzufeuern, der Evolution auch nicht wirklich einen Vorwurf machen, denn das Erlauschen von sich nähernden Fressfeinden war lange sehr viel wichtiger für das Überleben der Spezies als das Differenzieren kakofonischer akustischer Signale in einem geschlossenen Raum. Normalerweise hielt er sich nicht für empfindlich, aber die Geräuschkulisse hier war schon speziell.

Rechts von ihm saß die Mannschaft, und Alim band Mostafa mal wieder die Schnürsenkel, begleitet von allerlei königlichem Bohei, von wegen, Alim sei Mostafas ergebener Diener, aber die Show sollte offensichtlich nur kaschieren, dass Mostafa tatsächlich keine Schleife hinbekam. Man hört ja immer wieder solche Dinge, dachte Förster, also, dass Kinder grundlegende Fähigkeiten verlieren, nicht mehr auf Bäume klettern oder nicht mehr rückwärts laufen können und Ähnliches. Andererseits schien es sich hier innerhalb der Mannschaft um einen Einzelfall zu handeln.

Es fiel ein Tor, und die Jungs jubelten.

»Schwarz-Weiß muss gewinnen! Ich bin voll der Schwarz-Weiß-Fan!«, rief Giampiero, und Justin klatschte ihn ab.

»Halbfinale«, sagte Fränge zu Förster. »Wäre irre, oder?«

»Halbfinale der Vorrunde«, schränkte Brocki ein. »Nun heb nicht gleich ab!«

»Wir haben zwei Spiele an einem Tag gewonnen«, sagte Fränge, »da darf man sich auch mal freuen.«

Förster musste seinem Cheftrainer da uneingeschränkt recht geben, es war ja nicht so, als würden sie ständig alles an die Wand spielen, und hier und heute hatten sie gleich ihr erstes Spiel mit eins zu null gewonnen, durch ein Tor von Giampiero. Das zweite Spiel hatten sie mit drei zu null für sich entschieden, zwei Tore hatte Justin gemacht, eines wieder Giampiero. Danach hatten sie dann den Mund zu voll genommen, sich gegenseitig mit Champion angesprochen und nur noch über die Höhe des nächsten Sieges spekuliert. Das dritte Spiel hatten sie dann aber mit eins zu zwei verloren, weswegen es jetzt sehr wichtig war, dass Schwarz-Weiß gegen Viktoria gewann, und zwar möglichst mit zwei Toren Unterschied, denn dann wäre die Spielvereinigung als Gruppenzweiter im Halbfinale.

Schwarz-Weiß erzielte das zweite Tor, Justin und Giampiero klatschten wieder ab, Mostafa und Adnan sangen: »Finale! Oh-ho!«, und Förster dachte: Macht mal halblang, Jungs, erst kommt das Halbfinale, aber er musste zugeben, dass sich »Halbfinale! Oh-ho« nicht so gut singen ließ. Ein paar Minuten später ertönte die ohrenbetäubende Schlusssirene, die Förster schon den ganzen Vormittag auf die Nerven ging. Außerdem setzte Musik ein, irgendetwas Deutsches, Schlager, es liefen den ganzen Morgen schon Schlager zwischen den Matches, aber das schien niemanden zu stören, außer Förster, der sich jetzt an Brocki wandte und ihn fragte, was das denn nun wieder sei, das einem da auf die Ohren geprügelt wurde.

»Helene Fischer. *Herzbeben* heißt der Song.«

»Wieso weißt du so was?«

»Kennt man doch.«

»Was singt die da?«

»*Herzbeben, lass uns leben, wir wollen was erleben*«, sang Brocki.

»Vielleicht kann man mal die Turnierleitung fragen, ob die das wenigstens ein bisschen leiser machen können.«

Brocki reagierte gar nicht, sondern wippte im Takt mit dem Kopf und sang weiter leise mit, kannte offenbar auch den Text der Strophen, nicht nur den Refrain.

Fränge kam zu ihnen herüber und rief: »Halbfinale! Nur der Himmel ist die Grenze!«

»Kann man vielleicht mal die Turnierleitung fragen, ob die das leiser machen können?«, fragte Förster.

»Was denn?«

»Die Musik.«

»Ich höre da gar nicht hin, und wenn ich hinhören würde, würde ich feststellen, dass das keine Musik ist, so what.«

Gleich nach dem Schlusspfiff war die ganze Mannschaft auf das Feld gestürmt, um wild mit dem Ball herumzukicken. Fränge rief sie zusammen und führte sie ans andere Ende der Halle, wo sie sich in die erste Reihe der Tribüne setzten. Er sagte: »Wir spielen im Halbfinale gegen den Ersten der anderen Gruppe, und das ist Teutonia.«

»Fünf null«, sagte Mostafa.

»Mostafa bleibt erst mal draußen«, sagte Fränge.

Immer noch dröhnte Helene Fischer durch die Halle, aber ein anderer Song, auch wenn Förster da nicht ganz sicher war. Es ging darum, zu zweit immer höher zu steigen und auf Gipfeln zu stehen oder so, er versuchte, nicht hinzuhören. Brocki bewegte wieder die Lippen.

»Hinten fangen wir an mit Adnan und Alex«, sagte Fränge. »Und ihr *bleibt* auch hinten. Die Teutonia hat kleine, schnelle Spieler, wenn ihr alle Mann nach vorne stürmt, überspielen die euch mit zwei Pässen und sind blank vor Valentin. Der Angriff gewinnt Spiele, aber die Abwehr gewinnt Meisterschaften.«

Förster musste innerlich immer schmunzeln, wenn er solche Sprüche hörte, ließ sich seine Belustigung aber schon lange nicht mehr anmerken, weil er festgestellt hatte, dass die Jungs sie ernst nahmen.

»Justin spielt vorne, hilft aber auch hinten.«

»Und vorne die sizilianische Rakete!«, rief Giampiero und schlug sich mit der Faust gegen die Brust.

»Nein«, sagte Fränge. »Der Grischa hatte bisher noch nicht so viel Einsatzzeit, und ich will, dass er seine Stärke im Eins gegen eins ausspielt. In der Halle ist Dribbeln ausdrücklich erwünscht.«

Giampiero wirkte von jetzt auf gleich völlig verzweifelt. »Ich muss spielen! Mein Vater guckt zu.«

»Der guckt schon die ganze Zeit zu«, sagte Fränge. »Und du spielst ja auch, aber eben nicht von Anfang an.«

»Aber ...«

»Ich diskutiere das jetzt nicht.«

Eine aggressive Trillerpfeife schnitt Förster ins Ohr, aber dafür hatte es mit Helene Fischer endlich ein Ende, man freut sich schon über Kleinigkeiten, dachte er. Brocki und er setzten sich wieder mittig auf die Tribüne, da am Spielfeldrand nur ein Betreuer zugelassen war.

Die Teutonia spielte komplett in Rot, hatte Anstoß und kam sofort mit drei Mann auf das Tor der Spielvereinigung zu, einer blieb am Mittelkreis stehen.

»Die spielen aber einen gepflegten Kurzpass«, sagte Brocki.

»Das Spiel ist sieben Sekunden alt«, entgegnete Förster.

»Ja, aber das sieht man sofort.«

Einer der von Brocki so geschätzten Kurzpässe der Marke *Gepflegt* war dann aber so ungenau, dass Adnan dazwischengehen konnte, nur bekam er den Ball nicht zu einem Mitspieler, sondern beförderte ihn über die Seitenlinie ins Aus. Die Teutonia führte blitzschnell den Einwurf aus, der in der Halle kein Wurf war, sondern ein Einrollen. Frech rollte der Teutone Grischa den Ball durch die Beine, ein zweiter Spieler in Rot nahm ihn direkt und schoss ihn aufs Tor, wo er mit einem metallenen Knall gegen die Querlatte schlug. Herrje, dachte Förster, hier macht wirklich alles Krach. Valentin fing den Ball und warf ihn zu Alex, der seinen Gegenspieler austrickste, indem er Doppelpass mit der Hallenwand spielte, die das Feld auf der Seite, die den Tribünen gegenüberlag, begrenzte. Dort gab es kein Aus.

»Das war riskant«, sagte Brocki.

Alex spielte auf Justin, der, wie Förster zuerst dachte, völlig unmotiviert in die andere Hälfte passte, wo aber plötzlich Grischa auftauchte, den Ball annahm, einen Übersteiger nach rechts zeigte, dann den Ball mit dem linken Außenrist am Gegner vorbeilegte und nach innen gab, wo Justin direkt vor dem Tor stand, aber nicht an den Ball kam, weil der Torwart ihn abgefangen hatte.

»Der Justin sieht Räume, von denen die anderen gar nicht wissen, dass es sie gibt«, sagte Brocki.

»Das ist ein Satz, der dir vor ein paar Monaten noch nicht über die Lippen gekommen wäre.«

»Stimmt. Ich habe tatsächlich angefangen zu begreifen, was Fränge am Fußball so fasziniert. Für dich muss das doch eine sprachliche Fundgrube sein.«

»Da ist was dran.« Zwar hielt Förster nicht viel von der nach wie vor üblichen, ans Militärische angelehnten Terminologie, in der von Schießen die Rede war, von Angriff, Verteidigung, Sturm, Balleroberung, Zweikampf oder Schlachtenbummlern, aber Fränge hatte gemeint, all diese Wörter hätten mittlerweile ihre Herkunft hinter sich gelassen und seien vom Fußball neu aufgeladen worden, pazifiziert sozusagen, und das sei doch eine tolle Sache, und ein Wort wie etwa Schlachtenbummler werde ohnehin nicht mehr benutzt.

Der Torwart warf den Ball schnell ab, ein Teutone nahm ihn kurz vor der Mittellinie auf und trieb ihn in die Richtung des Tores der Spielvereinigung. Justin und Grischa sprinteten zurück, Alex griff den Ballführenden an, der aber setzte ihn mit seinem eigenen Trick (Doppelpass mit der Hallenwand) schmachmatt und gab scharf nach innen, wo Adnan genau richtig stand, aber wieder einmal sprang ihm die Kugel zu weit vom Fuß, und deshalb prallte der Ball jetzt gegen den linken Pfosten, der gegnerische Angreifer rutschte herein, seine Schuhe machten ein quietschendes Geräusch, bremsten aber zu schnell ab, der Junge schrie auf und kippte zur Seite weg, rasselte mit Valentin zusammen, der noch den Ball berührte, bevor dieser ins Tor trudelte. Die Spieler auf der Bank der Teutonen sprangen auf, auch der Trainer, aber während seine Spieler jubelten, lief er aufs Feld. Der Schiedsrichter pfiff und zeigte zur Mitte und pfiff noch mal, augenscheinlich, weil es ihm nicht passte, dass der Trainer auf dem Feld herumlief, aber der kümmerte sich nicht um den Schiri, sondern um seinen Spieler, der noch immer vor dem Tor lag, und als die Jubelschreie seiner Mitspieler verebbten, konnte man hören, dass er stöhnte. Er hielt sich mit einer Hand den Knöchel und schlug mit der anderen auf den Hallenboden.

»Nicht aufs Feld laufen, bevor ich es sage!«, rief der Schiri.

Der Trainer aber antwortete nicht, sondern fing an, beruhigend auf seinen Spieler einzureden und dessen Knöchel zu betasten. Valentin lag ebenfalls noch am Boden, also rannte jetzt auch Fränge aufs Feld.

»Ey, da ist Blut!«, rief einer der Ersatzspieler von Teutonia.

Auch Förster und Brocki standen auf und liefen in Richtung des Geschehens, aber während Brocki hinter der Seitenlinie wartete, eilte Förster aufs Spielfeld, blickte kurz zum Schiedsrichter, der nicht zu wissen schien, was er tun sollte, und dann sah Förster, dass Valentin aus einer Platzwunde an der Stirn blutete. Fränge hockte vor ihm und fragte, wie es ihm gehe. Valentin sagte, er sei okay. Das konnte man von dem anderen Jungen nicht behaupten. »Ich bin umgeknickt!«, rief er. Der Trainer hatte ihm den Schuh und den Stutzen ausgezogen, der Knöchel war geschwollen, und der Junge sagte: »Das hat geknallt!«, und dann schlug er wieder mit der Hand auf den Boden.

Eine Frau im Trainingsanzug kam quer durch die Halle mit einem Medizinkoffer auf sie zu. Ein anderer Mann stieg von der Tribüne herunter, offensichtlich der Vater des verletzten Jungen.

»Das sind Straßenschuhe!«, sagte der Schiedsrichter. »Auf dem Hallenboden sind nur nicht färbende Sohlen erlaubt.«

»Jetzt mach mal halblang«, sagte die Frau mit dem Medizinkoffer, fing an, Valentins Wunde zu versorgen, und sagte: »Du kannst nicht weiterspielen.«

»Mir geht es gut«, sagte Valentin. Zwischen seinen Beinen war Blut auf den Hallenboden getropft.

»Kopfverletzung. Keine Chance. Wir rufen einen Krankenwagen. Ich habe da schon den größten Mist erlebt.«

Der Trainer der Teutonen und der Vater halfen dem verletzten Jungen auf und führten ihn vom Feld.

»Wird ein Bänderriss sein«, sagte die Frau mit dem Medizinkoffer. »Ihr könnt selbst ins Krankenhaus fahren.«

Eine Frau, die Förster vorhin beim Kuchenverkauf gesehen hatte, kam mit Lappen und Mopp und wischte das Blut weg. Fränge brachte Valentin nach draußen, und Förster sah noch, wie Luiza, die Mutter von Adnan, ihm eine Hand auf die Schulter legte das Handy schon am Ohr, wahrscheinlich rief sie Valentins Eltern an.

Kurz darauf kam Fränge zurück, mit Valentins Torwarttrikot und seinen Handschuhen in der Hand, und zeigte auf Mirkan. »Du musst ins Tor.«

Mirkan nickte nur und sagte, ein gewisser Keylor Navas sei eine Flasche gegen ihn, und Mostafa meinte, Keylor Navas sei sowieso ein Lappen, und der Schiedsrichter sagte, ab jetzt habe niemand mehr ohne Genehmigung aufs Feld zu laufen.

Fünf Minuten später fiel das zweite Tor für Teutonia, nach weiteren zwei Minuten wurde Justin von seinem Gegenspieler per Bodycheck gegen die Hallenwand gedrückt und musste ausgewechselt werden, und Förster sah sich schon dem Vater gegenübertreten, um ihm zu sagen, dass sein Sohn sich einen komplizierten Trümmerbruch in der Schulter zugezogen hatte, aber dann war es doch nicht so schlimm, und Fränge wechselte Giampiero ein, alle durften jetzt spielen, und Giampiero machte sein Tor, aber die Teutonia noch zwei weitere, also verlor die Spielvereinigung das Halbfinale der Vorrunde zur Hallenstadtmeisterschaft mit eins zu vier.

»Alter, hast du gesehen, wie ich geflogen bin?«, sagte Mirkan und meinte eine Parade, bei der er kurz vor Schluss einen Ball über die Latte gelenkt hatte.

»Ja, und als du auf den Boden geknallt bist, habe ich gedacht, wir haben Erdbeben.«

»Ey, Junge, du hast Erdbeben im Kopf!«

»Hast du die sizilianische Rakete gesehen?«, fragte Giampiero.

»Ja, geile Bude, Alter, ich schwör!«, sagte Adnan, und Förster dachte, ist doch schön, wenn einen eine Niederlage nicht so runterzieht.

»Ich hab Nachricht von Valentin«, sagte Mirkan, nachdem er sein Handy aus der Sporttasche genommen hatte.

»Wie geht es dem?«, wollte Mostafa wissen.

»Sieht schlecht aus«, sagte Mirkan. »Der Kopf muss ab.«

Mostafa guckte ziemlich entsetzt. »Was erzählst du, du Lappen?«

»Der kriegt einen Ersatzkopf«, sagte Mirkan. »Den von deiner Mutter!«

»Was macht die Schulter?«, fragte Förster Justin.

»Nix.«

»Das war ein Foul«, sagte Alex. »Wieso hat das Arschloch das nicht gepfiffen?«

»Hüte deine Zunge, Sohn!«, mahnte Fränge. »Ich bringe das in Erfahrung.«

»Was willst du machen?«

»Ich frage das Arschloch, wieso er nicht gepfiffen hat.«

Fränge musste nicht lange warten, der Schiedsrichter kam herüber, mit dem Ball in der Hand.

»Schiri«, sagte Fränge. »Eine Frage hätte ich noch. Als der eine meinen Spieler gegen die Wand gecheckt hat, wieso hast du das nicht gepfiffen?«

»Das hat mir nicht gereicht für ein Foul.«

»Was soll er denn noch machen? Organe entnehmen?«

»Das schreibe ich in den Spielbericht.«

»Ja, mach mal schön Meldung, du Pfeife!«

»Das wird teuer.«

Bevor Fränge sich noch mehr in Schwierigkeiten bringen konnte, zog Förster ihn vom Schiri weg, während Helene Fischer fragte, ob man diesen Augenblick spüre, die Luft brenne wie Feuer. Förster fand, damit sollte man es gut sein lassen.

27 Stormy Monday

Und wieder war es Montag, aber der war nicht *manic*, sondern eher *stormy*, das himmlische Kind wehte mit einer Kraft durch die Straßen, dass Zweige und Äste keinen Halt mehr an ihren Bäumen fanden. Natürlich war Förster klar, dass das stormy in dem Song *Stormy Monday* sich nicht auf das Wetter bezog, sondern auf die Tatsache, dass am Montag die harte Arbeitswoche begann, die es durchzustehen galt, bis am Freitag der Adler flog, es also den Lohn gab, mit dem Adler war jener auf den amerikanischen Banknoten und Münzen gemeint.

Beim Montagsmix hatte er sich für das Original von T-Bone Walker entschieden, obwohl er die Liveversion der Allman Brothers auch sehr mochte, doch die war ihm mit fast neun Minuten zu lang gewesen, und während er das dachte, wich er einem Ast aus, den es auf die Straße geweht hatte. Er sah Monika an, und sie nickte, also fuhr er rechts ran, stieg aus, räumte den Ast von der Straße und fuhr weiter. Die Playlist war jetzt bei *Blue Monday* von New Order angekommen.

»Ist dir eigentlich mal aufgefallen«, fragte Monika, »dass in dem Text kein einziges Mal das Wort *Monday* vorkommt?«

»Nicht?«

»Nein. Da bist du nur nach dem Titel gegangen, oder?«

»Ich bin nicht unbedingt ein Fan von New Order. Finde

die okay, aber die haben mich nie so richtig abgeholt, wie man sagt. *Get ready* ist allerdings sehr gut.«

Monika lächelte. »Ich wollte nur sagen, dass da kein einziges Mal das Wort *Monday* vorkommt.«

Förster lächelte zurück. »Ach so, du wolltest gar kein Referat von mir zum Thema New Order hören?«

Vor der FKK war alles zugeparkt, also mussten sie ein paar Minuten laufen. Monika nahm seine Hand, und Förster dachte, das wird nie aufhören, mir zu gefallen, wenn eine Frau meine Hand nimmt, also nicht irgendeine Frau, sondern diese hier.

Die Glastür stand offen, von oben hörten sie Musik. Sie stiegen die geschwungene Fünfziger-Jahre-Treppe mit dem Handlauf aus rotem Kunststoff nach oben. Der lange Gang, an dessen Ende das Atelier von der Uli lag, war von oben bis unten holzgetäfelt, und der dunkelblaue Teppichboden hatte sich über die Jahrzehnte erstaunlich gut gehalten. Mit Hallenschuhen müsste man hier ein gutes Passtraining absolvieren können, dachte Förster, oder vielleicht doch besser mit den für Kunstrasen besonders geeigneten Noppenschuhen.

Das Atelier von der Uli war in einem ehemaligen Konferenzraum untergebracht, beide Flügeltüren standen offen, der Raum war farbig ausgeleuchtet, und es lief *September* von Earth, Wind and Fire, denn die Uli liebte klassischen Soul der Sechziger- und Siebzigerjahre. Es waren etwa dreißig Leute im Raum, an den Seiten standen fertige oder noch in Arbeit befindliche Skulpturen, liegende Frauen vor allem, daran arbeitete die Uli gerade, an einer Serie fülliger Frauen, die auf der Seite lagen, auf dem Rücken oder auf dem Bauch. In einer Ecke bildeten ein altes Türblatt und zwei halbhohe Türme aus leeren Bierkästen einen Tisch. Dahinter bediente ein DJ zwei Plattenspieler, hinter ihm mehrere Kisten mit Vinyl.

Die Uli stand mit zwei Leuten zusammen, die Förster nicht kannte, aber als sie Förster und Monika sah, kam sie herüber und fiel ihnen um den Hals. Sie trug wieder einen Blaumann, einen Overall, klar, wir sind ja in ihrem Atelier, dachte Förster, aber dieser Overall sah nicht nach Arbeit aus, er war schwarz und figurbetont geschnitten, und die Uli trug goldene, augenscheinlich selbst gefärbte Stiefeletten.

Förster sah Alex näher kommen, mit einem Tablett voller Gläser, die wahlweise mit Sekt oder Orangensaft gefüllt waren.

»Du missbrauchst unseren rechten Mittelfeldspieler als Kellner?«, sagte Förster. »Ich hoffe, du zahlst Mindestlohn.«

Die Uli lachte. »Es war seine Idee.«

»Hallo, Trainer! Sekt, O-Saft oder beides?«

Förster nahm sich einen Sekt, und auch Monika und die Uli griffen zu.

»Ich hoffe, du machst hier heute nicht so lange«, sagte Förster. »Morgen ist wieder Training.«

Alex beruhigte Förster, er trage das Zeug nur herum, er trinke nicht davon und mit der Versicherung, morgen pünktlich und topfit beim Training zu erscheinen, ging er weiter.

Monika seufzte: »Es gibt kaum noch ein anderes Thema. Ständig geht es um Fußball.«

»Ich muss zugeben«, gab die Uli zu, »dass ich zuerst mehr als skeptisch war. Ich dachte, Fränge macht das drei Wochen, und dann gibt er auf. Aber ich habe mich getäuscht. Er macht das gut. Der Alex ist sehr angetan. Ich glaube zwar, dass er dem Braten noch nicht so ganz traut, aber wenn Fränge das weiter so durchzieht, dann hat er vielleicht doch was gelernt.«

Monika nickte. »Ich meinte das vorhin auch nicht abfällig. Ich finde es ... Also, wenn ich jetzt *süß* sage, klingt das blöd, aber mir fällt kein besseres Wort ein.«

»Es ist irgendwie auch ein bisschen sexy«, meinte die Uli. »Dass ich das sage, liegt vielleicht am Sekt.«

»Ich weiß, was du meinst.« Monika tätschelte Försters Hintern.

»Ihr habt ja keine hohen Ansprüche«, sagte Förster. »Ein Mann wird sexy, nur weil er sich mal um was kümmert?«

Die Uli boxte ihm gegen den Oberarm. »Sei nicht so verdammt vernünftig und emanzipiert. Das ist ja furchtbar.«

»Das Erstaunliche ist doch, dass sich gleich drei Männer kümmern«, sagte Monika.

»Gehen sich Fränge und Brocki nicht ständig an die Gurgel?« Die Uli nahm noch einen Schluck Sekt.

»Eigentlich nicht«, sagte Förster. »Es ist erstaunlich, wie Brocki mit den Jungs umgeht. Da bekommt man eine Ahnung, wie er als Lehrer sein muss. Der kann gegenüber der Mannschaft bruchlos in den Modus *Natürliche Autorität* schalten. Wenn er sich dann aber mit Fränge kabbelt, denkt man wieder, man hat zwei Zwölfjährige vor sich.«

»Brocki könnte es brauchen, dass mal wieder jemand mitbekommt, wie sexy er ist«, sagte die Uli.

Förster dachte, dass Brocki dann erst mal im Sommer auf seine Trekkingsandalen verzichten müsste.

»Er hat mir mal von einer Kollegin erzählt, die er nett findet«, sagte Monika.

Förster wunderte sich. »Eine andere Fotografin?«

Monika musste lachen. »Eine Lehrerin.«

»Das habe ja sogar ich begriffen«, sagte die Uli.

»Was hast du begriffen?«

Sie fuhren herum, und Brocki stand hinter ihnen.

»Brocki! Schön, dass du da bist!« Die Uli küsste ihn auf

die Wange. »Wir haben gerade darüber gesprochen, wie sexy du bist.«

Der DJ spielte jetzt *Superfly* von Curtis Mayfield. Manchmal stimmt einfach alles, dachte Förster.

Brocki grinste. »Und wieder sehen wir, welch verderblichen Einfluss der Dämon Alkohol auf uns alle hat.«

»Der Teufel hat den Schnaps gemacht, wusste schon Udo Jürgens«, sagte Förster.

Als Nächstes kamen Luiza und Arjana herein und wurden von der Uli stürmisch begrüßt. Schon bei den Spielen, bei denen die Uli zugesehen hatte, war Förster aufgefallen, dass sie sich mit den beiden besonders gut verstand. Arjana hatte ihre weißblonden Haare auf der linken Seite fast komplett abrasiert, da standen nur noch Stoppeln, dafür waren sie auf der anderen Seite umso länger und hingen ihr ins Gesicht. Förster dachte: Die kann sofort in einem Achtzigerjahre-Revival-Video mitmachen. Ihr weißes Top, unter dem ein schwarzer BH hervorlugte, betonte ihr Dekolletee, ihre Jeans sah aus wie aufgemalt, und die nietenbesetzten Stiefeletten kannte Förster schon.

»War ganz schön was los gestern«, wandte sich Luiza an Förster.

Sie trug einen Hosenanzug mit Nadelstreifen und darunter ein T-Shirt der Band Kings of Leon, vier gezeichnete Köpfe mit langen Haaren. Die sehen aus wie 1969, dachte Förster. Er sagte: »Es war laut. Die ganze Zeit lief Helene Fischer.«

»Ich meine den Jungen, der sich verletzt hat.«

»Ja, das war auch schlimm.«

»Der konnte nicht mehr laufen«, sagte Arjana.

»Man hat den Knall gehört, als das Band gerissen ist«, sagte Brocki.

»Und der Valentin hat zu Hause noch geblutet, meinte

seine Mutter«, sagte Arjana, die offensichtlich nicht sauer war, dass Fränge ihren Luan nicht mit zum Turnier genommen hatte.

»Band gerissen? Geblutet?«, staunte die Uli. »Was war das für ein Gemetzel gestern?«

»Hallenfußball«, sagte Förster.

»Der Alex hat gar nichts erzählt.«

Monika sah Förster an. »Von Blut hast du mir auch nichts gesagt.«

»War nur eine Platzwunde.«

»Sah schlimmer aus, als es war«, bestätigte Brocki.

»Macht ihr jetzt einen auf harte Kerle oder was?«, fragte die Uli.

Brocki schüttelte den Kopf. »Der Junge mit dem Bänderriss, der hatte Schmerzen, aber der Valentin nicht so. Die Stirn ist halt gut durchblutet. Wenn da was aufgeht, sieht das immer schlimm aus, verheilt aber bald wieder.«

»Wir haben uns gekümmert«, sagte Förster und grinste.

»Hach, Männer, die sich kümmern«, seufzte die Uli und fächerte sich mit der Hand Luft zu. »Sorry, aber ich darf nicht vergessen, dass ich die Gastgeberin bin. Ihr kommt klar?«

Die Uli ging zu ein paar Leuten, die gerade hereingekommen waren, und dazu lief *Shaft* von Isaac Hayes.

»Wir müssen demnächst mal über die Bude sprechen«, sagte Arjana.

»Bude?«, fragte Brocki. »Was für eine Bude?«

»Die Pommesbude am Vereinsheim«, sagte Luiza. »Da müssen wir einen Plan machen.«

»Es sind immer die Gleichen, die verkaufen«, sagte Arjana. »Luiza und ich und die Uli und Tanja, die Mutter von Marvin. Wenn die Saison wieder anfängt, müssen auch mal die anderen ran. Aber weißt du, die Türken kommen ja nicht.«

»Die Türken kommen nicht?« Förster wusste nicht, was das heißen sollte.

»Hast du mal die Mutter von Mostafa gesehen?«

»Der ist Libanese«, sagte Förster.

»Ich weiß nicht, was der Unterschied ist.«

»Na ja«, sagte Förster, »die Türkei und der Libanon, das sind zwei völlig unterschiedliche Länder.«

»Ich bin raus«, sagte Monika und ging rüber zum Büfett.

»Wir wissen, dass das zwei Länder sind«, sagte Luiza. »Aber ich kann die nicht auseinanderhalten. Ich werde auch immer für eine Spanierin gehalten. Ich sage: Ich komme aus Lissabon, und die Leute sagen: Ich war mal auf Mallorca.«

»Aber die Türken und die Libanesen kommen nicht zu den Spielen«, sagte Arjana. »Nicht die Mutter von Mostafa, nicht die von Mirkan, und auch die von Alim habe ich noch nie gesehen.«

»Und dann sind es immer dieselben, die da an der Fritteuse stehen«, sagte Luiza.

»Das ist blöd, das gebe ich zu«, sagte Förster.

»Und es ist auch nicht verboten, dass sich da mal Männer reinstellen«, sagte Arjana.

Luiza nickte und wiegte sich in den Hüften. »Wir müssen einen Plan machen, wenn die Saison wieder losgeht. Aber jetzt wird getanzt!«

Selbst Förster merkte, wie seine Füße darüber nachdachten, sich selbstständig zu machen, denn es lief nun *You make me feel (mighty real)*, von Soul ging der DJ jetzt zu Disco über. Wahrscheinlich gab es gleich noch die Bee Gees und Donna Summer.

»Komisch, oder?«, sagte er zu Brocki. »Also, wenn sich die Albaner und die Portugiesen über die Türken und Libanesen beschweren.«

»Wieso ist das komisch?«

»Ich mein ja nur.«

»Sie hat doch recht, wenn sie sagt, die anderen können auch mal in die Bude gehen.«

»Aber sie könnte doch auch die Namen der Leute sagen oder wenigstens die Mutter von Soundso. Das hört sich ja an, als würden die nicht in die Bude gehen, WEIL sie Türken und Libanesen sind.«

»Kann doch sein.«

»Nee, kann nicht sein«, beharrte Förster. »Solche stereotypen Zuschreibungen sind nicht gut, das kann man nicht machen. Du kannst mir doch nicht erzählen, dass Türken qua Herkunft keine Pommes frittieren wollen oder können! Es gibt doch auch türkische und libanesische Fußballvereine, und die haben auch Buden, in denen sie Pommes machen, um Geld einzunehmen.«

»Vielleicht machen die gar keine Pommes.«

»Auch so eine Sache, die man mal überlegen sollte«, sagte Förster, während der DJ *Le Freak* von Chic auflegte, »also ob man immer nur Pommes verkaufen muss. Man kann doch auch mal was Gesundes anbieten.«

»Kann man machen«, sagte Brocki. »Wird dann halt nicht gekauft.«

»Man muss es nur mal versuchen. Manchmal muss man die Leute zu ihrem Glück zwingen.«

»Ja, die gute alte Bewusstseinsveränderung! Die will auch unser Salonsozialist seit vierzig Jahren erreichen. Ihr könnt den Leuten nicht vorschreiben, was sie zu tun und zu lassen haben. Wenn sie ihre Gesundheit ruinieren wollen, ist das ihr gutes Recht.«

»Wer zitiert denn da wieder aus dem Programm der FDP?«

Fränge ließ die Hände auf Brockis und Försters Schultern fallen und knetete ihre Nackenmuskulatur.

»Tauchst du auch noch auf?«, rief Brocki gegen die immer lauter werdende Musik an.

»Mit der Aufwärmphase habe ich nix zu tun. Ich komme, wenn die Party kurz vorm Durchstarten ist, und sorge dann dafür, dass es wirklich abgeht. Übrigens: Ziemlich stormy, der Monday da draußen, was?«

»Ich dachte, New Order wäre mehr dein Ding«, sagte Förster. »Wusstest du, dass in *Blue Monday* kein einziges Mal das Wort *Monday* vorkommt?«

»Klar, das weiß jeder. Ist wie früher, oder? Party mitten in der Woche!«

»Genau genommen ist es ja der Anfang der Woche«, sagte Förster.

»Ein Lob auf das Freiberuflertum!«, rief Fränge.

»Als Beamter habe ich morgen ab zehn vor acht Unterricht«, sagte Brocki.

»Vielleicht bist du aber auch um halb acht schon tot, Brocki. Willst du sterben, ohne vorher noch mal getanzt zu haben?«

»Ich habe noch nie getanzt.«

»Das stimmt so nicht, Brocki«, sagte Förster. »Denk an die Fete bei Frauke, vierundachtzig, als wir alle achtzehn wurden!«

»Und denk an deine Hochzeit!«, rief Fränge, und Förster dachte, das war scheiße, das hätte er nicht sagen sollen, aber Brocki grinste, und Fränge grinste sowieso, warf die Arme in die Luft und bewegte sich rhythmisch in Richtung der Tanzfläche, die vor dem DJ-Pult entstanden war. Monika kam vom Büfett herüber und küsste Förster auf den Mund. Er war sich nicht sicher, ob es der Geschmack der Hackbällchen war, die Monika gerade verdrückt hatte, der ihn dazu brachte, ihr auf die Tanzfläche zu folgen, aber wahrscheinlich war es eher die Musik, denn bei aller Liebe, bei *Celebra-*

tion von Kool & The Gang musste man die feine Zurückhal-
tung auch mal hintanstellen, und erstaunlicherweise fand
das auch Brocki und kam mit.

28 Wo kommt denn jetzt der Nebel her?

Förster klemmte den Zeigefinger unter den ersten der drei Schalter an den Sicherungen in der Kreidebude und drehte sich so, dass er durch die offene Tür den Platz sehen konnte. Erst dann drückte er nacheinander die Schalter hoch. Das Erhellen des noch im Dunkel liegenden Platzes war eine seiner Lieblingsaufgaben. Er griff nach den Hütchen, die er für die Übungen auf dem Platz zu verteilen hatte, und folgte seiner eigenen Atemwolke nach draußen, wo er auf Fränge traf.

»Starke Party gestern, oder?«

Förster nickte. »Sogar Brocki hat getanzt. Und du hast dich ziemlich gut mit der Uli unterhalten. Sah fast so aus, als würdest du sie anbaggern.«

»Sie ist immer noch meine Frau, auch wenn wir nie geheiratet haben. Nach all den Jahren ist da eine Vertrautheit, die nie mehr verschwinden wird.«

»Aber?«

»Nichts aber, Förster. Außer vielleicht, dass es so viele tolle Frauen auf der Welt gibt, findest du nicht?«

»Na ja ...«

»Keine so toll wie die Uli, aber immer noch toll genug, dass man nervös werden kann. Wie findest du eigentlich Arjana?«

»Ernsthaft, Fränge?«

»Nein, natürlich nicht. Ich frage nur so.«

»So was fragt man nicht nur so. Die ist verheiratet.«

»War nur Spaß!«

Förster war kurz davor, ihm die Hütchen an den Kopf zu werfen.

Fränge machte eine Kopfbewegung Richtung Platz, über den kniehohe milchige Schwaden hinwegzogen. »Wo kommt denn jetzt der Nebel her?«

»Egal, Fränge! Denk dran, weswegen du hier bist. Du tust das, um die Sache mit Alex wieder in Ordnung zu bringen. Mach das nicht kaputt, indem du eine große Dummheit begehst.«

»Eine große Dummheit! Du hörst dich an wie Brocki.«

»Der hat auch nicht immer unrecht, der Lehrer!«

»Wenn man vom Teufel spricht. Ich glaube, Brocki ist gerade in die Kabine gegangen. Bau du mal die Hütchen auf, ich norde die Jungs mal ein.«

Förster war nicht dafür bekannt, häufig Kraftausdrücke zu benutzen, jetzt aber murmelte er ein tief empfundenes »Scheiße« vor sich hin, während er die Hütchen für die Übung, die Fränge ihm heute Nachmittag per Mail geschickt hatte, auf dem Platz verteilte. Als er damit fertig war, stand plötzlich Eren hinter ihm.

»Habt ihr eure Mannschaft jetzt besser im Griff?«, fragte er sehr ernst.

»Ich denke schon«, sagte Förster.

»Der Alim meinte neulich, das Training macht Spaß.«

»Ist das gut?«

»Ja, das ist gut. Fußball soll Spaß machen.«

Förster dachte: Der sagt das in einem Ton, als kommentierte er einen schweren Verkehrsunfall. Eren blickte an Förster vorbei über den Platz. »Wo kommt denn jetzt der Nebel her?«

»Keine Ahnung«, sagte Förster und dachte: Wieso *jetzt*, der ist doch schon die ganze Zeit da.

»Ich drehe paar Runden«, sagte Eren. »Dann gehe ich duschen, räume den Ballraum auf und repariere das Klo im Vereinsheim.«

Eren trabte Richtung Tartanbahn, und Förster sah die Mannschaft aus der Kabine kommen.

29 Dr. Müllers Erotik-Shop

Förster verstaute die Bälle und die Hütchen im Fach, klappte die Platte nach oben und ließ das Vorhängeschloss zuschnappen, wobei er, passend zum Wochentag, *Ruby Tuesday* vor sich hinpfiff, allerdings dachte er dabei an die Coverversion von Melanie und nicht an das Original von den Rolling Stones, warum auch immer.

Das Training war sehr gut gewesen, Fränge hatte die Jungs auf das morgige Nachholspiel bei der TSG eingestimmt und Alex am Ende mal wieder den Elfmeterwettbewerb gewonnen, was niemanden wunderte, denn er hatte auch schon im Spiel zweimal sicher verwandelt. Er wirkte überhaupt sehr gelöst, kam auch mit seinem Vater gut zurecht, und Förster hatte den Eindruck, die ganze Sache lief in die richtige Richtung.

Als Förster aus der Kabine trat, standen Fränge und Brocki mit einem Mann zusammen, der eine weiße Hose und weiße Schuhe trug. Sieht ja aus wie ein Arzt, dachte Förster, was will der, ist was passiert, Platzwunde, Bänderriss, Herzrasen?

»Das ist Herr Müller«, stellte Fränge Förster den Mann vor.

»Doktor Müller«, präzisierte dieser, und Förster musste an die gleichnamige Sexshop-Kette denken und an seinen früheren Verlag, der seinen Sitz im Frankfurter Bahnhofsviertel gehabt hatte. Im Parterre der *Dr. Müller Erotik-Shop* nebst *Blue Movie Kino Center*, in der vierten und fünften Etage Literatur.

»Der Vater von Marvin«, sagte Brocki.

»Angenehm«, sagte Förster, obwohl er sich da nicht so sicher war. Doktor Müller war, ähnlich wie sein Sohn, eher klein gewachsen und schien den Kopf zusätzlich zwischen die Schultern zu ziehen, aber nicht, so hatte Förster den Eindruck, um sich in Deckung zu bringen, sondern als wäre er kurz davor anzugreifen, wobei der Kopf nach vorne und nach oben schießen würde wie der einer Schildkröte beim Fressen.

»Sie haben den Marvin nicht mit zum Hallenturnier genommen«, sagte Dr. Müller.

»Das ist richtig.«

Förster nahm sich vor, gar nichts zu sagen. Das hier war Chefsache. Er blickte kurz hinüber zum Vereinsheim, wo Friedhelm auf einer Leiter stand und irgendwas an die Wand über der Tür schraubte.

»Ich habe auch fünf andere nicht mitgenommen«, sagte Fränge.

Dr. Müller nickte, aber das wirkte auf Förster nicht zustimmend. »Wissen Sie, ich habe hier ganz allgemein den Eindruck, dass Sie bestimmte Spieler bevorzugen.«

»Es geht nicht nur um Einsatzzeiten. Obwohl ich nicht begreifen kann, wieso Marvin ständig ausgewechselt wird. Er ist schnell und zweikampfstark und, nun ja, auch diszipliniert, wenn Sie verstehen, was ich meine.«

»Nee, verstehe ich nicht, Herr Doktor«, sagte Fränge und sprach den akademischen Titel praktisch mit einem a am Ende aus.

»Vom Marvin haben Sie bestimmte Wörter sicher noch nicht gehört.«

»Da haben Sie recht. Ich habe ihn zum Beispiel noch kein

einziges Mal *Atomwaffenarsenal* sagen hören. Oder *Gesichts-wurst*.«

»Finden Sie das witzig?«

»Ja, schon. Gucken Sie mal, beide Co-Trainer grinsen.«

»Es liegt für mich auf der Hand, dass Sie die ausländischen Spieler eindeutig bevorzugen.«

Fränge gab sich erstaunt. »Welche ausländischen Spieler?«

»Die Türken und die Araber. Von denen lassen Sie sich auf der Nase herumtanzen.«

»Wissen Sie, Herr Doktor Meier …«

»Müller.«

Fränge schlug sich mit der flachen Hand vor die Stirn. »Stimmt, wie die Sexshop-Kette! Also, ich hätte nie gedacht, dass ich das mal sagen und dass es mich überhaupt interessieren würde, aber meine Jungs sind alles Deutsche.«

»Verarschen kann ich mich alleine.«

»Dann brauchen Sie mich ja nicht.«

»Sie wissen, was ich meine.«

»Wir können uns gerne bei dfbnet einloggen, da sehen Sie hinter jedem Namen eine kleine schwarz-rot-goldene Flagge. Und noch mal fürs Protokoll: Ich habe auch Luan, Alim, Paul und Armani nicht mit zum Hallenturnier genommen.«

»Beim Training entscheiden Sie immer zugunsten der Ausländer.«

»Sagt das der Marvin?«

»Das sehe und höre ich selbst. Als der Marvin von einem beschimpft wurde, haben Sie ihm nicht geglaubt.«

Fränge atmete tief durch. »Wenn zwei Blagen vor mir stehen, und der eine sagt: Der hat mich Arschloch genannt! Und der andere sagt: Habe ich nicht. Was mache ich dann? Richtig, ich sage, macht das unter euch aus, ich bin hier nicht der Klassenlehrer. Oder soll ich sagen: Ich glaube dir, Marvin, weil dein Vater Hirnchirurg ist?«

»Ich bin Gastroenterologe. Und ich scheiße auf Ihr links gestricktes, politisch korrektes Gutmenschengeschwafel!«

»Ich nehme an, das fällt dann wohl in den Bereich Enterologie.«

»Was wollen Sie eigentlich?«, mischte sich Brocki ein. »Ich meine das ganz ernst: Was machen wir falsch und was können wir besser machen?«

Dr. Müller schwieg. Er schien nachzudenken, sah plötzlich auf seine Uhr und sagte: »Sie sollten auf die hören, die es verdienen. Hart durchgreifen gegen die, die Mist bauen. Ich muss los.«

Er drehte sich um und verließ die Anlage.

»Oh Mann!«, sagte Brocki nur.

»Der Marvin spielt morgen von Anfang an«, sagte Fränge.

»Tut er doch sowieso meistens«, sagte Förster.

»Ja, eben.«

Am Vereinsheim ging das Licht aus, und Förster sah zwei Männer zu ihnen herüberkommen.

»Förster!«, rief Friedhelm schon von Weitem.

»Hallo, Friedhelm!«

Friedhelm trug eine alte grün-weiße Winterjacke, von der das Wappen der Spielvereinigung schon weitgehend abgeblättert war, Eren eine kurze Hose und eine Trainingsjacke.

Eren sagte: »Toilette geht wieder.«

»Super, Eren«, sagte Fränge. »Der Dank der Bewegung ist dir gewiss.«

»Flutlicht könnt ihr ausmachen. Training von der Zweiten fällt heute aus.«

»Ist gut«, sagte Förster und freute sich. Flutlicht ausschalten war fast so schön wie einschalten.

Eren nickte und verließ grußlos die Anlage.

»Sach ma, Förster ...«

»Ja, Friedhelm?«

»Siehst du demnächst mal wieder deine Nahkampf-Perle?«

»Jeden Tag, ich lebe ja mit der zusammen.«

»Kannst ihr sagen, ich hab die Kameras jetzt angebracht. Hat ein bisschen gedauert, weil der Verein erst das Geld nicht rausrücken wollte, aber ich hab gebrauchte genommen. Also ehrlich gesagt welche, die gar nicht gehen. Ist aber egal, weil sie hat ja gemeint, die müssen nur da hängen, zur Abschreckung.«

»Ich richte es aus, Friedhelm.«

Friedhelm machte Boxbewegungen Richtung Förster, der sofort in der Mitte einknickte. »Und? Geht ihr heute noch in den Clinch? Lässt du dich verhaften?«

»Wir müssen los«, sagte Brocki. »Ist wirklich kalt.«

»Morgen kurz vor fünf hier«, sagte Fränge.

»Mach's gut, Friedhelm.«

»Haut rein, Jungs! Und, Förster?«

»Ja?«

»Steck einen für mich mit rein!«

»Geht ihr schon mal zum Wagen«, sagte Förster. »Ich muss das Licht noch ausschalten.«

Förster ging zur Kreidebude und drückte nacheinander die drei Schalter herunter. Die sechs Flutlichter erloschen, und für Förster sah es aus, als würde sich das Licht vom Platz in die Lampen zurückziehen, um dort zu übernachten.

30 Traumpass

Im Traum stand Förster auf einer Bank und blickte in die Ferne. Neben ihm stand ein großer weißer Hase auf zwei Beinen, bestimmt zwei Meter groß.

»Wir kennen uns«, sagte Förster.

»Ist eine Weile her.«

»Damals hattest du eine rote Nase.«

»Stimmt, aber du hast dann so blöde Wortspiele gemacht. Ich dachte, diesmal komme ich in Zivil.«

Weit weg spannte sich ein Regenbogen über den unwetterschweren Himmel.

»Bei Gewitter ist das Spiel zu unterbrechen«, sagte Förster.

»Natürlich«, sagte der Hase. »Stell dir vor, da wird einer vom Blitz getroffen.«

Der Regenbogen schien näher zu kommen, wurde größer, seine Streifen wurden breiter, die Farben intensiver. Bald sah er aus wie aus einem Popart-Gemälde ausgeschnitten und an den Himmel geklebt.

»Wusstest du«, fuhr der Hase fort, »dass in deinen Büchern kein einziges Mal das Wort Fußball vorkommt?«

»Gesichtswurst aber auch nicht.«

Der Hase schüttelte sich. »Diese Gesichter sehen entweder aus wie Tiere oder wie Kinder. Wer will denn so etwas essen?«

»Kinder essen Kinder auf«, sagte Förster und fragte sich, was das heißen sollte.

»Nicht einmal in deinem großen Erfolg, *Die große Liebe des Bernward Bauer,* kommt Fußball vor.«

Förster zuckte mit den Schultern. »Warum auch? Da geht es um Musik. Weißt du, dass das Buch eigentlich *Die große Liebe des Bobby Bukowski* heißen sollte?«

»Natürlich weiß ich das. Den Titel habe ich dir ausgeredet.«

»Dabei war er der bessere.«

»Deshalb habe ich ihn dir ja ausgeredet.«

Unter dem Regenbogen war ein Fußballplatz. Der war schon die ganze Zeit da gewesen, wurde Förster plötzlich klar. Genau wie die Tribünen, auf denen Tausende von Menschen standen, und die fingen jetzt an zu singen: »*Ein' Roland Förster, es gibt nur ein' Roland Förster! Ein' Roland Föööörster, es gibt ein' Roland Förster!*«

Er kam nicht drauf, welche Melodie das war.

Auch der Hase fing an zu singen: »*Sing when you're winning, you only sing when you're winning!*«

Das Publikum grölte und begann rhythmisch zu skandieren: »Förster! Förster! Förster!«

»Ein Ball würde dem Spiel guttun«, sagte der Hase.

»Der Ball ist im Spiel, wenn er die Strecke seines Umfangs zurückgelegt hat«, sagte Förster.

»Das war früher. Heute heißt es in den Regeln: Der Ball ist im Spiel, wenn er mit dem Fuß gestoßen wurde und sich vorwärtsbewegt.«

»Und wenn er seitwärts gespielt wird?«

»Der Ball ist rund. Für den geht es immer vorwärts.«

Der Regenbogen warf jetzt Blasen, als würde er zu heiß, und aus einer dieser Blasen kam ein Fußball geflogen.

»Traumpass!«, rief der Hase, während die Menge weiter Försters Namen brüllte. Der Ball kam auf Förster zu und würde ihn unweigerlich mit voller Wucht im Gesicht treffen. Der Hase schien sich drauf zu freuen, grinste jedenfalls von einem Ohr zum anderen, und das, dachte Förster, ist gar nicht so leicht, wenn man die Ohren nicht seitlich am Kopf hat, sondern obendrauf. Kurz bevor der Ball ihm das Nasenbein brechen konnte, stellte Förster fest, dass es nicht die Menge war, die seinen Namen grölte, sondern Monika, und genau genommen grölte sie auch nicht, sondern sprach in Zimmerlautstärke und rüttelte zusätzlich an seiner Schulter. Er schlug die Augen auf und sah im Halbdunkel die Silhouette seiner halb nackten Freundin und fragte sich, ob sie jetzt Sex wollte, manchmal kam sie auf solche Ideen, wieso auch nicht, Spontaneität ist das Salz in der Suppe einer Beziehung, und die Erleichterung, nicht von einem Ball im Gesicht getroffen worden zu sein, konnte durchaus etwas Erregendes haben, aber dann sagte Monika: »Dein Telefon! Da ruft jemand zum dritten Mal an. Mitten in der Nacht. Scheint wichtig zu sein.«

Jetzt bemerkte Förster das Vibrieren seines Handys, das auf dem Sideboard am anderen Ende des Zimmers lag. Nächtliche Anrufe bedeuteten nie etwas Gutes, und er hoffte, dass es nicht um seine Eltern ging, aber dann las er Dreffkes Namen im Display, was nichts heißen musste, denn vielleicht hatte jemand dem toten Expolizisten das Handy gleichsam aus den leichenstarren Fingern gewunden und einfach die letzte Nummer gewählt, Herrgott, dachte Förster, was für bescheuerte Gedanken! Er nahm das Gespräch an und war gleich erleichtert.

»Ich bin's«, sagte Dreffke.

»Ja, prima!«

»Sie hat es getan.«

»Wer denn? Was denn?«

»Elisabeth. Sie hat die Bude abgefackelt. Ich habe es ja gesagt.«

»Abgefackelt? Ist sie okay? Und du?«

»Na gut, nicht abgefackelt, jedenfalls nicht komplett. Aber gebrannt hat es schon. Obwohl ich alle Aschenbecher ausgeleert hatte. Ich war pinkeln, weil ich ja paarmal rausmuss nachts, und da habe ich es dann gerochen.«

»Wie geht es ihr?«

»Der Notarzt ist gerade da. Sie hat wohl eine Rauchvergiftung und kommt erst mal ins Krankenhaus. Problem ist: Meine Bude ist ebenfalls komplett verraucht. Pennen kann ich nicht dadrin.«

»Ich hol dich ab.«

Förster legte auf und erzählte Monika, was passiert war, sie sagte, kein Problem, sie richte das Sofa her.

Es war halb zwei, als Förster bei dem Haus ankam, in dem er so lange gelebt hatte. Alle Bewohner standen auf dem Bürgersteig, in Bademänteln und Pyjamas, nur Dreffke hatte sich angezogen und trug eine mittelbraune Lederjacke mit sehr breitem Revers über einem knallroten Hemd. Neben ihm stand ein Lederkoffer ohne Rollen, und Förster fragte sich, wann er zuletzt so einen gesehen hatte.

»Ich fürchte, jetzt muss sie ins Heim«, sagte Dreffke zur Begrüßung.

»Bei dir alles okay? Willst du dich nicht auch untersuchen lassen? Ich meine, deine Lunge ist ja nun auch nicht mehr taufrisch.«

»Nee, alles okay, hat der Bengel von Notarzt gesagt. Aber ich muss meine Klamotten waschen, die stinken wie die Pest. Unglaublich, wie viel Rauch durch die verdammten Ritzen gekrochen ist.«

Dreffke stellte seinen Koffer hinter den Beifahrersitz und stieg in Monikas Skoda ein. Förster startete den Wagen, und Dreffke sagte: »Ich weiß, das ist keine gute Vorbereitung auf ein wichtiges Spiel.«

»Das ist erst am frühen Abend.«

»Aber es ist wichtig. Da müssen drei Punkte her.«

Förster musste schmunzeln und hätte Dreffke am liebsten burschikos auf die Schulter geschlagen, aber das war in
der Enge des Autos nicht möglich, und ihm einen Klaps auf
den Oberschenkel zu geben, wäre Förster komisch erschienen, also sagte er einfach, er freue sich, dass Dreffke den
Spielplan der Mannschaft so im Kopf habe.

»Ich habe mir die mal angesehen«, sagte Dreffke.

»Wen?«

»Die TSG. Die sind nicht größer als ihr, auch fast alle
Jungjahrgang, und der Torwart hat Schwächen beim Heraus-
laufen. Außerdem ist er zu klein. Deren Platz ist ein Acker.
Ich würde aus allen Lagen draufknallen.«

Es war nicht weit, sie hätten auch laufen können, aber
Förster war zu müde gewesen und hatte es für Dreffke so
bequem wie möglich machen wollen.

»Hast du schon mal einen Ball ins Gesicht bekommen,
volle Wucht?«, fragte Förster.

»Sicher. Ich war okay, aber der Ball war dann kaputt.«

Förster sah Dreffke an.

»Das war ein Scherz, Förster.«

»Klar.«

Förster dachte, ich frage ihn jetzt aber nicht, ob er schon
mal einen Regenbogen gesehen hat, der Blasen wirft und
Traumpässe spielt.

31 Bist du jetzt böse, Förster?

Fränge war begeistert. »Dreffke hat spioniert? Vielleicht kann er für uns auch scouten!«

»Mir ist schlecht«, verkündete Alim von hinten.

»Unter deinem Sitz liegt eine Tüte«, sagte Förster, denn das Problem, dass Alim beim Autofahren übel wurde, war kein neues.

»Wieso scouten?«, fragte Förster.

»Wir könnten noch zwei, drei Spieler gebrauchen, vor allem einen zweiten Torwart. Unser Kader ist schon recht dünn besetzt.«

»Also soll Dreffke über die Fußballplätze des Kreises groundhoppen und Spieler ansprechen, ob sie zu uns wechseln möchten? Macht er dann mit denen einen Beratervertrag, oder was?«

»Förster, ich finde es ja toll, dass du langsam etwas sattelfester wirst, was Fußballterminologie angeht, aber der Unterton moralischer Empörung ist fehl am Platze. Andere Vereine machen das ständig, die schreiben die Spieler sogar über Facebook und Instagram an, damit die anderen Vereine es nicht mitbekommen.«

»Ernsthaft?«

»Die Nullneuner haben mich auf Insta kontaktiert«, bestätigte Justin.

»Mir ist schlecht«, wiederholte Alim und hielt bereits die Tüte in den Händen.

Förster drehte sich zu Justin um. »Was hast du geantwortet?«

»Nix. Das ist voll asi!«

»Alter, was machst du, wenn dein Vater rauskriegt, dass 09 dich haben wollte?«, fragte Mostafa.

»Kriegt der nicht raus. Der glaubt, Insta ist, wenn man Pulver irgendwo reinrührt und sich das dann auflöst.«

Fränge schaute auf seine Armbanduhr. »Wir sind spät dran. Und jetzt hängen wir hinter der Bahn fest.«

Dieses Nachholspiel unter der Woche hatte sich als logistische Herausforderung entpuppt. In Fränges Bulli passten sechs Spieler, heute waren das Alim, Mostafa, Mirkan, Justin, Alex und Giampiero. Brocki hatte Grischa und Valentin mit seinem Golf zu Hause abgeholt, weil die den weitesten Weg hatten, und zwischendurch noch Armani aufgesammelt. Arjana hatte zusammen mit Luan Niklas und Adnan am Platz der Spielvereinigung getroffen, wo auch Fränge und Förster mit dem Bulli gewartet hatten. Marvin hatte ihnen eine Textnachricht geschrieben, dass er selbstständig zum Spiel komme. Paul hatte fristgerecht abgesagt, weil er sich auf die Mathe-Klausur am nächsten Tag vorbereiten musste. In Mathe stand er fünf, und seine Eltern machten ihm deswegen die Hölle heiß. Sie hatten also nur zwei Auswechselspieler.

Obwohl alle pünktlich am Platz gewesen waren, waren sie etwas zu spät losgefahren, weil Fränge sich noch mit Arjana unterhalten hatte, was Förster ziemlich genervt hatte. Fränge, das musste er zugeben, konnte sehr charmant sein und hatte Arjana immer wieder zum Lachen gebracht.

Als sie endlich losgekommen waren, waren sie in den Feierabendverkehr geraten, und nun war auch noch eine Bahnlinie 308/318 vor ihnen, was kein Problem gewesen wäre, wenn die Bahn ihre eigene Trasse gehabt hätte. An den Haltestellen aber mussten die Leute die Fahrbahn aussteigen, sodass man so gut wie keine Chance hatte zu überholen.

Als sie wieder einmal zum Stehen kamen, hörten sie von hinten Würgegeräusche.

»Boah, Junge, das ist ekelhaft!«, rief Mostafa.

»Er kann doch nichts dafür«, sagte Alex.

»Ist trotzdem ekelhaft.«

Alim würgte noch mal. Ja, das klingt schlimm, dachte Förster, aber schlimmer als das Würgen war für ihn das Geräusch, welches das Erbrochene machte, als es in der Tüte ankam. Es platschte und klatschte so heftig, dass er sich fragte, ob die Tüte das aushielt.

»Bin fertig«, sagte Alim und wollte Förster die Tüte nach vorne reichen.

Mirkan lachte sich kaputt. »Yo, Alter, super!«

»Ich fände es toll, wenn du dich selbst darum kümmern könntest«, sagte Förster.

»Alter, das stinkt!«, rief Mostafa.

»Was soll ich denn machen?«, wimmerte Alim.

»Mach einen Knoten rein!«, sagte Justin.

»Knoten? Wie denn?«

Förster blickte nach hinten, weil es ihn fast schon amüsierte, wie hilflos der Junge wirkte.

»Ey Alter, gib her!«, sagte Justin, nahm die Tüte, knotete sie zu und stellte sie zwischen seinen Füßen ab.

»Ich habe jetzt einen ganz ekelhaften Geschmack im Mund«, sagte Alim.

»Trink Wasser, Digga!«, rief Mostafa. »Du stellst dich an wie ein kleines Kind!«

»Dafür kann ich meine Schuhe selber zumachen!«

Mostafa, der hinter Alim saß, knallte ihm die flache Hand an den Hinterkopf. »Ey, ich kann, du Lappen! Aber ich bin der König, und der König muss das nicht selber machen.«

»Wenn er der König ist«, sagte Mirkan und grinste wieder dieses Mirkangrinsen, »dann ist der, der ihm die Schuhe zumacht, die Prinzessin, also du, mein Junge!«

Was denn jetzt, dachte Förster, Prinzessin oder Junge?

»Ey, was willst du von mir, du Opfer du, deine ...«, setzte Alim an, aber da schritt Fränge ein.

»Wenn ich hier irgendwas höre von wegen deine Mutter oder so, dann schwöre ich, könnt ihr aussteigen und nach Hause laufen!«

»Wieso, hier fährt doch Bahn!«, sagte Mirkan.

Fränge stöhnte. »Ihr macht mich fertig!«

»Wer beleidigt, spielt nicht, so einfach ist das«, bestimmte Förster, und da war plötzlich Ruhe im Bulli. Wahrscheinlich waren sie alle perplex, dass er mal so eine deutliche Ansage machte, denn eigentlich war dafür Fränge zuständig.

»Bist du jetzt böse, Förster?«, fragte Mirkan.

»So kennen wir dich gar nicht«, sagte Justin.

»Nicht mal ich«, bestätigte Alex.

»Ja, der kann auch anders, der Förster«, sagte Fränge.

»Ich mein ja nur«, murmelte Förster. »Ist wichtig heute.«

Als sie bei der Anlage der TSG ankamen, waren die anderen schon da. Eine korpulente Frau in einer Winterjacke mit drei Streifen auf den Ärmeln zeigte ihnen, wo die Kabinen waren.

»Entschuldigung«, sagte Justin. »Wo kann man denn hier eine Tüte Kotze entsorgen?«

Ungerührt entgegnete die Frau: »Da vorne neben der Würstchenbude.«

32 Gromos

Die Jacke war wirklich sehr warm, das musste Förster zugeben, und auch, dass es schon ziemlich schick aussah, wie er
und Fränge und Brocki in Einheitskluft das Aufwärmen be-
aufsichtigten, während der Trainer der TSG allein war und
in einer Jacke ohne Vereinsemblem herumlief, dabei war
das hier gar kein kleiner Verein, die Erste, wusste Förster,
spielte immerhin Landesliga und damit zwei Klassen über
den Senioren der Spielvereinigung. Die Jacke war auch nötig, denn es war nur knapp über null Grad und nicht unbedingt das, was TV-Kommentatoren gern als *ideale äußere Bedingungen* bezeichneten. Förster spürte die Kälte vor allem
an den Ohren. Von den sechs Flutlichtmasten, die denen der
Spielvereinigung sehr ähnlich sahen, waren nur drei in Be-
trieb. Dadurch lagen große Teile des Spielfeldes praktisch
im Dunkeln, und Förster fragte sich, ob diese Bedingungen
überhaupt regelkonform waren.

Er ging zu dem gegnerischen Trainer hinüber, einem
hochgewachsenen Mann mit blonden Locken, der, wie sie
alle, eine konstante Wolke vor sich her atmete.

»Hallo, ich bin Förster, der Co-Trainer von der Spielvereinigung.«

»Ich bin der Dietmar.«

»Sach ma«, begann Förster, denn wenn er sich im Fuß-
ballkontext bewegte, nahm seine Aussprache eine Dialekt-
färbung an, die er sonst von sich nicht kannte, »kann man

denn bei diesen Lichtverhältnissen überhaupt spielen? Das eine Tor liegt ja praktisch im Dunkeln.«

»Ist doch egal.«

Förster war verblüfft. »Ja?«

»Ich verschiebe den Scheiß nicht noch mal. Wir ziehen das durch. Guck dir den Platz an, das wird sowieso ein verdammtes Glücksspiel. Lass uns pünktlich anfangen, ich will nach Hause, bevor mir vor Kälte der Arsch abfällt.«

»Muss das nicht der oder die Schiri entscheiden?«

»Den Schiri kenne ich, und der sagt, wir spielen.«

Dietmar wandte sich ab und gab seinen Spielern irgendwelche Anweisungen. Förster ging zurück zu Fränge und berichtete von dem Gespräch, und dann kam Brocki dazu und meinte, der Platz sei praktisch gefroren, gefrorene Asche sei das, lebensgefährlich, voller Unebenheiten, die einem die Oberschenkel aufschlitzen könnten. »Ich gehe mal davon aus, dass das Spiel gar nicht angepfiffen wird.«

Förster schüttelte den Kopf. »Die ziehen das durch.«

»Das muss doch der Schiri entscheiden!«

»Der Dietmar kennt den Schiri, und der hat gesagt, es wird gespielt.«

»Dietmar? Welcher Dietmar?«

»Der Trainer der anderen Mannschaft.«

»Du scheinst ja richtig dicke mit dem zu sein, also mit dem Dietmar.«

»Was bist du denn so gereizt?«

Brocki seufzte. »Das wird kein schönes Spiel.«

»Stellt euch mal nicht so an«, sagte Fränge, der sich lange zurückgehalten hatte. »Ich habe auch keine Lust, das Spiel noch mal zu verschieben. Auf dem Geläuf haben unsere Gromos vielleicht sogar einen Vorteil.«

»Gromos? Was soll das denn wieder heißen?«, fragte Brocki.

»Grobmotoriker«, sagte Förster.

»Gromos, das ist doch kein Wort für unsere Jungs, das klingt ja wie Mongos, und das darf man auch nicht mehr sagen.«

»Durfte man noch nie«, sagte Förster.

Die Laufeinheit zum Aufwärmen war vorbei, und Fränge teilte die Feldspieler in zwei Gruppen. Die eine spielte Schweinchen, fünf gegen zwei. Die zwei in der Mitte sollten versuchen, an den Ball zu kommen, während die anderen ihn mit nur einem Kontakt einander zupassen mussten. Die andere Gruppe machte das Gleiche, nur eben vier gegen zwei. Fränge kümmerte sich um Valentin und schoss ihm Bälle aufs Tor, als Dropkick, ein Wort, dessen Klang Förster sehr mochte.

Der Ball sprang aus der Gruppe, die Förster beaufsichtigte, heraus, er stoppte ihn, was auch ganz gut funktionierte. Als er hochsah, stand Armani vor ihm und sah ihn traurig an.

»Alles klar, Armani?«

»Die Erde.« Förster dachte zuerst, der Junge spreche über den Planeten, auf dem sie alle lebten, dieses durch den Klimawandel bedrohte blaue Juwel im unendlichen Weltraum, aber dann wurde ihm klar, dass der Junge den unebenen gefrorenen Boden zu seinen Füßen meinte. Das mit dem Planeten war neuerdings eher Pauls Thema, der angefangen hatte, sich politisch zu engagieren, in der SV und in der Schülerzeitung seiner Schule mitarbeitete und ab und zu politische Statements von sich gab, die Förster an das erinnerten, was Fränge früher stets umgetrieben hatte, und ähnlich wie Fränge damals, hatte Paul Probleme mit Mathe, aber das war ja jetzt gar nicht das Thema.

»Was ist mit der Erde?«

»Die ist so hart, und da sind so ... kleine Hügel. Wie Pickel oder Beulen und kleine Steine. Wenn ich da hinfalle, sind meine Beine kaputt.«

Förster wusste nicht, was er antworten sollte. Ein Appell an Maskulinität, Leidensfähigkeit und Opferbereitschaft schien ihm fehl am Platze, das war ja alles Unsinn, und auf diesem Untergrund Fußball (oder irgendetwas anderes) spielen zu müssen, war wirklich eine Zumutung, aber er wollte eben auch nicht herumjammern und beklagen, was nicht zu ändern war.

»Lass uns das Beste draus machen. Oder willst du Fränge bitten, dich komplett rauszulassen?«

»Nein!«, sagte Armani sofort. »Ich dachte nur, er kann vielleicht was machen.«

Irgendwie rührte der Junge Förster. Er wollte so gerne dazugehören, Teil des Teams sein, und in den letzten Spielen vor der Winterpause hatte er auch Fortschritte gemacht, die eine oder andere Flanke verhindert, ein paarmal den Ball tatsächlich zum Mitspieler gebracht, und sollte ihm aufgefallen sein, dass Fränge ihn immer erst einsetzte, wenn die Spiele schon entschieden waren, dann ließ er es sich nicht anmerken. Vielleicht, dachte Förster, war es dem Jungen aber auch ganz recht, denn er konnte immer sicher sein, dass es nicht an ihm gelegen hatte, wenn die Mannschaft das Feld mal wieder wie ein Haufen geprügelter Hunde verließ.

»Lass deine lange Trainingshose an, dann ist die Verletzungsgefahr nicht so groß.«

Ein Hauch von Entsetzen zog über Armanis Gesicht. »Aber dann geht die Hose vielleicht kaputt.«

»Einen Tod muss man sterben«, sagte Förster und hätte sich am liebsten auf die Zunge gebissen, denn jetzt von Tod und Sterben zu reden, war nun wirklich nicht dazu angetan, die Stimmung zu heben. »Ich meine, irgendwas ist immer.

Aber man kann sich auch einfach mal sagen, dass es vielleicht gar nicht so schlimm wird.«

Armani nahm den Ball und trottete zurück in die Übung.

Fränge ließ sie noch ein paar Passübungen machen, damit sie sich mit den widrigen Bodenverhältnissen vertraut machen konnten, aber es war deutlich zu sehen, dass das nichts brachte.

»Ist Glücksspiel unter freiem Himmel nicht verboten?«, fragte Brocki, nachdem Fränge sich als Anspielstation für das abschließende Torschusstraining an der Strafraumgrenze aufgestellt hatte. Wann immer er versuchte, ordentlich abzulegen, kam wieder eine Unebenheit dazwischen und die Jungs erwischten den Ball mit dem Knöchel oder dem Schienbein.

Der Schiedsrichter war ein Mann Mitte vierzig mit einem harten, das schwarze Trikot prall ausfüllenden Bauch, und er trug zwar ein Shirt mit langen Ärmeln unter dem Trikot, an den Beinen aber nur kurze Hosen.

»Passkontrolle schenken wir uns«, sagte er. »Hier sieht keiner zu alt aus. Es ist kalt. Lasst uns loslegen.«

Die Mannschaften bauten sich auf, alle stießen weiße Wölkchen aus, die meisten rieben sich die Hände, obwohl sie Handschuhe trugen, einige sprangen auf und ab, und noch bevor der Schiedsrichter anpfeifen konnte, schrie ein Spieler der TSG auf und hob die Hand.

»Was los?«, rief Dietmar.

»Ich bin umgeknickt«, antwortete der Junge, hob den linken Fuß in die Höhe und dachte augenscheinlich darüber nach, sich auf den Boden fallen zu lassen, wie man das bei Verletzungen gemeinhin tat, aber das war hier und heute keine gute Idee.

Der Junge wurde ausgewechselt, und es ging los.

33 Menotti

»Das hättest du erleben müssen! Es war eine Katastrophe und ein Fest.«

Förster griff nach dem Bier auf dem Badewannenrand und nahm einen tiefen Schluck. Sich komplett durchgefroren ins warme Wasser gleiten zu lassen, das die Gefährtin auf Zuruf bereits eingelassen hatte, dazu die leichte Dumpfheit des Angetrunkenseins – es gab schlechtere Momente im Leben.

»Erzähl!«, sagte Monika und lehnte sich an den Türrahmen. »Ich will alles ganz genau wissen.«

Er war nicht sicher, ob sie das wirklich ernst meinte, weil er bisher den Eindruck gewonnen hatte, sie lausche seinen Ausführungen zu den Trainingseinheiten und den Spielen eher aus Höflichkeit denn aus echtem Interesse. Aber herrje, dachte er, sie weiß, was sie tut und sagt, also bekommt sie die komplette Geschichte.

»Es geht schon mal damit los, dass man zu einem Auswärtsspiel kommt und erst mal fragt, wo man eine Tüte Kotze entsorgen kann, und als Antwort bekommt: bei der Würstchenbude. Die heute glücklicherweise nicht geöffnet hatte.«

Förster schilderte in knappen Worten Alims Unwohlsein im Bulli, das zupackende Krisenmanagement von Justin und die Reaktion der Frau, die sie empfangen hatte.

»Der Platz war eine Katastrophe«, machte er weiter.

»Steinhart gefroren, uneben, das reinste Knochenbrecher-plateau. Spoiler: Gebrochen hat sich niemand etwas.«

Monika grinste. »Du redest fast wie Fränge.«

»Das werte ich ausnahmsweise als Kompliment.« Förster nahm noch einen Schluck. »Der Schiri sah aus wie ein Flaschenkürbis. Kennst du diese Dinger, die so einen Wahnsinnsbauch haben, und obendrauf sitzt so etwas wie ein Hals?«

»Schon mal gesehen.«

»Aber die haben keine Beine. Der Schiri hatte natürlich Beine, ist ja klar.« Jetzt verlier dich nicht wieder, dachte Förster. »In den ersten fünf Minuten ist gefühlt kein einziger Ball da angekommen, wo er hinsollte. Die Jungs in beiden Mannschaften sind fast alle in die Zweikämpfe gegangen, indem sie ihre Unterarme vor ihren Oberkörper gehalten haben. Ungefähr so.« Förster richtete sich auf und machte Monika vor, was er meinte. »Aber es war natürlich unvermeidbar, dass sich irgendwann einer langmacht.« *Langmachen*, dachte Förster, ich rede schon wieder wie Fränge. »Es war dann einer von der anderen Mannschaft, und der trug auch tatsächlich nur eine kurze Hose. Der Oberschenkel sah aus, als hätten Medizinstudis in einem Präpkurs sehr grob die obere Hautschicht abgetragen. Wie heißt die noch mal, die obere Hautschicht?«

»Epidermis«, half Monika aus.

»Epidermis, stimmt! Jedenfalls großes Geschrei, der Junge wurde ausgewechselt, und ein Mann, wahrscheinlich der Vater, brüllte von der anderen Seite des Platzes: *Stell dich nicht so an! Das ist uns früher ständig passiert!* Und ich sage dir, ich kann es nicht mehr hören, dieses Gerede von wegen: Früher war alles besser, vor allem beim Fußball, und wie toll das gewesen ist, auf Asche zu kicken, und damals haben sie alle Gras gefressen und so weiter, schlimm!«

»Gras gefressen?«, fragte Monika. »Auf Asche?«

»Du weißt, was ich meine. Jedenfalls war das ein wildes Gebolze ohne Struktur. Da trainierst du mit denen wie wahnsinnig, und dann musst du auf so einem Platz etwas spielen, das mit Fußball kaum noch was zu tun hat. Egal, zwanzigste Minute, ungefähr: Der Valentin wirft den Ball auf den Alex, der auf der rechten Seite etwa fünf Meter vor der Mittellinie steht. Alex kriegt den Ball unter Kontrolle, was an sich schon eine Leistung ist, lässt einen viel zu ungestüm angreifenden Gegner aussteigen und passt diagonal auf Justin auf der Zehnerposition. Sekunden vorher war Fränge noch sauer, dass Justin nicht weit genug zurückgekommen ist. Dafür stand er jetzt genau richtig.«

Förster fiel auf, dass er aus dem historischen Präsens wieder ins Präteritum gefallen war, ging aber davon aus, dass Monika das nicht stören würde. Allerdings war das historische Präsens immer ein gutes Mittel, um handlungsreiche Ereignisabläufe temporeich und spannend nachzuerzählen.

»Justin nimmt den Ball an und leitet ihn auf die andere Seite weiter, zu Niklas. Weißt du, das ist eigentlich der ideale Angriff. Passiert aber nur selten. Die meisten Tore fallen etwa dreißig Sekunden nach Balleroberung und nur die wenigsten durch planvolle Angriffe, die in der eigenen Hälfte gestartet wurden.«

»Interessant.«

»Ja, oder? Deshalb verlegen sich ja so viele Mannschaften auf das sogenannte *Pressing*, das früher *Forechecking* hieß, aber nicht genau das Gleiche war.«

»Nicht?«

»Nein, Monika. Der Unterschied ist, dass beim Pressing ... Sag mal, verarschst du mich gerade?«

Sie grinste. »Kann ich mir nicht vorstellen.«

»Okay, du hast recht, ich schweife ab. Niklas hat also den Ball und wetzt die Linie entlang, der gegnerische Abwehrspieler kommt nicht hinterher, Niklas flankt – und?«

»Sag's mir, Menotti!«

»Du kennst César Luis Menotti?«

»Du nicht?«

Die überrascht einen immer wieder, die Monika, dachte Förster. Dass sie nicht nur klug war, sondern auch viel wusste, war ihm schon lange bekannt, aber dass ihr der kettenrauchende argentinische Fußballphilosoph und Weltmeistertrainer ein Begriff war, damit hatte er nicht gerechnet. Förster selbst kannte den nur, weil Fränge von ihm erzählt hatte.

»Egal. Der Ball jedenfalls muss auf diesem schlimmen Boden noch mal aufgesprungen sein, bevor Niklas ihn mit dem Fuß erwischt, denn er fliegt nicht scharf in den Strafraum, wie das bei Niklas eigentlich üblich ist, sondern schwebt in einer Bogenlampe Richtung Tor und ...«

»... senkt sich über den Torwart hinweg ins Netz?«

»... klatscht auf die Oberkante der Latte, fällt einem von der TSG auf den Kopf und von da ins Tor. Reiner Slapstick.«

»Der arme Junge.«

»Ja, so etwas ist blöd.« Förster fing an, den Schaum vor seiner Brust zu einem kleinen Berg aufzutürmen. Wie Richard Dreyfus den Kartoffelbrei in *Unheimliche Begegnung der dritten Art*, dachte er.

»Unser zweites Tor ...«

»Ihr habt zwei geschossen?«

»Irre, oder? Unser zweites Tor ging dann mal komplett auf das Konto von Justin. Vorausgegangen war ein Gewürge in unserer Hälfte. Fehlpässe, missglückte Befreiungsschläge, ein Zusammenprall, den der Schiri nicht abgepfiffen hatte, na gut, es war auch kein Foul, aber zwei

Jungs sind auf dem Boden liegen geblieben, dann gab es noch einen abgewehrten Torschuss, und alleine der war eine Schau: Einer der Gegner schießt, Valentin taucht ab, aber der Ball trifft erst mal Adnan, der ihn in eine ganz andere Richtung abfälscht, der Ball droht ins Tor zu trudeln, aber da rutscht von der Seite Luan heran und kratzt ihn von der Linie. Zum Glück hat er eine lange Hose unter der Sporthose getragen, sonst hätte er sich schlimm was aufgeschürft.«

»Ein Held!«

»Im nächsten Moment stürzen sich je fünf Spieler aus beiden Mannschaften auf die Kugel, fast wie beim American Football. Ich kann dir nicht sagen, wie er das genau gemacht hat, aber plötzlich löst sich aus diesem Gewimmel unser Justin, mit dem Ball am Fuß, und macht sich auf den Weg, und der Junge ist verdammt schnell, sogar auf diesem fürchterlichen Untergrund.«

Monika nahm ein Haargummi aus ihrer Hosentasche, band sich ihre schwarze Lockenmähne hinter dem Kopf zusammen und setzte sich im Schneidersitz neben die Badewanne.

»Justin pflügt über den Platz, du hast den Eindruck, der ist in vier Schritten von Strafraum zu Strafraum. Er lässt drei Gegner stehen. Dazu muss man sagen: Die anderen sind weit aufgerückt, denn die sind undiszipliniert. Ohne Rücksicht auf Verluste stürmen die nach vorne, wenn ihre Mannschaft den Ball hat, da kann der Trainer brüllen, wie er will. Justin tunnelt den letzten Verteidiger ...«

»Er tunnelt ihn?«

»Man kann auch sagen, er spielt ihm den Ball durch die Hosenträger. Gemeint ist, er spielt ihm den Ball durch die Beine.«

»Dachte ich's mir doch!«

»Du veräppelst mich!«

»Ja, und das macht Spaß! Ich liebe es, wenn du so leidenschaftlich erzählst.«

Monika hielt ihre Hand ins Badewasser und machte kleine Wellen.

»Nach diesem unwiderstehlichen Solo waren wir alle sicher, Justin wird auch noch den Torwart ausspielen, aber falsch gedacht! Der Keeper kommt aus seinem Gehäuse gelaufen, und Justin rotzt von der Sechzehnmeterlinie ab und hämmert die Murmel in den Winkel.«

Monika lachte jetzt laut heraus. Tunneln, abrotzen, hämmern, das gefiel ihr offenbar.

»Eines sollte man noch erwähnen, denn das wird später wichtig: Einer der Jungs, die bei diesem Zusammenprall auf dem Boden liegen geblieben sind, war unser Grischa. Der ist umgeknickt, konnte nicht mehr auftreten und musste ausgewechselt werden. So kam Alim ins Spiel.«

»Der mit der Tüte.«

»Ebender. Aber es ging ihm schon wieder gut. Bald darauf war Halbzeit und Fränge sehr glücklich. Er sagte, sie sollten im Prinzip so weitermachen, aber etwas konsequenter verteidigen und nicht mit Mann und Maus angreifen, denn nun müssten die Gegner kommen, und das werde Räume für Konter ermöglichen. Aber jetzt ...«

Förster machte eine dramaturgische Pause, um die Spannung zu steigern, und nahm noch einen Schluck aus der mittlerweile fast leeren Flasche.

»Was jetzt? I shiver with anticipppp...«

»...pation«, vollendete Förster das Rocky-Horror-Picture-Show-Zitat für sie. »Zu Recht, denn wir kommen zum Running Gag.«

»Es gibt einen Running Gag?«

»Ja, wir haben einen Running Gag in der Mannschaft. Die TSG hatte zu Anfang des Spiels Anstoß, also ist es an uns, die zweite Hälfte zu beginnen. Wir haben da aber ein Problem. Fränge hat ihnen immer wieder eingeschärft, nach dem Anstoß nicht nach hinten auf Adnan zu spielen, also nicht zentral vors eigene Tor auf einen Spieler, der zwar lauf- und zweikampfstark ist, aber nicht gerade der beste Techniker. Es kommt, wie es kommen muss: Giampiero passt zu Alim, der *will* vielleicht auf Justin spielen, versemmelt den Pass aber komplett, und er rollt durch zu Adnan, der gleich anfängt zu schimpfen und den Ball zu stoppen versucht, was ihm jedoch nicht gelingt. Ballverlust, Gegentor.«

»Drama!«

»Genau! Es folgt eine kritische Phase für unsere Mannschaft. Und zehn Minuten später: Fehlpass von Justin.«

Monika riss in gespieltem Entsetzen die Augen auf. »Justin spielt Fehlpässe?«

»Fast nie. Alex verlässt seine Position, rückt nach innen, um den Ball zurückzuerobern, dadurch sind wir rechts blank, aber genau da kommt die Kugel hin, Marvin hat zwei Gegenspieler, die versuchen, ihn mit einem Doppelpass auszuspielen. Der misslingt, aber der Ball verspringt so ungünstig, dass doch wieder einer von der TSG drankommt, nach innen zieht und aus fast zwanzig Metern einfach draufhält. Valentin ist in der richtigen Ecke, aber kurz vor ihm kommt das Leder noch mal auf und fliegt unhaltbar ins Netz.«

»Ich dachte, die Bälle sind heute gar nicht mehr aus Leder.«

»Ausgleich also, nach Zwei-null-Führung«, überging Förster Monikas Bemerkung. »Ganz schlecht, weil die Jungs jetzt anfangen zu streiten und sich gegenseitig Vorwürfe zu machen. Und dann ...«

Wieder machte Förster eine Pause. Hat vorhin doch auch gut geklappt, dachte er.

»Was dann?«

»Verletzt sich der Alex.«

»Schlimm?«

»Nein, dann würde ich das nicht so locker erzählen.«

Förster stellte fest, dass das Badewasser ein wenig abge-
kühlt war. Er hatte jedoch noch lange nicht vor herauszukom-
men. Er bat Monika, den Stöpsel zu ziehen und etwas Wasser abzulassen, damit er warmes nachlaufen lassen konnte.

»Besser«, sagte er, als das getan war, und fuhr fort: »Zur
Erinnerung: Wir haben nur zwei Auswechselspieler. Der
eine, Alim, war schon drin. Der andere war: Armani.«

»Was hat Alex sich denn getan?«

»Aufs Steißbein gefallen.«

»Das tut weh.«

»Allerdings. Also kommt Armani rein. Rechte Seite.
Fränge schärft ihm ein, vor allem defensiv zu arbeiten. Und
das funktioniert tatsächlich ganz gut. Der Junge steht richtig, prügelt den Ball ins Aus oder weit nach vorne, auch
wenn sich dort keine Spieler unserer Mannschaft aufhalten.
Fränge lobt ihn, macht ihm Mut, feuert ihn an.«

Förster nahm den letzten Schluck aus der Flasche. Monika hatte inzwischen ihre Socken ausgezogen und in den
Wäschepuff neben dem Waschbecken gestopft. Fußboden-
heizung, denkt Förster, tolle Sache.

»Das Spiel nähert sich seinem Ende. Es sind vielleicht
noch zwei Minuten zu spielen. Justin und Giampiero greifen an. Alim, Mostafa und Niklas gehen mit. Fränge wird
ganz nervös, weil er wenigstens diesen Punkt mitnehmen
will und Sorge hat, dass wir uns noch einen Konter einfangen. Justin und Giampiero spielen Doppelpass, und Giampiero schließt ab. Super Schuss, aber zu zentral, genau auf
den Keeper. Er reißt die Fäuste hoch, wehrt ab, und die Kugel
fliegt in einem hohen Bogen Richtung rechtes Strafraumeck,
von uns aus gesehen, und da steht einer, der da gar nicht stehen dürfte, weil er sich auf Defensivarbeit beschränken soll.«

»Armani«, hauchte Monika.

»Und der holt aus. Ich sehe das wie in Zeitlupe vor mir, ich schwör! Ich weiß nicht, womit er den Ball trifft, Schuh, Knöchel, Schienbein, auf jeden Fall trifft er ihn, wie es in diesem Moment optimal ist, denn der Torwart steht ein bisschen zu weit vor dem Tor. Es sieht aus, als würde der Ball weit drübergehen, aber dann fällt er plötzlich wie ein Stein hinter die Linie. Alle schreien und jubeln und reißen die Arme hoch, aber Armani guckt fast entsetzt. Damit hat er überhaupt nicht gerechnet. Die ganze Mannschaft inklusive Valentin läuft zu ihm, sie umarmen ihn, feiern ihn ab, und kurz danach ist Schluss. Ich sage das jetzt mal ein bisschen pathetisch, Monika, aber in solchen Momenten weißt du, warum du das machst, bei dieser Saukälte abends mitten in der Woche und an den Wochenenden. Denn in dem Moment sind sie alle wieder Kinder. Da ist nichts mit deine Mudda oder Alter oder Lappen oder Opfer.«

»Tolle Geschichte«, sagte Monika, und Förster hatte den Eindruck, das meinte sie ernst.

»Auf dem Weg in die Kabine bin ich hin zu Armani und hab ihm auch noch mal gratuliert, und weißt du, was er gesagt hat? Er hat geflüstert: Nicht weitersagen, aber das war gar keine Absicht. Und ich sage zu ihm: Doch, Armani, das war Absicht, dein Fuß wollte das, aber dein Kopf wusste nichts davon.«

Monika musste lachen.

»Weißt du«, sagte Förster, »ich freue mich richtig auf das Training morgen.«

Monika rutschte näher an ihn heran und küsste ihn. Dann sagte sie: »Unser derzeitiger Untermieter ist bei seiner Freundin Elisabeth, und deshalb hole ich noch zwei Bier, und dann komme ich zu dir da rein, Menotti!«

34 Kälter machen

Förster hatte keine Lust gehabt, mit in die Kabine zu gehen, und deshalb stand er jetzt davor, blickte abwechselnd zum schwarzen Himmel hinauf und über den gut ausgeleuchteten Platz, wo die Erste trainierte, und fragte sich, wieso ihm kein Song über den Donnerstag einfiel, von einer kompletten Playlist ganz zu schweigen. Zum Montag kamen ihm gleich mehrere in den Sinn, beim Dienstag dachte er natürlich zuerst an *Ruby Tuesday* von den Stones, beim Mittwoch an *Wednesday Morning 3 a.m.* von Simon & Garfunkel, auch der Freitag war als Ende der Arbeitswoche in der Musikwelt gut vertreten, man denke nur, dachte Förster, an das fröhliche *Friday I'm in Love* von den der Fröhlichkeit eher unverdächtigen The Cure, oder *Friday on my mind*, wahlweise im Sechziger-Original von den Easybeats oder in der Version von Gary Moore von 1987, ein Song, in dem auch die Tage Montag bis Donnerstag vorkamen, nicht aber der Samstag und der Sonntag, doch das war auch nicht nötig, denn vor allem Lieder über die angeblich so magische Samstagnacht gab es reichlich, und *Sunday Morning coming down* von Kris Kristofferson hatte Förster bei einem Auftritt an seiner Schule in den Achtzigern sogar selbst mal gesungen. Wo aber waren die Songs über den Donnerstag? Da muss es doch welche geben, dachte Förster, das sollte man mal recherchieren.

Er hatte nicht mit in die Kabine gehen wollen, weil das

Training eine Katastrophe gewesen und er zum ersten Mal richtig sauer auf die Jungs war. Zuerst waren sie richtig gut drauf gewesen, wegen des Sieges am Abend zuvor, mit dem Höhepunkt des Tores durch Armani, aber irgendwann war die Stimmung umgeschlagen. Sie waren so überdreht, dass sie schon in der Kabine anfingen, mit einem Ball herumzuspielen, wobei eine der Leuchtstoffröhren zu Bruch ging. Fränge versuchte, ruhig zu bleiben, aber es war absehbar, dass das schwierig werden würde.

Auf dem Platz setzte sich das fort, ausgehend von Mostafa und Alim, die Justin und Nikas ansteckten, während den stillen, zurückhaltenden Typen wie Valentin, Grischa oder Marvin anzusehen war, wie unwohl sie sich fühlten.

Den Tiefpunkt erreichten sie, als Mostafa sich plötzlich beschwerte, Marvin habe ihn beleidigt.

MOSTAFA: Der hat mich beleidigt!

MARVIN: Gar nicht!

FRÄNGE: Was ist da los?

MOSTAFA: Der hat Scheiß-Ausländer gesagt!

FRÄNGE: Stimmt das?

MARVIN: Nein!

FRÄNGE: Ausländerfeindliche Sprüche gehen gar nicht. Nicht bei mir!

MARVIN: Was ist mit inländerfeindlichen Sprüchen?

FRÄNGE: Was meinst du damit?

MARVIN: Ich sage hier nichts mehr.

MOSTAFA: Scheiß-Nazi!

FRÄNGE: Mostafa, halt die Klappe!

MOSTAFA: Der hat Scheiß-Ausländer gesagt!

FRÄNGE: Er bestreitet das.

MOSTAFA: Hat er trotzdem gesagt.

MARVIN: Er hat Scheiß-Nazi gesagt.

FRÄNGE: Das habe ich gehört, und das ist nicht in Ordnung, Mostafa. Es ist vor allem eine Verharmlosung des Nationalsozialismus.

MOSTAFA: Echt jetzt?

FRÄNGE: Der Marvin ist kein Nazi.

MOSTAFA: Aber er hat Scheiß-Ausländer gesagt.

MARVIN: Habe ich nicht. Er hat Kartoffel gesagt.

FRÄNGE: Kartoffel ist doch nicht so schlimm.

MARVIN: Scheiß-Kartoffel hat er gesagt.

MOSTAFA: Ey, was redest du?

Förster sah, dass Marvin kurz davor war, in Tränen auszubrechen.

MARVIN: Und er hat gesagt: Ich mach dich kalt!

MOSTAFA: Bist du noch gesund oder was?

MARVIN: Er hat gesagt: Ich stech dich ab, du Scheiß-
Kartoffel!

FRÄNGE: Na komm, Marvin, da geht jetzt wohl die Fantasie
mit dir durch.

MARVIN: Er hat gesagt, er weiß, wo ich wohne und dass er
mir auflauert und mich absticht.

Oha, dachte Förster, das ist jetzt vermintes Gelände, Türken,
Kartoffeln, der messerstechende Südländer, das unschuldige
Akademikerkind. Wie kommt Fränge da wieder raus? Brocki
warf ihm einen Blick zu, der Förster vermuten ließ, dass er
etwas Ähnliches dachte.
»Herrgott noch mal!«, schrie Fränge. »Ihr geht mir
heute alle, aber wirklich alle total auf den Sack! Jetzt ist hier
mal endgültig Ruhe im Schiff! Der Nächste, der auch nur
›Scheiße‹ sagt, der geht nach Hause, ist das klar?«
Mirkan fragte: »Gehst du jetzt nach Hause, Trainer?«
»Was? Wieso?«
»Du hast ›Scheiße‹ gesagt.«
»Treib es nicht zu weit, Mirkan, ich warne dich! Zwei Runden um den Platz zum Runterkommen, dann Spiel, und ich
will keinen Ton hören!«
Die zwei Runden hatten die Jungs einigermaßen fried-
lich hinter sich gebracht, doch im anschließenden Trai-

ningsspiel waren die Wellen wieder hochgeschlagen. Fränge hatte aber niemanden nach Hause geschickt, sondern einfach nur dagestanden und den Kopf geschüttelt. Brocki hatte ein paarmal versucht, ordnend einzugreifen, letztlich aber auch nichts erreicht, die Stimmung war angespannt geblieben, und sie hatten sich immer wieder irgendwelche Sachen an den Kopf geworfen, und als Niklas Justin anschrie, er solle mal nicht so tun, als wäre er schon ein verdammter Scheiß-Profi, da war für Fränge das Fass übergelaufen, und er hatte das Training abgebrochen. Brocki war mit in die Kabine gegangen, Förster draußen stehen geblieben.

Drinnen hörte er Fränge reden und hatte den Eindruck, er bemühe sich, nicht wieder zu schreien. Schließlich ging die Tür auf, Fränge kam heraus und lief Richtung Platz, ohne Förster zu beachten. Nach ihm verließen die Jungs schweigend die Kabine.

Mirkan war der Letzte, der herauskam. Förster hielt ihn an und sagte: »Hör mal, werden hier wirklich solche Sachen gesagt wie *Ich mach dich kalt*?«

Mirkan zuckte mit den Schultern. »Hat er zu mir auch schon gesagt.«

»Und was antwortest du dann?«

»Ich mach dich kälter.«

Förster dachte: So kann man das natürlich auch machen.

Mirkan, in vollem Bewusstsein, wieder einen guten Spruch gebracht zu haben, hob lässig die Hand, warf sich seine Sporttasche über die Schulter und schlenderte von dannen.

Als Brocki, der noch die Bälle weggeschlossen hatte, herauskam, sagte Förster: »Das war heftig heute.«

Brocki nickte. »Fränge wirkt richtig angefasst.«

Sie gingen rüber zu Fränge, der beim Training der Ersten

zuschaute, die Hände in den Taschen seiner bis oben hin zugezogenen Winterjacke.

»Ich weiß nicht, wie lange ich das noch aushalte«, sagte er. »Ich stehe vor denen und weiß, dass der eine lügt, aber mit welchem Recht glaube ich dem anderen mehr? Hat er wirklich *Scheiß-Ausländer* gesagt? Ich kann das nicht ausschließen.«

»Wenn, dann wollte er einfach was sagen, von dem er wusste, dass es den anderen maximal verletzen würde«, sagte Brocki.

Förster ergänzte: »Vielleicht wollte Mostafa einfach was sagen, von dem er wusste, dass du darauf entsprechend reagierst.«

»Kann beides sein. Glaube ich Marvin, habe ich was gegen die Ausländer in der Mannschaft. Die gar keine sind, aber sich selbst auch so bezeichnen. Zeige ich Verständnis für Mostafa, bin ich der linksgrün versiffte Gutmensch, der mit der Realität nicht klarkommt. Und soll ich dir mal was sagen? Komme ich auch nicht.«

Brocki stieß Fränge an. »Ist was anderes, als in der Kneipe über die Sachen zu schwadronieren, was?«

Sie schwiegen ein paar Sekunden. Dann sagte Förster: »Kennt ihr eigentlich Songs über Donnerstage?«

»*Thursday's Child* von Bowie«, kam es postwendend von Fränge.

»Und diese eine Nummer von Harry Nilsson«, sagte Brocki.

Fränge schnaubte. »Klar, du kommst mit so einem Kitschpickel wie Harry Nilsson!«

»Wieso Kitschpickel?«

Fränge griff sich an die Brust und sang übertrieben klagend: »*I can't live, if living is without you. I can't live, I can't give anymore.*«

Brockis Mundwinkel gingen nach oben. »Ja, ja, ist ja gut.«

»Und die Donnerstagsnummer«, sagte Fränge zu Förster, »heißt: Klammer auf, *Thursday*, Klammer zu, *Here's why I did not go to work today.*« Machst du wieder so eine bescheuerte Wochentags-Playlist?«

»Mal gucken«, sagte er und dachte: So bin ich am Abend dieses Tages doch ein bisschen reicher als am Morgen. Auch wegen »Ich mach dich kälter«.

35 Bad Luck

Brocki konnte nicht mitkommen, weil er Klausuren korrigieren musste, Förster hatte sich jedoch den Golf abholen dürfen, da sie sonst zu wenig Autos gehabt hätten. Jetzt standen sie alle am Platz der Spielvereinigung und warteten auf Fränge.

»Ich habe gestern Abend noch mit ihm telefoniert«, sagte Alex. »Da war alles klar. Der kommt bestimmt gleich, der ist doch in letzter Zeit total zuverlässig.«

Der Himmel zeigte ein mittelhelles Grau. Da könnte Schnee drin sein, dachte Förster.

Die Jungs waren alle schon da, auch Giorgio, Vedat und Mergim, die Väter von Giampiero, Luan und Adnan. Sie standen zusammen, redeten und lachten. Förster ging zu ihnen hinüber, um etwas Konversation zu machen, sieht ja blöd aus, dachte er, wenn ich hier abseits stehe und vor mich hinstarre.

»Alles klar?«

»Alles klar, Förster, bei dir auch?«, fragte Giorgio zurück.

»Ihr habt ja sehr gute Laune bei dem kalten Wetter.«

»Frauen«, sagte Vedat, als wäre damit alles erklärt.

»Ja, sicher«, entgegnete Förster. »Mit denen hat man immer was zu lachen, was?«

»Vedat hat gerade gar nix zu lachen«, raunte Giorgio.

»Hör auf«, sagte Vedat, grinste aber ebenfalls. »Weißt du, ist bisschen Ärger zu Hause, aber normal.«

Ärger mit Arjana?, dachte Förster.

»Seine Frau ist letzte Nacht nicht nach Hause gekommen«, sagte Mergim.

»Das hört sich an, als wär die sonst wo. Die ist bei ihrer Schwester, fertig. Wir hatten bisschen Streit, und Arjana ist eine leidenschaftliche Frau. Deshalb habe ich sie geheiratet. Ist meistens gut, aber manchmal gibt es eben Stress, normal.«

»Du musst ihr sagen, sie soll nicht immer diese engen Hosen anziehen«, meinte Giorgio.

»Die kann anziehen, was sie will«, sagte Vedat. »Wenn du davon Blutdruck kriegst, geh zum Arzt!«

»Hey, Förster«, sagte Mergim. »Ich war letzte Zeit nicht oft bei den Spielen dabei, aber wollte mal sagen: Super Sache hier!«

»Danke.«

Mergim sah sich um und senkte die Stimme: »Ich weiß, dass Adnan nicht der beste Techniker ist. Sein Bruder? Super! Adnan? Na ja.«

»Aber Adnan sieht Räume, von denen die Stürmer hoffen, dass es sie gibt und dass sie sich auch öffnen, aber bevor das passieren kann, macht dein Sohn sie zu.«

Mergim sah Förster an und hob die Augenbrauen.

»Fränge hat schon gesagt, du denkst manchmal kompliziert. Aber Adnan ist ein guter Abwehrspieler.«

Förster nickte. »Auf jeden Fall.«

Alex, der mit Justin und Armani zusammengestanden hatte, kam zu ihnen herüber und fragte: »Wie lange sollen wir denn noch warten?«

Förster sah auf die Uhr. Fränge war jetzt schon zwanzig Minuten zu spät. »Ich vermute, er hat verpennt. Er hat eine Kneipe, da kann es schon mal spät werden. Wir brauchen aber den Bulli, sonst kriegen wir nicht alle transportiert. Das

Spiel ist irgendwo bei Haltern, da kommen wir mit Öffentlichen kaum hin.«

Mit Mergim, Vedat und Giorgio waren drei weitere Erwachsene dabei, aber die waren mit nur zwei Autos gekommen, einem Corsa und einem Kia, das würde definitiv nicht hinhauen.

»Wir fahren bei ihm vorbei und schmeißen ihn aus dem Bett«, sagte Alex.

Förster sah keine Alternative und sagte: »Ich mache das.«

»Ich komme mit«, bestimmte Alex feixend. »Der soll ein richtig schlechtes Gewissen kriegen.«

Der Junge hatte recht: Wenn Fränge schon verpennt hatte, dann sollte er sich auch ein bisschen mies fühlen. Förster wies die restliche Mannschaft an, noch ein wenig auszuharren, dann fuhr er mit Alex zu Fränges Haus. Sie fanden einen Parkplatz und gingen erst mal ins Café Dahlbusch, um nach ihm zu fragen. Es war voll, Samstagmittag halt, hinterm Tresen machte Lukas einen gehetzten Eindruck, aber, dachte Förster, der wirkte immer gehetzt, wenn das Leben sich schneller als in Zeitlupe ereignete.

»Fränge gesehen?«

»Ich bin voll im Stress, Mann! Nein, habe ich nicht.«

Förster atmete tief durch. Konnte es wirklich sein, dass Fränge in alte Verhaltensmuster zurückgefallen war? Oder lag hier ein echter Notfall vor? Er fragte sich, was schlimmer wäre.

Förster und Alex gingen durch die Küche ins Treppenhaus, und oben angekommen klingelte Förster und klopfte auch gleich, um seinem Ansinnen den nötigen Nachdruck zu verleihen, vielleicht auch, dachte er, um Alex zu zeigen, dass er das Verhalten seines Vaters missbilligte. Plötzlich schoss ihm durch den Kopf, dass, wenn Fränge tatsächlich »rückfällig« geworden war, er vielleicht Besuch hatte, also im

Sinne von *Damenbesuch*, und was, wenn das Arjana war, die Mutter von Alexanders Teamkollegen und Mannschaftskapitän? Das wäre der Super-GAU, ein Tschnernobyl der Peinlichkeit, ein Fukushima der Blamage, also sagte er zu Alex: »Hör mal, vielleicht wartest du doch besser im Auto.«

»Wieso das denn? Jetzt bin ich schon hier.«

»Ja, aber ich meine ...« Ja, was meine ich denn?, dachte Förster, ich kann ihm ja schlecht sagen, was ich gerade befürchte. »... Muss ja vielleicht doch nicht sein«, brachte er den Satz etwas hilflos zu Ende.

»Ich habe meinen Vater schon besoffen gesehen, Förster.«

»Dann weißt du ja, wie das ist, und musst diese Erfahrung nicht noch mal machen, oder?«

»Ich will dem Elend ins Auge sehen.« Alex grinste, schob sich an Förster vorbei, klopfte gegen die Tür und rief: »Fränge, mach auf, hier ist dein Sohn!«

Und als dann die Tür endlich aufging, dachte Förster als Erstes: Dass Fränge ein Shirt von der Band Social Distortion hat, wusste ich überhaupt nicht. Dann erinnerte er sich daran, dass sie auf den Partys im Theater Namenlos damals in den Neunzigern ständig *Bad Luck* gehört hatten, auch die Social-Distortion-Version von *Ring of Fire*, nicht selten gefolgt von der *Mrs-Robinson*-Interpretation der Lemonheads, diese großzugig verzerrten, diese *schrömmelnden* Gitarren, wie Fränge das immer genannt hatte, hatte auch Förster sehr gemocht, und er musste zugeben, dass der Anblick einer Frau, die nichts anderes trug als das T-Shirt einer Rockband, stets etwas Erregendes hatte und Erinnerungen an durchtobte Nächte, Alkohol, Schweiß und Zungenküsse heraufbeschwor, süße Zeiten sind das gewesen, aber, so holte er sich ins Hier und Jetzt zurück, das ist jetzt alles egal, wie kann man eigentlich so viel gleichzeitig denken, und er fragte sich, ob das mit Tschernobyl oder Fukushima wirklich die richtige Vergleichsgröße war, es gab ja auch noch den Störfall im Reaktor Three Mile Island in Pennsylvania 1979, und er sagte: »Kathrin?«

»Förster? Schon wieder?«

»Na ja, das letzte Mal ist jetzt schon wieder ein paar Monate her.«

»Was läuft hier?«, wollte Alex wissen. »Wo ist mein Vater?«

Förster registrierte, dass Kathrin blass wurde und versuchte, sich das T-Shirt etwas weiter hinunterzuziehen. Und dann tauchte auch noch Fränge im Türrahmen auf, in Unterhosen, mit freiem Oberkörper, gezeichnet von der letzten Nacht, Ringe unter den Augen, unrasiert. Als er Förster sah, fragte er: »Was?«, und als er gleich darauf Alex erblickte, wurde auch er kreidebleich und stieß hervor: »Scheiße!«

Alex starrte seinen Vater an, dann drehte er sich um und lief die Treppe hinunter. Fränge wollte hinterher, aber Förster hielt ihn zurück.

»Lass es, Fränge, blamier dich nicht noch mehr. Zieh dir was an, und dann lass uns zum Spiel fahren.«

»Wieso?«

»Weil Samstag ist.«

Fränge sah Kathrin an, aber die verschwand in der Wohnung.

»Du bist ein Arschloch, Fränge.«

Fränge rieb sich das Gesicht. »Ja, du hast ja recht. Aber weißt du, ich hab die Kathrin gestern durch Zufall getroffen, und beim letzten Mal habe ich es nicht hinbekommen, und da dachte ich …«

»Will ich gar nicht wissen. Du kannst auch hierbleiben, aber wir brauchen den Bulli. Gib mir einfach die Schlüssel.«

»Nein, nein, ich komme mit. Ich will bei meiner Mannschaft sein. Das sieht doch jetzt total scheiße aus, wenn ich da nicht auftauche.«

»Du kannst so aber nicht fahren, schon gar nicht mit Kindern drin.«

»Sind da nicht noch andere Väter oder so?«

»Mergim und Vedat und Giorgio sind da, aber ...«

»Der Mergim kann den Bulli fahren, der war im Kosovokrieg, der kann alles fahren, hat er mal gesagt. Ich zieh mich schnell an, und dann mache ich mich auf den Weg. Bis zum Platz, das schaffe ich, ich habe auch gar nicht so krass gesoffen letzte Nacht, ich wollte ja fit genug sein, um ...«

»Wie gesagt, ich will das nicht wissen. Wenigstens ist es nicht Arjana.«

»Arjana?«, sagte Fränge. »Nee, die hätte das Spiel nicht vergessen.«

Interessanter Gedanke, dachte Förster. Und er scheint auch nicht überrascht zu sein, dass ich ihn mit ihr in Verbindung bringe.

»Meinetwegen machen wir das so mit dem Bulli«, sagte Förster. »Aber beeil dich!« Er hätte auch gar nicht gewusst, wer Brockis Golf, in dem er und Alex hergekommen waren, hätte zurückfahren sollen.

»Ja, ja, sicher«, stammelte Fränge. »Und das mit der Kathrin, weißt du, ich war in letzter Zeit echt oft alleine, außer Brocki und dir habe ich doch niemanden.«

»Das ist jetzt nicht der Zeitpunkt für Selbstmitleid. Ich muss runter, ich will den Alex nicht so lange alleine lassen.«

»Ja, nee, ist klar«, murmelte Fränge und verschwand in der Wohnung, ohne die Tür zu schließen. Förster langte nach dem Türgriff, da stand Kathrin wieder vor ihm, komplett angezogen diesmal.

»Ich weiß, wie das aussieht. Es tut mir leid.«

»Niemand macht dir einen Vorwurf.«

»Es ist ja so, also, wir sind beide allein. Wir haben die ganze Nacht gequatscht.»

Die ganze Nacht gequatscht? Wie alt seid ihr, siebzehn?, dachte Förster.

»Interessiert mich jetzt nicht, Kathrin. Ich bin stinksauer auf Fränge. Er hat seinen Sohn hängen lassen, die ganze Mannschaft.«

Kathrin nickte. »Er hat die halbe Nacht von nichts anderem geredet. Wie wichtig ihm die Mannschaft ist und wie sehr er sich freut, dass er wieder ein besseres Verhältnis zu seinem Sohn hat.«

»Das hat er mit dieser Aktion heute wieder komplett ruiniert, würde ich sagen. Ich muss los.«

»Grüß deinen Vater von mir!«

Au Mann, dachte Förster und eilte die Treppe hinunter.

36 Freundschaftsspiel

»Herrgott, was ist das für eine Hackerei! Nichts gegen internationale Härte, aber das ist ja die reinste Tretertruppe!« Fränge rieb sich die Nasenwurzel und stöhnte. Der Kater machte ihm offensichtlich zu schaffen.

»Spiel ab!«, brüllte er.

Förster runzelte die Stirn. »Wir sind doch gar nicht am Ball!«

»Egal.«

Die Fahrt hierher war stumm vonstattengegangen. Alle Spieler hatten mitbekommen, dass es zwischen Alex und seinem Vater gekracht hatte. Wobei, dachte Förster, gekracht hatte es ja gar nicht, da war nichts ex-, sondern eher implodiert. Alex war äußerlich ruhig geblieben, hatte sich nur geweigert, im Bulli mitzufahren, und war stattdessen kommentarlos bei Adnans Vater eingestiegen.

Förster sah auf die Uhr. Es waren nur noch wenige Minuten zu spielen, und die Spielvereinigung führte mit vier zu null. Eigentlich eine tolle Sache, aber der Gegner war sehr speziell. Gelbe Trikots, rote Hosen, schwarze Stutzen, damit ging es ja schon mal los, denn der Verein hieß eigentlich Blau-Weiß 95. Der Platz war aus Kunstrasen, aber statt geschredderter Autoreifen lag hier Sand herum, der den Untergrund extrem stumpf machte. Nach fünf Minuten war Paul das erste Mal umgeknickt, ein paar Minuten später Mostafa. Sie waren herumgestakst wie Störche, hatten aber irgendwann verstanden, sich auf diesem Geläuf zu bewegen, vor allem Justin war aufgeblüht, drei Tore hatte er selbst erzielt, eines aufgelegt für Giampiero. Dann hatten die kleineren und größeren versteckten und ganz offenen Fouls gegen ihn so sehr überhandgenommen, dass Fränge ihn ausgewechselt hatte. Der Schiedsrichter war ein Co-Trainer der gelb-rot-schwarzen Blau-weißen und nicht willens gewesen, das zu unterbinden, also hatten die Jungs der Spielvereinigung zurückgefoult und ihre Gegner beleidigt, was diese nur noch aggressiver gemacht hatte. Förster hatte damit gerechnet, dass der Schiri sie vom Platz stellte, aber auch das hatte er nicht getan, ganz so, als sei es sein Ziel, die Dinge eskalieren zu lassen. Aber wahrscheinlich war er nur komplett überfordert, dieser Eins-neunzig-Blondschopf mit dem Gesicht eines zwölfjährigen Kindes.

Förster sah hinüber zum Trainer der 95er, neben dem ein zweiter Mann stand, vermutlich der Co-Trainer, vielleicht Mitte dreißig, breite Schultern, Trainingshose, Fußball-schuhe, aber obenrum eine khakifarbene Winterjacke ohne Vereinsabzeichen. Er trat ständig von einem Bein aufs andere, schüttelte den Kopf und schien nur mit Mühe seine Aggressionen zu zügeln.

Alex kam an den Ball, verlor ihn aber gleich wieder, setzte auch nicht nach, doch Adnan konnte den Fehler ausbügeln und schlug den Ball weit nach vorne. Alex hatte von Anfang an gespielt, und auch wenn das Spiel mehr oder weniger an ihm vorbeilief, würde ihn Fränge, vermutete Förster, nicht auswechseln, weil er dann auf der Trainerbank hinter seinem Vater hätte sitzen müssen und damit wäre Fränge wohl nicht zurechtgekommen.

Förster sah, dass der Trainer der 95er die Kapuze seiner Vereinsjacke über den Kopf gezogen hatte. Die Hände hatte der Mann tief in die Taschen geschoben. Manchmal schrie er quer über den Platz: »Was soll die Scheiße?«, »Spiel ab!« oder »Abschluss!« Kurz vor der Halbzeitpause hatte einer seiner Spieler komplett frei vor Valentin gestanden, den Ball aber bestimmt fünf Meter über das Tor gehauen, was der Trainer mit einem Ausruf quittiert hatte, den Förster von ganz früher, aus Kindergarten und Grundschule, kannte und von dem er nicht gedacht hätte, dass er ihn noch einmal hören würde, schon gar nicht aus dem Mund eines Erwachsenen gegenüber einem Jugendlichen. Der Trainer hatte gebrüllt: »Eppileppi, aber happy, wa?«

Ein Kommando hatte es Förster besonders angetan: »Spiel den vernünftig!« Was war das für eine Anweisung? Spiel den flach, spiel den nach hinten, spiel den nach rechts oder links, das hätte er alles verstanden, aber *vernünftig*? Was sollte das heißen? Was ist ein *vernünftiger* Pass? Vernunft als höchste Stufe der Qualität? Selbst Kant kannte doch die Kritik der reinen Vernunft und hatte auch noch die Kritik der praktischen Vernunft nachgelegt, und von Sloterdijk gab es die Kritik der zynischen Vernunft, und auch wenn Förster davon vor allem die Schlagworte kannte, schien es doch so zu sein, dass Vernunft immer wieder in der Kritik stand, wie also sollte ein vernünftiger Pass ein besonders guter sein, und war es nicht sowieso vergebliche Liebesmüh, von einem pubertierenden Jugendlichen Vernunft zu verlangen?

Förster vertrieb diese ziellosen Gedanken und konzentrierte sich wieder auf das Spiel, das sich an die Eckfahne der Spielvereinigung verlagert hatte. Er sah, dass Niklas einsam an der Mittellinie stand, und wunderte sich. Eigentlich war es immer Giampiero, der auf einen langen Ball wartete, einen Befreiungsschlag oder einen Steilpass von Justin. Förster registrierte, dass der eine in der eigenen Hälfte verbliebene Verteidiger der 95er sich von hinten an Niklas anschlich. Was ist da los, dachte Förster und stieß genau im richtigen Moment Fränge an, sodass sie beide mitbekamen, wie der Junge im gelben Trikot den Arm anwinkelte und Niklas mit Wucht den Ellenbogen in den Rücken rammte. Niklas schrie auf, Fränge brüllte: »Ey!«, und Förster konnte ihn nur mit Mühe davon abhalten, auf den Platz zu laufen. »Hast du das gesehen, Schiri? Was soll das, verdammte Scheiße?«

Der Verteidiger war schon wieder zurückgelaufen, der Schiri hob fragend die Schultern, und Fränge wandte sich an den Trainer: »Du hast das doch auch gesehen, oder?«

»Ja, habe ich gesehen.«

»Willst du da nicht mal was sagen? Nimm den runter!«

Der Trainer zuckte mit den Schultern. »Ich habe in der Mannschaft ziemlich viele Arschlöcher, und mein Sohn ist eines davon.«

»Der hat den provoziert!«, rief der Co.

»Provoziert?« Fränge war fassungslos. »Der hat den nicht mal gesehen!«

»Stellt euch mal nicht so an, ihr Weicheier!«

Alarmiert von dem Geschrei der Trainer blickten jetzt einige Spieler herüber, das Spiel lief aber weiter, und Förster dachte: Das ist alles nicht gut, das könnte jetzt aus dem Ruder laufen, und tatsächlich lag plötzlich Mirkan am Boden, und es gab ein wildes Geschrei, aber der Schiri pfiff kein Foul, die 95er blieben in Ballbesitz, spielten auf den linken Flügel, wo Luan sich zwei Angreifern gegenübersah. Der eine 95er rempelte ihn an, der andere versuchte, mit dem Ball vorbeizuziehen, aber Luan fuhr ein Bein aus, lenkte den Ball knapp neben der Eckfahne ins Seitenaus, und der Gegenspieler, der gerade noch am Ball gewesen war, trat Luan mit voller Absicht auf den Knöchel. Luan schrie auf, und der Schiedsrichter gab Ecke.

»Schiri, ehrlich!«, rief Fränge. »Das war das Einzige, was man in der Szene *nicht* pfeifen konnte.«

»Lass es«, raunte Förster, während sie beide zu Luan liefen, der am Boden lag und sich vor Schmerzen krümmte. »Bald ist Ende, und dann hauen wir hier ab.«

»Ernsthaft, Förster, der hätte eher Foul von Luan pfeifen können, weil der seinen Knöchel unter den Schuh des anderen gehalten hat.«

»Was soll das?«, rief der Blondschopf. »Ich habe nicht das Zeichen gegeben, dass ihr auf den Platz kommen könnt!«

Förster musste an das Hallenturnier denken. Noch so ein Paragrafenreiter, dachte er.

»Junge, der ist ihm auf den Knöchel gelatscht!«, rief Fränge. »Ich werde mich doch wohl um meinen Spieler kümmern dürfen!«

»Aber erst, wenn ich es sage!«

»Sollen wir jetzt wieder zurück, oder was?«

»Nein, aber ich werde das im Spielbericht vermerken.«

»Der sieht nicht nur aus wie ein Nazi«, murmelte Fränge, aber der Blonde schien das nicht gehört zu haben.

Luan hatte Tränen in den Augen und konnte nicht mehr auftreten.

»Das war Absicht!«, rief Mirkan.

»Herr Schiedsrichter«, sagte Adnan, offensichtlich in seiner Eigenschaft als Kapitän, »das war ein Foul, es muss Freistoß für uns geben.«

»Was es hier geben muss, das überlässt du mal lieber mir«, sagte der Schiedsrichter und zeigte Adnan die gelbe Karte.

»Wofür das denn jetzt?«, fragte der.

»Das weißt du ganz genau!«

»Ich bin Kapitän, ich darf doch mal was sagen!«

»Ein Wort noch, und du kriegst Rot!«

Adnan wollte etwas erwidern, aber Fränge ging dazwischen. »Sei einfach still, Adnan, das Spiel ist gleich vorbei.«

Fränge und Förster stützten Luan, während er vom Platz humpelte. Für die letzten Minuten schickte Fränge Paul aufs Feld und sagte ihm, er solle hinten links spielen. Dann rief er über den Platz: »So, und jetzt beruhigt euch mal wieder. Die können kein Fußball spielen, deshalb müssen sie es halt so probieren!«

Oha, deeskalierend wird das aber auch nicht wirken, dachte Förster und behielt recht. Der gegnerische Trainer und sein Co brüllten wild durcheinander, und der Schiedsrichter kam in aller Seelenruhe, aufreizend langsam, zu Fränge herüber und teilte ihm mit, dass auch diese Bemerkung Eingang in den Spielbericht finden würde.

»Ist okay, wir sind jetzt still«, sagte Förster und fasste Fränge am Unterarm, damit der auch wirklich die Klappe hielt, das musste man nicht noch schlimmer machen, als es ohnehin schon war, einfach das Spiel zu Ende bringen und dann so schnell wie möglich weg von hier, dachte er.

Die 95er führten die Ecke aus, der Ball segelte in den Strafraum, es war ein großes Gedrängel und Geschiebe, ein Spieler in Gelb kam an den Ball und drosch ihn etwa fünf Meter neben das Tor, der Blonde gab Abstoß, und Adnan hob die Hände und klatschte Beifall.

»Rot!«, brüllte der Co-Trainer der 95er. »Der muss Rot kriegen!«

Der Schiedsrichter gehorchte, zeigte Adnan die rote Karte und pfiff das Spiel ab.

Was für ein Schwachsinn, dachte Förster, wenn er sowieso abpfeifen wollte, hätte er sich das mit der roten Karte auch sparen können.

Die Spieler in Grün sahen das genauso und bestürmten den Schiri, Fränge rief, das bringe doch nichts und dass sie sich beruhigen sollten. Und dann sah Förster aus dem Augenwinkel, wie der Co-Trainer der 95er loslief. Wo will der denn hin?, dachte Förster, während der Mann Tempo aufnahm, geradewegs auf die Traube von Spielern zu. Adnan stand etwas abseits, und genau auf den rannte der Co-Trainer zu und verpasste ihm einen lupenreinen Bodycheck, der den Jungen buchstäblich umhaute.

Förster konnte es nicht fassen. »Hast du das gesehen?«

»Ich dreh durch«, sagte Fränge und schrie den gegnerischen Trainer an: »Was für ein Asihaufen seid ihr eigentlich? Der hat einen Dreizehnjährigen umgehauen!«

Der Trainer reagierte gar nicht, dafür aber sah Förster Mergim, Adnans Vater, aufs Feld stürmen und dachte: Das kann jetzt wirklich unangenehm werden. Also lief er selbst auch los, weil ihm durch den Kopf ging, dass von Fränge nicht viel Hilfe zu erwarten war, verkatert, wie der noch war, und überhaupt, dachte Förster, ist Fränge viel zu emotional, um in so einer Situation die nötige Ruhe zu bewahren.

Mergim war beim Co-Trainer der 95er angekommen, zeigte mit dem Finger auf ihn und deckte ihn mit Flüchen ein, jedenfalls ging Förster davon aus, dass das Flüche waren, denn er fluchte auf Albanisch.

Kurz bevor Mergim zuschlagen konnte, drängte Förster sich zwischen ihn und den Co-Trainer, der die ganze Zeit nur vor sich hin grinste, aber keinen Ton sagte. Förster legte die Hände auf den Brustkorb des fluchenden Mergim, dessen Jacke offen war, und Förster dachte: Oha, der hat ja einen Oberkörper wie ein Elitesoldat, der war im Kosovokrieg aber nicht nur für den Nachschub zuständig!

Förster versuchte, Mergim aus der Gefahrenzone zu drängen, also aus der für den Co-Trainer gefährlichen Zone, aber Mergim stemmte sich dagegen und fuhr fort mit seiner Tirade, für die Förster im Übrigen großes Verständnis hatte, denn wer checkt einen Jugendlichen um, höchstens ein anderer Jugendlicher, und er fragte sich, wie sehr das Albanische wohl dem Russischen verwandt war, beides waren ja slawische Sprachen, vom Klang her etwas guttural, aber eigentlich sehr schön, nur das *Fick dich!*, das der Vater jetzt immer wieder auf Deutsch einstreute, störte den Gesamteindruck etwas. Fränge kam dazu, und gemeinsam gelang es ihnen, Mergim zu beruhigen.

Die Mannschaft zog sich im Rekordtempo um, und als Fränge aus dem Vereinsheim der 95er kam, wo er den auch bei Freundschaftsspielen obligatorischen Spielbericht freigegeben hatte, sagte er zu Förster: »Du wirst es nicht glauben, aber der Arsch von Schiri hat den Bodycheck nicht im Spielbericht vermerkt, dafür aber das, was ich gesagt habe, und Mergims *Fick dich*! Da wird also noch was auf uns zukommen, aber scheißegal, jetzt erst mal weg hier.«

Alex saß schon wieder im Auto von Adnans Vater. Mirkan war der Letzte, der in den Bulli einstieg. »Geiles Match, oder?«, sagte er grinsend in die Runde. Und zu Fränge: »Ey, Trainer, wann ist Rückspiel?«

37 Und als sie wieder am Platz der Spielvereinigung ankamen ...

... stand da Justins Vater und rauchte und rieb sich den Ober-schenkel des Beines mit dem kaputten Fuß, und als sein Sohn aus dem Bulli stieg, fing er gleich an zu schreien, wo er denn gewesen sei, verdammte Scheiße, das Hallenturnier und das Nachholspiel, da habe er ja ein Auge zugedrückt, aber dieses sportlich wertlose Freundschaftsspiel habe er ihm ausdrücklich verboten, er hätte sich verletzen können, so was gehe schnell, und dann sei alles aus, und als Justin sagte, die Mannschaft habe vier null gewonnen und er selbst habe drei Tore gemacht, schrie der Vater, drei Tore gegen eine Losertruppe aus dem Münsterland, die sich von dieser Mannschaft vier Tore einschenken lasse, seien überhaupt nichts wert, und was wäre, wenn er sich verletzt hätte, dann hätte er das vergessen können mit Borussia Dortmund, wo-rauf Justin zurückschrie, darauf scheiße er, und Förster fragte sich, wie ernst das war mit Dortmund, aber da wurde auch gleich weitergeschrien und der Vater erlaubte sich da-rauf hinzuweisen, dass er sich nicht für nichts und wieder nichts den Arsch aufreiße, er habe sich das nicht ausgesucht mit seinem Fuß und mit dem Krebs der Mutter schon mal gar nicht, und Förster dachte, wir anderen sollten jetzt gar nicht hier sein, ein mieser Tag nimmt ein mieses Ende, und

Justin schrie, er könne das alles nicht mehr hören, der Vater solle sich seinen Fuß und den Krebs und seine Mühe in den Arsch schieben, er, Justin, müsse kotzen, wenn er das noch ein einziges Mal höre, und da war der Vater still und starrte seinen Sohn an, und alle anderen waren auch still und starrten Vater und Sohn an, und dann schlug der Vater seinem Sohn ins Gesicht, und ohne nachzudenken, schlug der Sohn zurück.

Als der Vater weg war und Justin mit Alex geklärt hatte, dass er bei ihm übernachten würde, legte Mirkan Justin eine Hand auf die Schulter und sagte: »Ey, was willst du bei Dortmund, du Lappen?«

TEIL 3:
*Auf dem Schuh sind
das nur Millimeter*

38 Irgendwas ist immer

Fränge zog mit freiem Oberkörper seine Bahnen um den verlassenen Platz. Der Wonnemonat machte seinem Namen noch keine Ehre, war mehr ein verlängerter April mit einem steten Wechsel aus Schauern und Sonnenschein. Jetzt gerade gab der Himmel sich völlig unentschlossen und präsentierte sich in einem trockenen, unentschiedenen Grau, was aber für Fußball gar nicht so schlecht war, wie Förster mittlerweile wusste. Achtzehn Grad und bedeckt, das waren die besten Bedingungen. Niemand schwitzte, niemand fror, dem Torwart stach die Sonne nicht in die Augen und hinter dem Blau war es nicht so hell, weil das Blau gar nicht da war.

Förster betrat den Platz, als Fränge gerade beim Tor am anderen Ende angekommen war. Fränge war immer ein guter Sportler gewesen, in der Oberstufe hatte er meist dreizehn oder vierzehn Punkte bekommen. Während Förster und Brocki beim Volleyball den Ball noch von unten über das Netz brachten, schoss Fränge schon scharfe Tennisangaben ins gegnerische Feld. Auch hier auf der Tartanbahn machte er eine gute Figur. Manche Menschen sahen beim Laufen albern aus, aber Fränge war auch mit Anfang fünfzig noch mit einer Leichtigkeit unterwegs, die andere nicht mit zwanzig hatten.

Als Fränge an Förster vorbeikam, nickte er nur kurz und lief weiter, seine Schulterblätter bewegten sich unter der in diesem Jahr schon früh leicht gebräunten Haut, denn er verbrachte neuerdings viel Zeit draußen.

Förster schloss die Kabinen auf und holte das Netz mit den Bällen und die Plastikhütchen aus dem Fach der C-Jugend. Als er wieder nach draußen kam, stand Brocki dort, wo er gerade gestanden hatte, die Hände in die Hüften gestemmt, und sagte: »Der zieht seinen Stiefel durch, der Dahlbusch.«

»Diesmal meint er es ernst.«

»Er hat abgenommen.«

»Das kann man wohl sagen.«

»Das heißt, er wird für Frauen womöglich noch attraktiver.«

»Irgendwas ist immer.«

Fränge lief jetzt quer über den Platz und griff nach dem Poloshirt, das er in die Maschen des Tornetzes gestopft hatte, bevor er losgelaufen war, und zog es an. Er kam zu ihnen herüber, und es war deutlich zu sehen, dass da nichts mehr spannte, im Gegenteil, das Shirt hing jetzt locker an ihm herunter.

»Halbe Stunde noch, bis die Meute eintrudelt«, sagte er ohne Begrüßung. »Aufwärmen mit leichter Laufeinheit, dann Schweinchen. Anschließend singen wir heute von Lied zwölf die Verse eins bis drei und von Lied fünfzehn die ersten beiden.«

Er deutete auf die Mappe, die Förster in der Hand hielt. Vor gut drei Monaten hatte Fränge damit angefangen, die Übungen, die er im Internet gefunden und für die Zwecke ihrer Mannschaft angepasst hatte, in Grafiken zu überführen. Die Ausdrucke hatte er laminieren und in einer Mappe binden lassen. Außerdem führte er eine Anwesenheitsliste, in der auch die Verspätungen eingetragen wurden. Je fünf Minuten musste der betreffende Spieler eine Runde um den Platz laufen. Bei unentschuldigtem Fernbleiben vom Trai-

ning gab es mittlerweile keine Chance mehr für eine Auf-
stellung beim nächsten Spiel. Eine Zeit lang war Fränge da
sehr lässig gewesen, doch erst neulich hatte er sie nur zu
elft spielen lassen, ohne Auswechselspieler, da Mostafa am
Dienstag und Marvin am Donnerstag gefehlt hatten, ohne
sich abzumelden. Das hatte Armani seinen ersten Einsatz
über die komplette Distanz beschert. Das Spiel hatten sie zu
zehnt beenden müssen, da Niklas sich eine Viertelstunde
vor Schluss verletzt hatte, und am Ende auch noch eins zu
acht verloren, aber das hatte Fränge nicht weiter interessiert.

»Was ist mit Samstag?«, fragte Förster.

»Ich bin dabei«, sagte Brocki. »Ist ja das letzte Auswärtsspiel der Saison.«

»Die Woche der Entscheidung«, sagte Förster.

»Hack oder Kack«, meinte Fränge.

»Du die Hütchen, ich die Stangen?«, sagte Förster zu
Brocki und hoffte, der würde zustimmen.

»Lieber umgekehrt«, antwortete Brocki. »Ich habe ein
bisschen Rücken.«

Irgendwas ist immer, dachte Förster.

39 Elftal

Okay, dachte Förster, das lasse ich jetzt mal als Maitag durchgehen. Endlich war die Sonne herausgekommen, das Quecksilber im Thermometer zeigte ernsthaften Ehrgeiz, es über die Zwanzig-Grad-Marke zu schaffen, und der Himmel passte mit seinem an die Streifen auf dem Trikot der argentinischen Nationalmannschaft erinnernden Blau endlich zu dem Grün, das sich an den Bäumen schon seit einiger Zeit breitmachte.

Das mit dem argentinischen Trikot gehörte zu den Unmengen an unnützen Informationen, die bisher völlig an Förster vorbeigegangen waren und die er auch nicht vermisst hatte. Jetzt aber bereitete es ihm eine gewisse Freude zu wissen, dass man Messis Mannschaft auch *Die Albiceleste* nannte, die Himmelblaue, und die Brasilianer hießen *Die Selecão*, die Engländer *Three Lions* (wegen der Löwen im Wappen) und die Italiener die *Squadra Azzurra*.

»Wie heißt noch mal die holländische Nationalmannschaft?«, fragte Förster.

»Wieso willst du das wissen?«, fragte Fränge zurück. Zusammen mit Brocki standen sie vor dem Platz der Spielvereinigung und warteten auf ihr Team. Zu Fränges Programm der neuen Zuverlässigkeit gehörte es, immer zehn Minuten vor den Spielern beim vereinbarten Treffpunkt zu sein. Alle drei trugen sie das Polohemd mit dem aufgedruckten Vereinswappen sowie lange Adidas-Trainingshosen, in denen sich Förster nicht mehr ganz so blöd vorkam wie noch vor einigen Monaten. Auch die kunstrasenkompatiblen Noppenschuhe hatte er mittlerweile akzeptiert.

»Einfach so«, sagte Förster. »Ich bin gerade die anderen Namen durchgegangen, *Selecão*, *Squadra Azzura* und vor allem *Albiceleste* wegen des Himmels heute, und in dem Zusammenhang kam ich nicht auf den Namen der niederländischen Mannschaft.«

»Ohne Holland fahr'n wir zur WM!«, sang Brocki.

Fränge stöhnte. »Oh Mann, Brocki, das ist nun wirklich das Dumpfeste, was man singen kann!«

»Ja, aber es stimmt doch!«

»Dieser Holland-Hass sollte unter deinem Niveau sein. Nicht nur, dass man beim Fußball sowieso nie von Hass sprechen sollte ...«

»Was ist los, Fränge? Früher warst du so kaltblütig, jetzt fließt durch deine Adern nur noch Softeis?«

»Man kann sich nicht wirklich wünschen, dass eine Nation, die Fußballer wie Johan Cruyff, Ruud Gullit, Marco van Basten oder Dennis Bergkamp hervorgebracht hat, nicht an der WM teilnimmt! Da müssen die Besten spielen.«

»Wenn sie die Besten wären, wären sie dabei.«

Förster nickte. »Da hat Brocki nicht unrecht.«

»Gib mal bei YouTube Dennis Bergkamp ein«, sagte Fränge, »und dann guck dir das Tor an, das er gegen Newcastle gemacht hat, als er bei Arsenal spielte! Das musst du dir zehnmal in Zeitlupe angucken, bevor du begreifst, wie er den Ball um den Gegner herumlegt.«

»Und deshalb muss Holland auch diesmal bei der WM dabei sein, obwohl sie sich nicht qualifiziert haben? Wegen eines dreißig Jahre alten Tores?«

»Das ist gerade mal sechzehn Jahre her«, sagte Fränge, »aber darum geht es nicht. Es geht um dieses dumpfe Anti-

Holland-Gesinge, das ist so eine typische Fanmeilen-Public-Viewing-Scheiße.«

»Was hast du jetzt gegen Public Viewing?«

»Da gehen nur Vollpfosten hin, die sich für Fußball einen Scheißdreck interessieren. Du kriegst doch gar nichts mit, wenn du mit hunderttausend anderen Idioten im Pulk stehst und dir gegenseitig Bier über den Kopf kippst. Um Sport geht es da doch wirklich nicht mehr, sondern nur noch um Party.«

»Party ist doch gut.«

Fränge konnte es nicht fassen. »Ach ja, Brocki? Sind wir gerade auf dem Weg zu einer Party? Habe ich da was nicht mitbekommen? Wir kämpfen mit unserer Mannschaft ums Überleben, das hat mit Party nichts zu tun.«

»Wenn man nicht von Hass reden soll«, sagte Förster, »dann auch nicht davon, dass es beim Fußball um Leben und Tod gehe.«

»Ja, vielen Dank, Monsieur Konjunktiv. Es ist keine OP am offenen Herzen, aber eben auch keine Party. Es geht darum, ein Tor mehr zu schießen als der Gegner, und manchmal ist das eben etwas schwieriger und man braucht eine Menge Geduld, die bringen die Fanmeilen-Honks mit der Aufmerksamkeitsspanne, die gerade mal für eine Whats-App-Nachricht reicht, aber nicht auf. Man muss auch mal dreckig eins null gewinnen.«

»Und Gras fressen?«, warf Förster ein.

»Sieg oder Blut am Pfosten?«, sekundierte Brocki.

»Diese ganze Eventisierung geht mir auf den Sack«, sagte Fränge. »Und die Mannschaft der Niederlande nennt man *Elftal*. In Deutschland wollen sie das Nationalteam jetzt *Die Mannschaft* nennen. Das musst du dann immer kursiv denken oder mit Anführungszeichen. Total künstlich ist das! Marketingscheiß!«

»Was bist du denn heute so aggro?«, wunderte sich Brocki.

»Lass das mit der Jugendsprache oder was du dafür hältst«, sagte Fränge.

»Wir sollten ruhig bleiben«, sagte Förster, »und am Ende dreckig eins null gewinnen.«

»Das kannst du vergessen«, gab Fränge zurück. »Das ist der FC 46, da können wir froh sein, wenn es nicht zweistellig wird. Das wäre auch blöd für unser Torverhältnis. Das könnte nämlich am Ende ausschlaggebend sein, wenn es um den Abstieg geht.«

»Also haben wir heute keine Chance?«, hakte Förster nach.

»Nicht den Hauch«, sagte Fränge.

Elftal, dachte Förster. Schließt das nicht die Ergänzungsspieler aus?

40 Keine Handbreit den Faschisten!

Der Kunstrasen sah aus wie frisch gemäht, am Himmel waren nur ein paar Schäfchenwolken zu sehen, und die Bäume auf den Hügeln im Ruhrtal sahen aus wie Brokkoliwälder. Das hier, dachte Förster, ist der Platz mit dem schönsten Ausblick, den ich bisher gesehen habe.

»Wie ist noch mal das Hinspiel ausgegangen?«, fragte Förster, der das Spiel wegen einer Erkältung verpasst hatte. Sie sahen den Jungs beim Aufwärmen zu. Fränge erledigte die Sache mit dem elektronischen Spielbericht.

»Zwei zu zwölf«, sagte Brocki.

»Zwei Tore? Immerhin.«

Sie teilten die Mannschaft in zwei Gruppen auf und ließen sie Steigerungsläufe absolvieren. Dann Passübungen. Irgendwann stand der Trainer der anderen Mannschaft neben Förster. Sein rotes Rundhals-Trainingsshirt spannte über einem breiten Brustkorb. Förster schätzte ihn auf Anfang vierzig, und für dieses Alter hatte er überraschend buschige Augenbrauen, die Förster sonst nur von sehr viel älteren Männern kannte.

»Ich bin der Bernhard.«

»Förster.«

»Nee, Köhler.«

»Ich bin Förster.«

»Schon klar. Sollte ein Spaß sein.«

»Ach so.«

»Hömma, ihr habt aber auch 'ne Menge Ölaugen in der Truppe, oder?«

»Ölaugen?«

»Sind das alles Türken? Oder auch Libanesen? Die kommen ja immer gleich im Clan, da hast du Vater, Mutter, Brüder, Vettern, was weiß ich.«

»Das sind alles Deutsche. Kannst du im Spielbericht nachlesen. Die haben alle Schwarzrotgold hinter ihrem Namen.«

»Aber am schlimmsten sind Albaner«, überging der andere Försters Bemerkung. »Hast du Albaner?«

»Zweieinhalb.«

»Wieso zweieinhalb?«

»Bei dem einen kommt der Vater aus dem Kosovo und die Mutter aus Lissabon.«

Bernhard Köhler runzelte die Stirn. »Kosovo und Portugal? Ist doch Quatsch! Kosovo ist doch praktisch Afrika. Also nicht geografisch, aber sonst so.«

»Schon mal da gewesen?«

»Bin ich bescheuert? Und Moslems sind die auch alle, die Albaner. Die gucken dich doch schon doof an, wenn du als Deutscher auf einem deutschen Fußballplatz ein Bier trinkst.«

»Gebraut nach dem deutschen Reinheitsgebot.«

»Genau.«

»Ein albanischer Vater hat mir zu Weihnachten eine Flasche albanischen Sliwowitz geschenkt.«

Bernhard Köhler zog die Augenbrauen in die Höhe. »Echt jetzt?«

»Echt jetzt.«

»Erstaunlich. Na ja, wir haben hier jedenfalls Glück. Von der Disziplin her ist das ja immer ein Problem, wenn man zu viele von denen hat.«

»Bei uns haben vor ein paar Wochen der Paul und der Marvin mit dem Ball in der Kabine herumgespielt und eine komplette Garderobenleiste von der Wand geholt.«

»Ja, in dem Alter haben die alle einen Nagel im Kopp.«

Was denn nun, dachte Förster, liegt es am Alter oder an der landsmannschaftlichen Herkunft?

Bernhard Köhler tippte sich mit dem Zeigefinger an die Stirn und sagte, er müsse dann mal.

Mit zwei Bällen unter den Armen kam Brocki auf Förster zu, während die Jungs eine Trinkpause einlegten.

»Was wollte der?«, fragte Brocki, und Förster fasste den Dialog zusammen, woraufhin Brocki nur abfällig brummte.

Fränge kam vom Vereinsheim herüber und rief: »Was steht ihr hier rum? Wieso ist keiner in Bewegung?«

Adnan rief: »Trinkpause, Trainer!«

»Okay, danach die Passübung noch mal, dann aufstellen zum Torschusstraining.«

Fränge sah ernst aus. Allerdings, dachte Förster, sieht der in letzter Zeit viel häufiger ernst aus als früher, mit dem Dahlbusch ist was passiert, er scheint sich nach einem halben Jahrhundert als Junge doch noch entschlossen zu haben, erwachsen zu werden, aber was heißt das schon, erwachsen, wir haben unseren chaotischen, oft etwas spätpubertären Fränge doch geliebt, weil er uns gezeigt hat, dass es auch anders geht, also älter werden jenseits der reinen Vernunft, die laut Tocotronic niemals siegen darf (von Kant und Sloterdijk mal ganz zu schweigen), aber gut, wenn das Verhalten den eigenen Sohn verletzt, ist vielleicht doch eine Grenze erreicht. Alex war nach dem Vorfall im Januar auf Distanz gegangen, hatte sich geweigert, außerhalb des Trainings Zeit mit seinem Vater zu verbringen, und auch auf und neben dem Platz nur mit ihm gesprochen, wenn es unbedingt nötig war.

»Das ist ein merkwürdiger Haufen hier«, sagte Fränge. »Total arrogant, weil sie Dritter sind in der Tabelle, als wäre es unter ihrer Würde, gegen uns zu spielen. Und der Wirt vom Vereinsheim hat mich angeguckt, als hätte ich seine Tochter angefasst.«

»Na ja«, sagte Brocki. »Wann warst du das letzte Mal in der Gegend? Hattest du Kontakt mit jüngeren Einheimischen?«

»Trainer, wir gehen aufs Klo!«, riefen Mostafa und Alim, und Fränge reckte den Daumen.

»Aber bitte nicht so langsam«, sagte er, weil die beiden sehr gemütlich zum Vereinsheim hinübertrotteten. »Bisschen Gas geben, Männer!«

Die beiden verfielen in leichten Trab, und damit war Fränge zufrieden.

Die Mannschaft postierte sich zum Torschusstraining, und diesmal war es Förster, der als Anspielstation an der Strafraumkante stand, denn hierbei hatte er in den letzten Monaten endlich Fortschritte gemacht. Justin hämmerte den Ball ans Lattenkreuz und sagte grinsend: »War Absicht!« Förster war geneigt, ihm zu glauben. Während Justin den Ball holte, der nach rechts weggesprungen war, wehten seine langen roten Haare hinter ihm her, denn er brüstete sich damit, dass er in diesem Kalenderjahr noch nicht beim Friseur gewesen sei, und Förster vermutete, das hatte auch wieder irgendwas mit seinem Vater zu tun.

Auch die anderen schienen heute gut drauf zu sein. Abgesehen von den üblichen Verdächtigen wie Adnan oder Armani gaben sie gute Torschüsse ab. Einige konnte Valentin parieren, aber nicht wenige schlugen ein. Folgerichtig grinsten die Jungs sich gegenseitig an, alberten ein bisschen herum und stellten sich diszipliniert wieder hinten an. Die Mütter der jeweils anderen waren, soweit Förster hören konnte, kein Thema.

Ein schnauzbärtiger Mann in einem Trikot von Borussia Dortmund kam mit einer Pappschale Currywurst vom Vereinsheim herüber und rief: »Da oben gibt es Stress mit euren Spielern!«

»Wieso Stress?«, rief Fränge.

»Keine Ahnung. Haben irgendwie Scheiße gebaut oder so.«

Irgendwie oder so – das ist ja ganz schön vage, dachte Förster, es werden eindeutig zu viele Füllwörter gebraucht.

Fränge stöhnte. »Brocki, mach du mal mit dem Torschusstraining weiter. Förster und ich gehen mal zum Vereinsheim und sehen nach, was da los ist.«

»Wieso soll ich mitkommen?«, fragte Förster.

»Wenn es da Stress gibt, bist du der, der vermitteln kann. Brocki und ich regen uns immer zu schnell auf.«

»Was soll denn da los sein?«, sagte Brocki. »Die trödeln rum oder futtern Pommes oder so.«

»Das kann ich mir kaum vorstellen«, sagte Fränge.

Beim Thema Junkfood vor dem Spiel hatte er in den letzten Wochen eine strikte Null-Toleranz-Politik etabliert. »Ich bilde mir nicht ein«, hatte Fränge zu Förster und Brocki gesagt, »dass ich wirklich nachhaltigen Einfluss auf ihr Essverhalten habe, aber sie sollen es wenigstens mal gehört haben, dass ein Zusammenhang zwischen Leistung und Ernährung besteht. Herrje, es wäre toll, wenn sie sich von Ronaldo nicht nur die Powerposen abgucken würden, sondern auch ein bisschen was von seiner Disziplin.«

Hinter dem Tresen im Vereinsheim stand ein korpulenter Mann Ende fünfzig, der mit erhobener Stimme auf Mostafa und Alim einredete, dass er sich diesen Scheiß nicht bieten lasse, von ihnen beiden sowieso nicht. Alim und Mostafa riefen, die Toilette habe vorher schon so ausgesehen, woraufhin der Mann hinter dem Tresen sagte, es fange ja schon mal damit an, dass sie überhaupt nicht gefragt hätten, ob sie mal aufs Klo dürften, und das war der Punkt, an dem Fränge sich einschaltete und fragte, seit wann das denn überhaupt nötig sei.

Der Mann hinterm Tresen blickte irritiert zu Fränge und sagte: »Was willst *du* denn?«

»Ich bin der Trainer von den beiden.«

»Ich gehe doch bei dir zu Hause auch nicht einfach aufs Klo«, sagte der Mann.

Fränge war sichtlich bemüht, die Fassung zu wahren. »Wir sind doch nicht bei dir zu Hause, sondern in eurem Vereinsheim. Die Klos hier sind öffentlich.«

»Am Arsch, mein Freund! Nix öffentlich! Die sollen auf den Pott in ihrer Kabine gehen!«

»Okay, das wussten sie nicht. Wo ist das Problem?«

»Die haben da randaliert!«

»Haben wir gar nicht!«, riefen Mostafa und Alim wie aus einem Munde.

»Danebengepisst habt ihr, und zwar absichtlich, und die Rolle Klopapier abgewickelt und durch die Gegend geschmissen!«

»Das war vorher schon!«, meinte Mostafa.

»Meine Spieler pissen nicht absichtlich neben das Klo«, behauptete Fränge, und Forster dachte, dass sie das am Platz der Spielvereinigung durchaus schon getan hatten, aber er hielt diese Information in diesem Moment nicht für einen geeigneten Debattenbeitrag.

»Wenn der Peter das sagt, dann stimmt das auch!«

Fränge und Förster fuhren herum, und hinter ihnen stand ein hochgewachsener Mann mit grauen, fast weißen Haaren in einem quer gestreiften Poloshirt.

»Wer sagt das?«, wollte Fränge wissen.

»Ich bin hier der Erste Vorsitzende.«

Und Namen sind Schall und Rauch, oder was?, dachte Förster.

Fränge wollte etwas entgegnen, aber da sagte Peter, der Mann hinterm Tresen: »Wenn wir hier Stress haben, dann immer nur mit den Scheiß-Türken!«

Mostafa und Alim riefen im Chor: »Wir sind keine Türken!«

Und Fränge: »Pass mal auf, du Arschloch ...«

Der Erste Vorsitzende legte Fränge eine Hand auf die Schulter. »Nun mal langsam, Sportkamerad!«

»Ich bin nicht dein Sportkamerad!«, verwahrte sich Fränge. »Und überhaupt: *Er* beleidigt meine Spieler und *du* scheißt *mich* an?«

»*Er* hat einen Namen, junger Freund«, sagte der Erste Vorsitzende.

»Mir ist scheißegal, wie der heißt, Hinz oder Kunz oder Voldemort oder Jehova oder Rumpelstilzchen! Der hat meine Spieler ausländerfeindlich beleidigt. Was sagst du als Großer Vorsitzender dazu?«

Der Graue seufzte. »Blas die Nummer mal nicht so auf!«

»Wer bläst hier was auf? Er hat ›Scheiß-Türken‹ gesagt! Daran kann ich nichts mehr aufblasen. Mal ganz abgesehen davon, dass das Libanesen sind. Beziehungsweise Deutsche mit libanesischen Wurzeln, Herrgott!«

»Jetzt verschon mich mal mit diesem Gutmenschengelaber!«, sagte der Vorsitzende.

»Und die Scheiß-Libanesen sind mindestens so schlimm wie die Scheiß-Türken!«, rief dieser Peter.

Förster sah, dass Fränge kurz davor war, komplett auszurasten.

»Fränge ...«

»Leck mich, Förster, wir klären das jetzt. Ich verlange eine offizielle Entschuldigung vom Ersten Vorsitzenden für die Sprüche von dem Fascho da!«

»Ich entschuldige mich hier für gar nichts!«, sagte der Erste Vorsitzende. »Deine Spieler haben randaliert, so sieht's aus!«

»Haben sie nicht. Und selbst wenn: Man kann sie auch zusammenscheißen, ohne sie zu beleidigen. Und wenn du dich nicht entschuldigst, dann war es das für heute. Zum Spiel treten wir nicht an. Die Meldung an den Kreis geht heute noch raus!«

»Tu, was du nicht lassen kannst.«

Förster überlegte, etwas zu sagen, hielt dann aber den Mund, weil er Fränge nicht in den Rücken fallen wollte, mal ganz abgesehen davon, dass er ja auch recht hatte.

»Mostafa, Alim, Abflug!«, sagte Fränge.

Die beiden gingen voran, Förster und Fränge folgten ihnen nach draußen.

Als sie ein paar Meter vom Vereinsheim weg waren, sagte Fränge zur Förster: »Du hast ja auch nicht gerade zur Deeskalation beigetragen! Dafür solltest du doch dabei sein!«

»Ich bin doch gar nicht dazwischengekommen«, verteidigte sich Förster.

»Ist auch egal jetzt. Bei solchen Arschlöchern sollte man auch gar nicht deeskalieren.«

»Und was ist jetzt?«, fragte Mostafa.

»Wir fahren nach Hause«, antwortete Frange.

»Was? Wieso?«

Fränge blieb stehen, schloss kurz genervt die Augen und ging dann weiter.

Auf dem Platz forderte er die Mannschaft auf, die Bälle einzusammeln und sich sofort in der Kabine einzufinden, und zwar in einem Ton, der Brocki die Augenbrauen hochziehen ließ, während die Jungs umstandslos und sofort gehorchten. In der Kabine erzählte Fränge ihnen, was passiert war und dass sie deshalb jetzt den Platz verlassen würden.

Adnan hob die Hand.

Fränge seufzte. »Du musst dich nicht melden, Adnan.«

»Was ist mit dem Spiel?«

»Heute ist kein Spiel.«

»Wieso nicht?«

»Das habe ich doch gerade erklärt. Zwei von uns wurden ausländerfeindlich beleidigt, und deshalb spielen wir nicht gegen diesen Fascho-Verein.«

»Was haben die denn gesagt?«, fragte Paul.

»Scheiß-Türken, hat der Fettsack im Vereinsheim gesagt«, antwortete Mostafa.

»Ihr seid doch gar keine Türken«, stellte Mirkan fest.

»Haben wir auch gesagt«, meinte Alim.

»Und da sagte der Fettsack, Scheiß-Libanesen wären noch schlimmer.«

Mirkan grinste. »Stimmt ja auch.«

»Jetzt mal ernsthaft«, schaltete sich Niklas ein. »Wenn der das gesagt hat, können wir nicht spielen. Ehrensache.«

»Nix!«, rief Mostafa. »Wir gehen raus und schießen die fünf null ab! Wir geben die Antwort auf dem Platz!«

»Ey, Junge«, sagte Paul, »die sind Dritter, die haben uns schon im Hinspiel zwölf zwei weggehauen!«

»Ist mir egal«, sagte Mostafa.

Alim sah Fränge an und sagte: »Wieso entscheidest du eigentlich, dass wir nicht spielen? *Wir* sind doch beleidigt worden.«

»Ich bin euer Trainer. Ich stehe für euch ein. Ich lasse mir so was nicht gefallen.«

»Scheiß-Türke, Scheiß-Libanese, das hör ich ständig.«

»Mag ja sein, Alim, aber ich finde, man kann denen das nicht durchgehen lassen.«

»Wenn wir jedes Mal abhauen würden, wären wir nur noch am Laufen«, sagte Mostafa.

»Jetzt anzutreten würde heißen, nachzugeben«, sagte Fränge.

»Der Trainer hat recht«, sagte Paul. »Keine Handbreit den Faschisten!«

Der Paul ist ja tatsächlich ein kleiner Fränge, dachte Förster. Folgerichtig wirkte dieser sehr zufrieden, als er sagte: »Sehr richtig, Paul, mein Junge.«

»Was für ein Scheiß-Gelaber!«, ließ sich jetzt Alex vernehmen. »Die halten uns doch für Schlappschwänze, wenn wir jetzt abhauen. Dann haben die Faschos erst recht gewonnen.«

»Genau!«, rief Mostafa. »Ich will pöhlen! Wir gehen raus und machen die fertig.«

»Ich bin kein Schlappschwanz und kein Opfer!«, rief Alim und schlug sich mit der Faust an die Brust.

Fränge schüttelte den Kopf. »Ich denke, es ist keine gute Idee, in so einer aufgeheizten Stimmung in das Spiel zu gehen. Am Ende fliegt ihr alle vom Platz, weil ihr euch nicht zusammenreißen könnt. Was meinen denn die dazu, die noch nichts gesagt haben? Wenn, dann sollen auch alle ihre Meinung sagen.«

Giampiero zuckte mit den Schultern. »Ich würde gerne Fußball spielen, aber ist schon scheiße, was der Typ gesagt hat.«

Valentin und Grischa zuckten auch mit den Schultern, sagten aber nichts.

»Ich will kämpfen für meine Ehre!«, rief Mostafa und stand auf.

Auch Alim stand auf. »Kämpfen für mein Land und meine Familie!«

Plötzlich riefen alle durcheinander, und Förster dachte, Demokratie ist was Feines, aber irgendwann muss auch mal jemand durchgreifen. Kinder an die Macht ist nur ein Popsong, kein Programm für die Wirklichkeit.

Es war dann Justin, der die Jungs einfing, indem er brüllte: »Ey!«

Alle verstummten. Und Justin wandte sich an Fränge: »Was passiert denn, wenn wir nicht antreten?«

»Dann wird das Spiel drei zu null gegen uns gewertet«, sagte Fränge.

»Also wäre es für unsere Tordifferenz besser, wir fahren nach Hause«, sagte Justin. »Kann entscheidend sein bei der Frage, ob wir absteigen oder nicht.«

Alle schwiegen.

Dann sagte ausgerechnet der sonst so schweigsame Grischa: »Echt jetzt?«

Fränge seufzte. »Das sollte nicht der Grund sein, warum wir nicht zum Spiel antreten.«

»Wär auch voll feige!«, sagte Mostafa.

»Wir können das abkürzen«, sagte Fränge. »Ich habe denen längst gesagt, dass wir nicht spielen. Wenn wir da jetzt einknicken, stehe ich da wie ein Vollidiot.«

Wieder schwiegen alle.

Diesmal war es ausgerechnet Valentin, der ansonsten genauso viel oder wenig redete wie sein Kumpel Grischa, der sagte: »Ist nicht in Ordnung. Du hättest uns fragen müssen. Aber es stimmt, wir können nicht zulassen, dass unser Trainer sich blamiert. Und wir können nicht zulassen, dass die welche von uns beleidigen. Wenn wir spielen, werden wir verlieren, dann haben sie uns beleidigt und besiegt. Dann sagt der Typ, der uns beleidigt hat, dass wir auch noch schlecht sind. Fahren wir nach Hause, haben wir den Kopf oben.«

Förster konnte nicht sagen, was die Stimmung im Raum veränderte, die zwingende Logik dessen, was Valentin gesagt hatte, oder die schiere Tatsache, dass er überhaupt so viel am Stück gesprochen hatte, jedenfalls stand Adnan auf und sagte mit der ganzen Autorität des Mannschaftskapitäns: »Wir hauen ab. Wer einen von uns beleidigt, der beleidigt uns alle.«

»Also, ich fühle mich nicht angesprochen«, meldete sich jetzt Marvin.

Herrje, dachte Förster, die ganze Zeit hält er die Klappe, und als die Sache fast durch ist, kommt er doch noch um die Ecke. Allerdings ging niemand darauf ein, alle fingen an, sich umzuziehen, und das erschien Förster als ein wunderbares Beispiel kollektiver Intelligenz, denn manchmal war es das Klügste, einfach wegzuhören, wohingegen es vorhin im Vereinsheim wichtig gewesen war, genau hinzuhören.

Als die Jungs schon raus waren, wandte sich Brocki, der die ganze Zeit geschwiegen hatte, an Fränge: »Ich sage das nicht gerne, aber du hast völlig recht. Wir dürfen gegen diese Kretins nicht antreten. Was denkst du, Förster? Du stehst die ganze Zeit so still und stumm daneben wie das Männlein im Walde.«

»Ich finde auch, dass man sich das nicht gefallen lassen darf. Und man kann die Entscheidung auch nicht den Jungs überlassen. Wir hätten das Spiel wahrscheinlich hoch verloren, und die Sprüche, die sie sich dann vielleicht hätten anhören müssen, möchte ich mir gar nicht ausmalen. Der Hass der Sieger.«

»Fein«, sagte Brocki. »Wir sind uns einig. Alle drei. Kommt auch nicht so oft vor.«

Brocki grinste, Förster ließ sich davon anstecken, sodass auch Fränge nicht anders konnte, als mitzugrinsen, und das, dachte Förster, ist wirklich schon lange nicht mehr vorgekommen.

41 Inflation und Schönwetter

Die Sonne lachte nicht gerade, aber sie lächelte zumindest, während Dreffke auf einem Hocker vor der FKK saß und die Uli ihm sagte, wie er sich mit Oberkörper und Gesicht ausrichten sollte, damit sie eine Skizze anfertigen konnte, um nach dieser endlich mal eine Skulptur des alten Bullen zu gestalten. Jahrelang hatte sie Dreffke in den Ohren gelegen, der aber für die Idee lange nicht zu begeistern gewesen war.

»Das Gesicht, die Nase, die Wangenknochen«, hatte die Uli mehr als einmal gesagt. »Arno Breker wäre einer abgegangen.«

»Albern«, hatte Dreffke geantwortet, vor ein paar Wochen dann aber doch nachgegeben, und zwar mit der Begründung, man müsse alles mal gemacht haben.

Die Uli saß ganz entspannt auf einem der weißen Plastikstühle, ihren Skizzenblock auf den Knien, eine Tasse Kaffee im hohen Gras neben sich auf dem Boden. Dreffke hatte ein Bier neben seinem Hocker stehen.

Monika kam aus der FKK, wo sie in Ulis Atelier Milchkaffee für Förster und sich selbst zubereitet hatte. Es war Sonntagmittag, und Dreffke hatte gesagt, es sei Frühschoppen-Zeit, aber da hatte Förster nicht mitziehen wollen.

»Der kann ziemlich lange still sitzen«, sagte Monika und band ihre Haare hinterm Kopf zusammen.

»Ich wollte gerade sagen, ihr solltet mal seinen Puls fühlen«, sagte die Uli.

»Es wird allgemein zu viel gezappelt«, sagte Dreffke.

Förster warf einen Blick auf Ulis Skizzenblock. »Das sieht aus wie von Käthe Kollwitz.«

»Zu viel der Ehre.«

Am anderen Ende des Geländes tauchten zwei Gestalten auf, diesmal nicht aus der untergehenden Sonne, denn die stand ja noch mittäglich hoch am Firmament, aber auf Förster wirkte es, als diffundierten sie durch die Sträucher wie die toten Baseballspieler in dem Film *Feld der Träume*.

»Sind die beiden ein Paar«, fragte Monika, »oder einfach nur gute Freunde?«

»Keine Ahnung«, sagte die Uli. »Ich glaube, Justins Vater ist etwas friedlicher, wenn Alex dort übernachtet.«

»Was heißt denn friedlicher«, sagte Förster. »Ist ja nun auch nicht so, dass der Vater den Justin ständig verprügeln würde.«

»Aber bei der Sache im Januar«, sagte Monika, »da hat er ihn doch geschlagen, oder nicht?«

»Und der Justin hat zurückgeschlagen«, sagte Förster. »Das war eine Ausnahme. Der Vater ist kein Schläger. Der mosert ein bisschen viel herum und projiziert seine eigenen Träume auf den Jungen und versucht, ihn unter Druck zu setzen, aber ich habe den Eindruck, Justin fängt an, sich zu wehren. Ist eine schwierige Situation, aber auch nicht gerade ein Fall fürs Jugendamt.«

»Ich dachte, der Vater hätte langsam mal eingesehen, dass sein Sohn nicht Profi werden will«, sagte Monika.

»Na ja«, sagte Förster, »ob er will oder nicht, weiß er, glaube ich, selbst nicht so richtig. Er ist ziemlich gut, aber vielleicht nicht gut genug. Und er versteht sehr wohl, dass es gar nicht darum geht, was *er* will. Es stimmt ja, was sein Vater sagt: Wenn er bei der Spielvereinigung bleibt, wird das nichts. Kreisliga A, demnächst vielleicht wieder B, da gucken die großen Vereine nur, wenn sie sich verfahren.«

»Dieses ganze Fußballbusiness ist doch sowieso total kaputt«, sagte Monika.

Förster nickte. »Das meint der Fränge auch. Er wünscht keinem der Jungs, dass sie in diesen Strudel geraten.«

»Ach ja?«, sagte die Uli. »So viel Vernunft ist in diesem Schädel?«

»Du würdest dich wundern, wie Fränge jetzt drauf ist«, meinte Förster. »Man könnte fast meinen, er wird doch noch erwachsen.«

»Ich hoffe nicht«, brummte Dreffke.

Alex und Justin kamen näher.

»Hier ist aber auch immer was los«, sagte Justin, grinste und strich sich über sein raspelkurzes feuerrotes Haar.

Förster staunte. »Was ist mit dir passiert? Gestern hattest du noch ein paar Haare mehr.«

»Mein Vater hat so eine Haarschneidemaschine. Der schneidet sich die Haare immer selbst. Mir hat der Alex geholfen, damit es nicht ganz so fies aussieht.«

Förster fand, Justin war seit gestern um mindestens zwei Jahre gealtert.

Alex wandte sich an seine Mutter. »Wir gehen ins Kino. Hast du ein bisschen Geld für mich?«

»Wieso?«

»Äh, weil das was kostet? Kapitalismus und so? Und ich auch essen muss?«

»Was ist mit deinem Taschengeld?«

»Inflation!«

»Quatsch, wir haben seit Jahren keine nennenswerte Inflation.«

»Mensch, Mama!«

»Was wollt ihr euch denn ansehen?«

»Wissen wir noch nicht.«

»Um diese Zeit?«

»Wir wollen erst was essen und dann in die Nachmittags-vorstellung.«

»Döner, oder was?«

»Ja, Mama, weil da Gemüse drin ist und Salat.«

»Also, selbst mir wird irgendwann der Hals steif«, meldete sich Dreffke. »Und du gibst ihm das Geld doch sowieso, also musst du es nicht künstlich in die Länge ziehen.«

»Allerdings muss ich das«, sagte die Uli. »Ich kann doch nicht springen, wenn er pfeift.«

»Macht der Fränge aber auch«, sagte Alex, und Förster registrierte aufmerksam, dass Alex nicht mehr Papa sagte.

»Dein Vater muss ja auch Schönwetter machen.« Die Uli griff in die Tasche ihres Blaumanns und gab Alex einen Zehneuroschein. »Ein Zuschuss. Den Rest musst du selbst bezahlen.«

Alex stöhnte.

»Tolle Zeichnung«, sagte Justin. »Sie haben das echt drauf.«

»Danke, Justin. Ist nur eine Skizze.«

»Mein Vater kann auch ziemlich gut zeichnen.«

»Ach ja?«

»Früher hat er mir immer die Sachen für den Kunstunterricht gezeichnet. Ich bin da total schlecht.«

»Ein malender Fußballprofi wäre aber mal was Neues«, sagte die Uli.

»Ich werde kein Profi«, sagte Justin ganz ruhig. »Mein Vater wird das auch irgendwann verstehen.«

Förster und Monika tauschten einen Blick und tranken von ihrem Kaffee.

»Und der Fränge muss auch nicht großartig Schönwetter bei mir machen«, sagte Alex. »Das Schönwetter von gestern, das reicht erst mal.«

»Aber du hast dich doch gestern ziemlich aufgeregt«, sagte Förster. »Du warst dafür, dass wir spielen.«

»Ich finde immer noch, das wir das hätten tun sollen. Aber ich finde auch irgendwie gut, dass Fränge nicht einfach hingenommen hat, was da passiert ist.«

»Ja, politisch konnte man sich immer auf ihn verlassen«, bestätigte die Uli.

»Das mag Brocki anders sehen«, sagte Monika grinsend.

»Gestern jedenfalls hat Brocki Fränge voll unterstützt«, sagte Förster.

»Nächsten Samstag ist das letzte Spiel«, sagte Justin. »Das müssen wir gewinnen, sonst steigen wir ab.«

»Wie stehen die Chancen?« Dreffke ließ den Kopf kreisen, um die Nackenmuskulatur zu mobilisieren.

»Schlecht«, meinte Alex.

»Aber das Hinspiel haben wir nur eins zu drei verloren«, sagte Justin. »Ich glaube, da geht was.«

»Ja, die haben aber seitdem ganz schön aufgedreht«, sagte Alex. »Ich glaube nicht, dass wir da was holen.«

»Abwarten«, sagte Förster.

»Wir müssen los«, sagte Justin. »Ich hab Hunger.«

Förster hob die Hand zum Gruß. »Wir sehen uns übermorgen beim Training.«

Justin und Alex verließen das Gelände.

»Wie lange muss ich noch hier sitzen?«, fragte Dreffke.

»Wir sind fertig«, sagte die Uli.

Dreffke sah sie mit leicht zusammengekniffenen Augen an. »Das heißt, ich hätte mich die ganze Zeit schon bewegen können? Einfach aufstehen und herumlaufen?«

»Ist kein Knast hier.«

Dreffke seufzte, stand auf und streckte sich.

Monika blickte hoch zum Himmel. »Das schöne Wetter wird sich wohl halten.«

Förster trank den Rest von seinem Kaffee und dachte: Und die Inflation liegt derzeit bei nicht mal zwei Prozent.

42 Das ist kein Bundesgesetz

Als Förster zum Training kam, waren Alim, Mostafa, Paul und Mirkan schon da und kickten mit einem Ball herum, obwohl der Platz noch abgeschlossen war.

»Was ist denn hier los?«, hörte Förster eine Frau rufen, und als er sich umdrehte, stand Sabine hinter ihm. »Wie sind die denn auf den Platz gekommen?«

Ohne eine Antwort abzuwarten, ging sie zum Zaun und rief: »Wie seid ihr auf den Platz gekommen? So geht das nicht!«

Mostafa blickte sich hektisch um, als wisse er gar nicht, wo er sei. »Ich ... ich weiß auch nicht. Ich war auf einmal einfach hier drauf.«

»Da war so ein Licht«, sagte Mirkan. »Ein ganz helles weißes Licht, das hat ihn hochgehoben und auf dem Platz wieder abgesetzt.«

»Stimmt«, sagte Paul. »Mirkan und ich wollten ihn retten und sind über den Zaun geklettert. Als wir gesehen haben, dass es ihm gut geht, dachten wir: Ist ja auch blöd, jetzt wieder zurückzuklettern. Also haben wir schon mal mit dem Training angefangen.«

Förster war immer wieder überrascht, mit welch heiligem Ernst die Jungs solche Geschichten erzählen konnten. Und auch Sabine schien verunsichert. »Licht, was für ein Licht?«

Sie schloss das Tor auf, ging kopfschüttelnd Richtung

Bürocontainer, und genau in dem Moment, als sie darin verschwand, kamen Fränge und Brocki um die Ecke. Das ist ja hier, dachte Förster, wie im Boulevardtheater, die eine Tür geht zu, die andere auf.

»Was machen die denn da?«, fragte Fränge. »Wieso sind die denn schon auf dem Platz?«

»Da war so ein weißes Licht, das hat den Mostafa hochgehoben und auf dem Platz abgesetzt. Die anderen wollten ihm nur helfen.«

Fränge und Brocki sahen Förster an.

»Schnüffelst du Klebstoff?«, wollte Brocki wissen. »Wir hatten neulich Probleme mit einem Schüler, der das gemacht hat. Der hat auch so wirr geredet.«

»Nur so eine Mirkan-Geschichte«, sagte Förster, war aber schon abgelenkt von zwei jungen Männern in dunklen T-Shirts und hellen Hosen, die hinter Fränge und Brocki aufgetaucht waren.

»Sind Sie der Trainer?«, sagte einer von den beiden, und es war Förster nicht klar, wen er jetzt meinte.

Fränge und Brocki drehten sich um. Fränge sagte: »Ich bin das. Also, ich bin Primus inter Pares.«

»Egal«, sagte der Größere der beiden Männer. »Ich bin Abbas, der Bruder von Mostafa. Das hier ist Hakim, mein Cousin, und der ist der Bruder von Alim.«

Die beiden reichten Förster, Fränge und Brocki die Hand, und zwar wieder auf Fußballerart, bei der man den Handballen des anderen umfasste, was auf Förster immer ein wenig freundlicher und vertrauter wirkte als der übliche Handschlag.

»Geht noch mal um Samstag«, sagte Hakim.

»Schieß los!«

»Erst mal wollen wir sagen, dass wir cool finden, dass du dich für die Jungs einsetzt«, sagte Abbas.

Hakim nickte. »Vielen ist das scheißegal, wenn die Jungs beleidigt werden.«

»Aber wir finden«, übernahm Abbas wieder das Gespräch, »ihr hättet spielen müssen.«

»Ihr hättet spielen müssen«, bestätigte Hakim.

»Du musst denen zeigen, dass du nicht wegläufst«, sagte Abbas.

»Ist egal, wenn du das Spiel verlierst«, sagte Hakim.

»Kannst du verlieren«, sagte Abbas. »zehn null, zwolf null, egal. Aber du musst spielen.«

»Wir sagen denen, dass sie nicht weglaufen dürfen«, sagte Hakim. »Die sollen nicht heulen und nicht weglaufen. Und nicht zuschlagen.«

»Nur, wenn die anderen zuerst schlagen«, sagte Abbas. »Dann sollen sie sich wehren.«

Das klingt ja fast zu edel, um wahr zu sein, dachte Förster.

»Vielen Dank, dass ihr hergekommen seid«, sagte Fränge, »so lernen wir uns wenigstens mal kennen. Ich meine, am Samstag haben wir das letzte Saisonspiel, und heute sehe ich zum ersten Mal jemanden aus der Familie von Alim und Mostafa.«

»Und wo wir euch gerade hier stehen haben«, warf Brocki ein, »teile ich euch gleich mal für den Dienst in der Bude ein. Also da vorne im Vereinsheim, wo man beim Spiel Würstchen und Pommes und Getränke kaufen kann. Ich würde sagen, ihr macht von eins bis drei, dann seid ihr zum Spiel damit durch.«

Mit dieser Wendung des Gesprächs hatten Abbas und Hakim nicht gerechnet. Sie brauchten ein paar Sekunden, um sich zu fangen.

»Samstag?«, sagte Abbas zu Hakim. »Was war Samstag? Da war doch was, Samstag.«

»Samstag war die Sache mit Tarek.«

»Ja, sicher, Samstag können wir nicht, da haben wir Termin.«

»Und Bude hat doch immer funktioniert, oder?«

»Machen die Mütter, oder?«

»Das ist kein Bundesgesetz«, sagte Fränge. »Da dürfen auch Väter, Brüder und sogar Cousins rein in die Bude.«

»Den Pommes ist das egal, wer sie im siedenden Fett schüttelt«, sagte Brocki.

»Und die Mütter von Alim und Mostafa haben wir hier auch noch nicht gesehen«, sagte Förster.

Hakim sah auf seine Uhr. »Hör mal, ist gleich fünf Uhr, wir müssen los, und du hast Training, lass andermal darüber sprechen. Nach Samstag.«

»Samstag ist die Saison vorbei«, sagte Fränge.

»Ja, und dann reden wir«, sagte Abbas.

»Cool!«, sagte Hakim.

Beide hoben die Hand zum Gruß und gingen.

»Interessant, wie die Sache mit dem abgesagten Spiel noch nachwirkt«, sagte Brocki.

Sekunden später rollte ein weißer Mercedes über den rissigen Asphalt vor den Kabinen, und Förster dachte: Wer fährt hier einfach aufs Gelände, das ist verboten, Flucht- und Rettungswege sind frei zu halten, da vorne steht das entsprechende Schild von der Feuerwehr.

Dr. Müller trug wieder Weiß, passend zu seinem Auto. Förster fragte sich, ob er tatsächlich direkt aus dem Krankenhaus kam oder ob er auch privat gerne so herumlief, um stets als Arzt erkannt zu werden.

»Hier dürfen Sie nicht parken«, sagte Brocki. »Das ist ein Flucht- und Rettungsweg. Da drüben steht das Schild von der Feuerwehr.«

Dr. Müller kniff die Augen zusammen und sagte, das wisse er, und von Parken könne man erst sprechen, wenn er sich vom Wagen entferne, er werde aber genau hier stehen bleiben, schließlich dauere das, was er zu sagen habe, nicht lange.

Mittlerweile war auch Marvin ausgestiegen. Er grüßte Förster und Fränge mit einem Nicken und ging direkt in die Kabine.

»Sie können sich sicher denken, weswegen ich mit Ihnen sprechen will«, sagte Dr. Müller zu Fränge.

»Sie möchten sich bei mir für die geleistete Arbeit der letzten Monate bedanken, nehme ich an.«

»Es geht um letzten Samstag. Wissen Sie, wir haben es jetzt monatelang hingenommen, dass Sie bestimmte Spieler bevorzugen. Das hat politische Gründe. Ich lehne das ab, aber ich muss es akzeptieren.«

»Blödsinn«, entfuhr es Brocki.

»Ich muss es nicht akzeptieren?«

»Sie wissen, was ich meine.«

»Aber nicht zu einem Spiel anzutreten, weil irgendein Bengel sich beleidigt fühlt, das ist nicht akzeptabel.«

»Es ging nicht um Gefühle, sondern um Tatsachen«, sagte Fränge. »Zwei meiner Spieler wurden als Scheiß-Türken bezeichnet.«

»Das behaupten die zwei!«, sagte Doktor Müller.

»Das behaupte ich«, gab Fränge zurück.

»Aber Sie waren doch gar nicht dabei.«

»Natürlich war ich das. Ich stand direkt danebben.«

»Ich ebenso«, sagte Förster.

Diese Information schien Dr. Müller kurz aus der Kurve zu tragen. »Der Marvin hat aber gesagt ...«

»Der war jedenfalls nicht dabei«, unterbrach ihn Fränge.

Dr. Müller schwieg ein paar Sekunden. Dann sagte er: »Wie dem auch sei. Sich einfach aus dem Staub machen, das geht nicht. Sie hätten zum Spiel antreten und die Antwort auf dem Platz geben müssen. Bei diesen Leuten geht es doch immer so viel um Ehre. Sie hätten Ihren Spielern die Möglichkeit geben müssen, ihre Ehre auf dem Platz zu verteidigen.«

Fränge nickte. »Sie haben recht. Es war ein Fehler, nicht zum Spiel anzutreten. Es tut mir sehr leid.«

Brocki hob die Augenbrauen.

Mit dieser Antwort hatte Dr. Müller nicht gerechnet. »Echt jetzt?«

»Ja, echt jetzt«, sagte Fränge. »In einer vergleichbaren Situation würde ich es anders machen. Vielen Dank, dass Sie mich darauf aufmerksam gemacht haben.«

Dr. Müller hatte die Stirn in Falten gelegt und wusste nicht, wo er hinschauen sollte. »Ja, wenn das so ist, dann wäre das ja geklärt. Es ist ja auch so, dass ich es gut finde, wenn Sie Ihre Spieler schützen.«

Dr. Müller sah auf die große Uhr an seinem haarigen Handgelenk, sagte, er müsse los, bestieg sein weißes Stahlross und setzte vorsichtig auf die Straße zurück.

Brocki sah Fränge an. »Was war das denn?«

»Es hat doch keinen Sinn, mit dem zu streiten. Also habe ich ihm den Wind aus den Segeln genommen. Jetzt können wir uns alle entspannen. Wärt ihr so freundlich, den Platz aufzubauen, passend zu den Übungen, die ich euch geschickt habe? Ich rede noch mal mit den Jungs.«

»Erstaunlich«, murmelte Brocki, und Förster wollte sich gerade auf den Weg zur Kreidebude machen, als er Luan und Adnan um die Ecke kommen sah, ihre Mütter im Schlepptau. Arjana trug einen Jeansrock, von dem Förster vermutete, dass er Fränges Blutdruck nicht guttun würde, und Luiza ein schwarzes T-Shirt mit einem Ed-Hardy-Motiv. Luan und Adnan bogen Richtung Kabinen ab, während die beiden Frauen mit einem breiten Lächeln zielstrebig den Cheftrainer ansteuerten.

»Du hast die Ehre unserer Kinder verteidigt«, sagte Arjana.

»Man kann sich das nicht immer gefallen lassen, aber wenn wir uns aufregen, heißt es nur, wir sollen die Klappe halten«, sagte Luiza.

Arjana nickte. »Geht allen so: Türken, Libanesen, Albanern, egal. Wir kennen das.«

»Na ja, Portugiesen werden ziemlich selten beleidigt.« Luiza grinste. »Wir können uns benehmen! Und wir verstehen mehr von Wein. Ist aber auch nicht schwer, denn die Albaner kennen sich nur aus mit Schnaps.«

Arjana schlug ihr mit der flachen Hand gegen den Oberarm, und Luiza holte aus ihrer Umhängetasche einen Boxbeutel Portwein und reichte ihn Fränge mit den Worten: »Der ist gut!«

»Für einen Portugiesen ist er okay«, sagte Arjana.

Die beiden verabschiedeten sich, und Förster, Fränge und Brocki blickten ihnen nach, bis sie verschwunden waren.

»Für meinen Geschmack ist hier zu viel von Ehre die Rede«, sagte Brocki.

Erst jetzt bemerkte Förster, dass Sabine neben ihnen stand. Sie sagte: »Du kannst sie alle haben, was?«.

»Na ja, es ist … also es geht um letzten Samstag«, stammelte Fränge.

Sabine nickte. »Der Verein unterstützt dich in dieser Angelegenheit. Sind nicht alle begeistert, aber sie stehen hinter dir. Wäre trotzdem schön, wenn du beim nächsten Mal eine geschmeidigere Lösung finden würdest. Manche halten das für ein cleveres Manöver, weil das Spiel jetzt drei null gegen euch gewertet wird, ihr aber wahrscheinlich höher verloren hättet, wenn ihr gespielt hättet. Tordifferenz ist ja auch ein Thema im Abstiegskampf.«

»Deshalb habe ich es aber nicht gemacht«, sagte Fränge

und fügte hinzu: »Ich würde gerne noch was mit dir besprechen. Unter vier Augen.»

»Komm einfach nach dem Training rein.«

Sabine ging wieder Richtung Container, und Brocki sagte:
»Du kannst sie wirklich alle haben.«

Aber das ist kein Bundesgesetz, dachte Förster.

43 Die Arbeit des Herrn

»Also kann es sein, dass ihr nicht absteigt, weil Fränge den Faschisten die Stirn geboten hat?«

»Das waren jetzt nicht wirklich Faschisten, Papa.«

»Für mich klang das schon sehr nach Faschisten, was meinst du, Susanne?«

Monika kam vom Küchenblock herüber und reichte Förster ein Glas Wein, während im Wohnzimmerfenster die Sonne unterging. Sie setzte sich neben ihn aufs Sofa und grüßte in den Bildschirm des Laptops hinein. Försters Vater trug heute ein schwarzes Jeanshemd, was eher untypisch war, denn sonst bevorzugte er das klassische Blau. Seine Mutter hatte eine helle Jeans und ein gelbes ärmelloses Oberteil an. Die sehen immer noch nicht aus wie Mitte siebzig, dachte Förster.

»Ich finde, Klaus hat recht«, meinte seine Mutter. »Wie willst du solche Leute sonst nennen, Roland?«

»Bei Faschisten denke ich mehr an wirklich organisierte Gruppen in einheitlichen Klamotten mit einem regelmäßig ausgelebten Hang zur Gewalt. Das war die leider ganz normale Ausländerfeindlichkeit im Alltag, Mama. Das macht es nicht besser, aber es ist eben noch kein Faschismus.«

»Wenn das Spiel jetzt nur mit drei null gegen euch gewertet wird und ihr deshalb, also wegen der besseren Tordifferenz, die Liga haltet, dann ist das nur gerecht«, sagte Försters Vater. »Ihr verrichtet die Arbeit des Herrn.«

»Wirst du im Alter religiös, Klaus?«, fragte Monika.

Försters Mutter legte ihrem Mann eine Hand aufs Knie. »Das werde ich zu verhindern wissen. Aber im Ernst, Roland. Wie stehen eure Chancen?«

Förster fand es rührend, dass seine Eltern so intensiv Anteil am Schicksal der Mannschaft nahmen. »Wenn wir ehrlich sind, sieht es nicht gut aus. Wir müssten das letzte Spiel, jetzt am Samstag, unbedingt gewinnen. Selbst ein Unentschieden reicht nicht. Aber wir spielen gegen den Tabellenvierten, und wahrscheinlich werden wir hoch verlieren.«

»Wer kämpft, kann verlieren, aber wer nicht kämpft, hat schon verloren.«

»Oh, Papa, Bitte nicht die Sprüche aus der Straßenkämpfer-Mottenkiste.«

»Wir freuen uns jedenfalls drauf«, sagte seine Mutter.

»Ich schreibe euch gleich nach dem Spiel eine Nachricht, wenn euch das so brennend interessiert.«

»Ist nicht nötig, wir kriegen es ja direkt mit«, sagte der Vater.

»Was meinst du damit?«

»Wir werden dabei sein.«

»Was soll das heißen?«

Försters Mutter lächelte. »Wir kommen am Freitagabend nach Bochum und sind dann am Samstag bei deinem Spiel dabei.«

»Ihr kommt extra für das Spiel aus Südfrankreich?«

Försters Vater nickte. »Ja klar, mein Junge, das ist doch Ehrensache.«

Seine Mutter boxte ihren Mann gegen den Oberarm und sagte, ganz so sei es nicht, am Samstagabend sei der Vater zu einer Party in Düsseldorf eingeladen, wo ein ehemaliger Kollege emeritiert werde, und so könnten sie beides verbinden.

»Wusstest du das?«, wandte er sich an Monika, aber die schüttelte den Kopf.

»Wir freuen uns, euch mal wieder zu sehen«, sagte Försters Mutter.

»Wir freuen uns auch«, sagte Monika.

Förster war sich da nicht so sicher. »Ich muss gerade daran denken, wie ich in der Musikschule vorgespielt habe.«

Seine Mutter lachte. »Du warst toll!«

»Es sah ein bisschen komisch aus, wie du die Gitarre gehalten hast«, erinnerte sich sein Vater. »Zwischen den Oberschenkeln, den Hals im Fünfundvierzig-Grad-Winkel nach oben und ein Fuß auf diesem albernen Bänkchen. Ich meine, wenn schon akustische Gitarre, dann aber auch in der richtigen Haltung, also auf den Oberschenkeln und den Hals waagerecht.«

Monika sah Förster an. »Weißt du noch, was du gespielt hast?«

»Habe ich verdrängt.«

Aber seine Mutter wusste es noch ganz genau. »*Der Marsch der Zinnsoldaten* aus dem *Nussknacker* von Tschaikowski.«

»Es war grauenhaft, ich habe komplett versagt.«

»Kein Wunder«, sagte sein Vater, »du bist der Sohn eines Rock'n'Rollers. Klassik ist gegen deine genetische Disposition.«

»Nein, er hat sehr schön gespielt, Klaus.«

»Die anderen Kinder haben mich ausgelacht.«

»Du warst vielleicht ein bisschen nervös.«

»Ich hätte das gerne gesehen«, sagte Monika.

»Hättest du nicht«, versicherte Förster.

»Wir haben dir doch zum Fünfzigsten diese Gitarre geschenkt«, sagte sein Vater. »Du könntest uns am Wochenende was vorspielen.«

Das wird ja immer schlimmer, dachte Förster. Die Gitarre stand im Keller. Er musste zugeben, dass er ab und an dort hinunterging, sie stimmte und ein bisschen was spielte, aber er passte auf, dass Monika nichts davon mitbekam.

»Ich glaube, er spielt manchmal heimlich im Keller«, sagte sie in diesem Moment.

»Du warst schon immer so bescheiden«, sagte Försters Mutter.

»Bescheiden sind vor allem meine Fähigkeiten auf dem Ding«, sagte Förster.

»Du hast damals bei dem Auftritt an der Schule diese Kris-Kristofferson-Nummer gespielt«, sagte sein Vater. »Die war nicht schlecht.«

»Können wir jetzt das Thema wechseln?«, bat Förster.

»Wo man singt, da lass dich ruhig nieder«, sagte seine Mutter.

»Denn böse Menschen haben keine Lieder«, vervollständigte sein Vater den Satz.

»Das ist ja nun absoluter Quatsch«, meinte Förster. »Die Nazis haben ständig gesungen.«

»Womit wir wieder bei den Faschisten wären, die deine Jungs beleidigt haben«, sagte sein Vater. »Die singen wahrscheinlich Schlager. So ganz übles Zeug. Wie heißt diese Blonde?«

»Helga Fischer oder so«, sagte Försters Mutter.

»Wir müssen jetzt Schluss machen«, sagte Förster. »Das Essen ist gleich fertig.«

Seine Mutter warf ihm eine Kusshand zu. »Wir sehen uns am Samstag.«

»Wenn du eine zweite Gitarre auftreibst, könnten wir am Sonntag ein wenig jammen«, sagte sein Vater. »Das haben wir noch nie gemacht.«

»Und dafür gibt es Gründe«, murmelte Förster.

Sie verabschiedeten sich, und Förster klappte den Laptop zu. »Das wird übel. Das wird ganz übel.«

Monika küsste ihn auf die Stirn. »Sei lieb zu ihnen. Deine Eltern sind toll. Du verrichtest die Arbeit des Herrn.«

44 Hase oder Kaninchen

Hase oder Kaninchen, dachte Förster, das ist ja ein bisschen wie die Frage Zitronen oder Limetten, denn eines von beiden war jeweils größer als das andere, aber ob sich auch der Geschmack so stark voneinander unterscheidet, weiß ich jetzt nicht, ist aber auch egal, denn viel mehr beschäftigte ihn die Frage, wieso dieses Tier hier und jetzt vor der Kabine saß, völlig reglos, die Augen geschlossen. Die halbe Mannschaft stand aufgeregt drumherum.

NIKLAS: Ist das ein Hase oder ein Kaninchen?

MIRKAN: Muss ein Kaninchen sein. Hasen gibt es hier doch gar nicht.

MARVIN: Sicher gibt es hier Hasen.

LUAN: Aber für ein Kaninchen ist es zu groß.

MOSTAFA: Sind Hasen immer größer als Kaninchen?

MIRKAN: Auf jeden! Und die haben größere Ohren!

MOSTAFA: Größer als wer?

MIRKAN: Größer als überhaupt.

ALEX: Ich glaube, das ist tot.

MARVIN: Das ist auf jeden Fall tot!

NIKLAS: Dann würde es aber nicht so sitzen, dann würde es doch liegen, oder?

ALEX: Aber das atmet gar nicht. Man müsste doch sehen, dass sich was bewegt, wenn es atmen würde.

MARVIN: Das ist die Leichenstarre.

JUSTIN: Gesund ist das jedenfalls nicht, sonst würde es nicht hier sitzen.

LUAN: Wir müssen dem helfen.

MIRKAN: Was sollen wir denn machen?

LUAN: Tierarzt oder so.

MOSTAFA: Wenn es noch nicht ganz tot ist, dann aber fast. Müsste man mit einer Schüppe draufhauen oder so.

LUAN: Waaas?

MOSTAFA: Ist doch scheiße, wenn das leidet.

LUAN: Schlägst du deine Omma auch tot, wenn die alt ist?

MOSTAFA: Das ist aber nicht meine Omma, sondern ein Kaninchen.

NIKLAS: Oder ein Hase.

Förster hatte den Eindruck, jetzt war er gefordert. Er war der einzige Erwachsene hier. Er müsste vorangehen, das Tier wegbringen, irgendwie die Initiative ergreifen, doch er fühlte sich hilflos. Er konnte sich nicht vorstellen, das vielleicht noch lebende Tier anzufassen. Und wenn doch, was sollte er damit machen? Es einfach irgendwo hintragen? Tatsächlich zum Tierarzt bringen?

MARVIN: Wenn du da draufhaust, musst du aber aufpassen, dass der Kopf nicht abgeht oder so. Das wär eklig.

LUAN: Ey, Alter, wie bist du denn drauf?

MARVIN: Hab ich mal gesehen, Junge! Da hat einer mit einer Schaufel auf einen Vogel gehauen, der noch gezuckt hat, aber mit der Vorderseite, und dann ist der Kopf abgegangen. Ich dachte, ich muss kotzen.

LUAN: Ich kotz auch gleich!

JUSTIN: Lass dir keinen Scheiß erzählen. Man kann auch einen Stein nehmen.

ALEX: Ihr seid mir alle zu hart drauf!

LUAN: Wieso alle? Ich nicht! Ich bin dafür, dass wir das zum Tierarzt bringen.

MIRKAN: Ey, Junge, das ist ein Wildtier! Wenn du das anfasst, dann kriegst du Bazillen und Flöhe und was weiß ich. Kannst du nicht anfassen, Mann!

MOSTAFA: Guck doch mal YouTube, was man machen kann.

FÖRSTER: Wieso YouTube?

MOSTAFA: Gibt vielleicht ein Tutorial.

FÖRSTER: Eine Anleitung, wie man Kaninchen erschlägt?

ALEX: Bei YouTube gibt es alles.

Plötzlich zuckten alle zurück, Luan machte: *Aaah!,* Mirkan und Mostafa schrien: *Alter!,* denn das Kaninchen sprang plötzlich wie aus dem Nichts, ohne sich vorher irgendwie bewegt zu haben, etwa fünfzig Zentimeter senkrecht in die Höhe, kam wieder am Boden auf, rannte in einem Tempo, das Förster nicht im Traum für möglich gehalten hätte, zwischen Luans Beinen hindurch und etwa fünfzehn Meter geradeaus, prallte dann gegen eine unsichtbare Wand und fiel auf die Seite.

JUSTIN: Was war das denn?

LUAN: Voll unheimlich!

MIRKAN: Der Horror!

MOSTAFA: Habt ihr das auch gesehen?

MARVIN: Jetzt ist das auf jeden Fall tot!

Justin war der Erste, der zu dem Kaninchen hinüberging.

JUSTIN: Das zuckt noch!

Ein paar Sekunden später standen sie wieder alle um das Kaninchen herum.

NIKLAS: Ich glaube jetzt auch, dass das ein Kaninchen ist.

ALEX: Das sieht jetzt kleiner aus.

LUAN: Ich finde, das sieht größer aus, wie das so auf der Seite liegt.

MOSTAFA: Die Beine zucken, als würde das immer noch weglaufen.

NIKLAS: Aber nur die vorne.

MIRKAN: Das hat Vorderbeinantrieb.

Niemand lachte.

ALEX: Förster, was sollen wir tun?

FÖRSTER: Vielleicht mal fragen, ob der Verein eine Schaufel hat.

LUAN: Und dann da draufhauen?

Förster sah, dass Luan kurz davor war, in Tränen auszubrechen.

FÖRSTER: Nein, um das wegzutragen.

LUAN: Zum Tierarzt?

FÖRSTER: Ich fürchte, das hat keinen Sinn mehr.

NIKLAS: Die Augen sind ganz verklebt.

MOSTAFA: Das ist krank, ganz sicher.

MIRKAN: Und gerade war das noch voll schnell! Hast du gesehen, wie das abgegangen ist?

MOSTAFA: Alter, ich war dabei!

Plötzlich stand Friedhelm neben Förster und fragte, was los sei. Förster deutete auf das auf der Seite liegende, heftig pumpende Tier. Friedhelms Zöpfchen am Hinterkopf hatte sich über den Winter zu einem ernst zu nehmenden Zopf ausgewachsen, seine roten Schuhe wirkten, freundlich ausgedrückt, gut eingelaufen und auch der Bauch hatte etwas zugelegt und spannte ein T-Shirt mit der Aufschrift *Klar, mach ich! Nur nicht jetzt!*. Er sagte: »Ich hol mal ne Schaufel.«

»Aber nicht draufhauen!«, rief Luan.

Friedhelm sah ihn ein paar Sekunden an und sagte schließlich: »Ich bring es ins Gebüsch, und da kann es dann in Ruhe sterben.«

Luan schien beruhigt zu sein. Friedhelm beugte sich zu Förster und murmelte: »Klar hau ich drauf. Man kann das doch nicht so leiden lassen.«

Friedhelm entfernte sich, die Jungs standen stumm da und betrachteten das Tier im Todeskampf.

Förster schickte sie in die Kabine, und als sie verschwunden waren, kam Friedhelm mit einer großen Schaufel und schob das Blatt vorsichtig unter das Tier.

»Ist das jetzt ein Kaninchen oder ein Hase?«, fragte Förster.

»Für einen Hasen ist das viel zu klein.«

»Wenn du da draufhaust, Friedhelm ... Also, ich muss das nicht unbedingt mitbekommen.«

»Schon klar. Ich mach das hinterm Vereinsheim.«

»Und dann?«

»Na ja, dann schmeiß ich es in die Mülltonne. Was soll ich denn sonst machen?«

Das wusste Förster auch nicht.

»Ich hoffe mal, das ist kein schlechtes Omen für euer Spiel heute.«

Förster fürchtete, dass es genau das war.

45 Da Vinci

Es war eine Menge los auf dem Platz, letzter Spieltag der Saison, gerade spielte die D-Jugend, es waren mehr Eltern gekommen als sonst. Die wollen alle noch mal ein bisschen Fußballluft schnuppern, bevor die Sommerpause kommt, dachte Förster. Er hatte auch den Eindruck, dass das Kleine-Geschwister-Aufkommen heute ebenfalls höher war. Es war ein Herumlaufen und Herumgewusel allenthalben, und am Fangzaun hinter dem Tor, das dem Vereinsheim am nächsten lag, hatte man zwei schwarze Bottiche aufgehängt, einen nur knapp über dem Boden, einen in einem Meter achtzig Höhe, mit einem diagonalen Abstand von etwa zwei Metern, um eine Torwand zu simulieren, und es wurde auch unentwegt drauf geschossen, drei unten, drei oben, so viel hatte mittlerweile auch Förster gelernt, aber die meisten trafen den Fangzaun.

Förster wandte sich dem Vereinsheim zu und fand, das war ein schöner Anblick, wie sie da alle unter dem Wellplastikdach saßen: Dreffke hielt ein Bier in der Hand, Frau Strobel eine Flasche Fanta mit einem Strohhalm, Monika und Martina bekamen es wieder mit Friedhelm zu tun, die Uli reichte Arjana und Luiza gerade je einen Kaffeebecher, und mittendrin saßen Försters Eltern, das ist ja praktisch das letzte Abendmahl fürs einundzwanzigste Jahrhundert, die müsste man gruppieren wie auf dem Gemälde von da Vinci und dann ein Foto machen, dachte er.

»Das ist ja die reinste Kirmes heute!«

Fränge war an Förster herangetreten und betrachtete mit leicht zusammengekniffenen Augen das Tableau der Freunde und Verwandten vor dem Vereinsheim. Förster erzählte die Geschichte mit dem Kaninchen.

»Bist du sicher, dass das ein Kaninchen war? Könnte auch ein Hase gewesen sein. Da gibt es eine Krankheit, die heißt Hasenpest.«

»Für einen Hasen war das Tier zu klein. Und können nicht auch Kaninchen die Hasenpest kriegen?«

»Keine Ahnung.«

»Sind ja doch irgendwie verwandte Tiere, und wenn es dieselbe Krankheit ist, muss man ja nicht mit zwei unterschiedlichen Begriffen arbeiten. Und was ist das denn da für ein Geballer am Fangzaun? Wenn wir spielen, müssen die damit aber aufhören, das macht den Valentin doch ganz kirre!«

»Das sieht hier ja aus wie auf dem Rummelplatz«, schaltete sich jetzt auch noch Brocki ein, der gerade auf dem Platz die Eckfahnen eingesetzt hatte.

Fränge stöhnte. »Wieso Rummelplatz? Bei uns heißt das Kirmes. Eine Kirmes mit Torwandschießen auf Speisbottiche.«

»Die Dinger heißen Mörtelkübel«, sagte Brocki. »Und ob Kirmes oder Rummelplatz ist egal. Hauptsache, es ist ordentlich was los. Ist schließlich der letzte Spieltag.«

»In jeder Hinsicht«, meinte Fränge.

Förster runzelte die Stirn. »Was soll das heißen?«

»Ich bin doch neulich nach dem Training zur Sabine in den Container gegangen ... « Fränge machte eine Pause, die wohl bedeutungsschwanger sein sollte, wie Förster vermutete.

»Ja, und?«, sagte Brocki.

»Da habe ich ihr gesagt, dass ich nicht weitermache. Der Eren übernimmt die Mannschaft zur nächsten Saison.«

Brocki zog die Augenbrauen hoch. »Du bist gefeuert? Dein Vertrag wurde nicht verlängert? Man plant demnächst ohne dich?«

Fränge verdrehte die Augen. »Hörst du mir nicht zu? Es war einzig und allein meine Entscheidung.«

»Wieso das denn?«

Förster fand, sie hatten die Mannschaft und den Trainingsbetrieb in den letzten Wochen richtig gut im Griff gehabt. Mit diesen Erfahrungen wären sie in der nächsten Saison viel besser vorbereitet, spielten vielleicht eine Liga tiefer und dann als Altjahrgang, das könnte richtig Spaß machen.

»Ich kann das nicht mehr«, sagte Fränge.

»Ich hatte den Eindruck, wir fangen gerade erst an«, sagte Brocki. »Wir wissen jetzt, worauf es ankommt, und in der nächsten Saison sind wir Altjahrgang!«

Es entstand eine Pause, in die Adnans kleiner Bruder mit einem lang gezogenen Schrei auf seinem Laufrad hineinplatzte. Beinahe wäre er Brocki über den Fuß gefahren, aber der sprang gerade noch rechtzeitig zur Seite.

»Dem klau ich das Rad unterm Hintern weg und bringe es zum Klüngelskerl.«

Förster musste grinsen. Nur Brocki verwendete noch Wörter wie Klüngelskerl, den früher gebräuchlichen Begriff für Altmetallsammler.

»Ich kann euch gar nicht sagen, wie dankbar ich euch bin, dass ihr das mit mir durchgezogen habt«, sagte Fränge. »Aber ich bin hier echt an meine Grenzen gekommen. Ich liege nachts wach und frage mich, wie ich diesen Sack voll Flöhe besser hüten kann. Und ich fühle mich langsam fachlich überfordert. C-Jugend, großer Platz, das ist verdammt nahe am echten Fußball. Wenn die mich in bestimmten Situationen fragen, was sie machen sollen, habe ich oft keine Antworten. Da muss ein echter Fußballer ran. Der Eren ist genau der Richtige. Ich weiß nicht, ob mich die ganze Sache dem Alex wieder nähergebracht hat. Ich habe so verdammt viele Fehler gemacht.«

Wir stehen hier auf dem Präsentierteller, dachte Förster, drei Männer in identischen Poloshirts unter einem Himmel, der über der Stadt noch ein optimistisches Blau zeigt, während sich über den Schrebergärten und der Autobahn ein Unwetter zusammenbraut. Da türmten sich die Wolken in einem Grau, das schon gerne ein Schwarz wäre, und Förster fand auch, dass das Verb *türmen* gar nicht stimmte, die Wolken drängelten sich vielmehr zusammen, als könnte keine von ihnen erwarten, die erste zu sein, die sich über dem Platz der Spielvereinigung entleerte.

»Wer mit dir aufgewachsen ist«, sagte Brocki, »hat eine ganz andere Vorstellung davon, was Fehler sind.«

Fränge machte weiter: »Ich stehe da manchmal und denke: Was sage ich als Nächstes? Was tue ich als Nächstes? Und dann denke ich, ich hätte es genau andersrum machen müssen. Mit einem anderen Trainer sind die bestimmt besser dran.«

»Jetzt lass uns erst mal das Spiel heute hinter uns bringen«, sagte Förster.

Fränge blickte hinauf zu den dunklen Wolken. »Wenn das überhaupt stattfindet. Guck dir mal den Himmel an.«

Förster sagte: »Wir sollten unsere Leute unter dem Wellblechdach gruppieren wie auf dem Da-Vinci-Gemälde vom letzten Abendmahl und dann ein Foto machen.«

Brocki und Fränge guckten, als hätte er vorgeschlagen, die Erde aus ihrer Umlaufbahn zu schieben.

»Wieso Abendmahl?«, fragte Brocki.

»Ist gerade mal Mittag«, sagte Fränge.

Förster seufzte. »War ein Scherz.«

»Ach so«, sagte Brocki.

Förster meinte, er kümmere sich mal um den Spielbericht.

46 Rausgehen und weghauen

Förster winkte zum Vereinsheim hinüber, aber niemand winkte zurück, obwohl er den Eindruck hatte, die meisten schauten in seine Richtung. Über der Autobahn warteten die dunklen Wolken offenbar darauf, dass das Spiel anfing. Sich jetzt schon zu entleeren wäre wohl Zeitverschwendung, dachte Förster, wo bliebe denn da der Spaß. Als Wolke würde er vielleicht genauso denken.

Der Trainer der gegnerischen Mannschaft trat aus dem Container und grüßte Förster, dem gleich auffiel, dass das ein anderer Trainer war als beim Hinspiel.

»Ich habe den Spielbericht freigegeben«, sagte der Mann im roten Poloshirt. »Ich bin der Stefan. Mit f. Ist mir wichtig. Ich finde, die mit ph wollen immer was Besseres sein, oder?«

»Förster.«

»Ja, ich weiß. Ich hab schon ein paar Bücher von dir gelesen.«

Oh, das ist neu, dachte Förster. In der gesamten Saison hatte er noch niemanden getroffen, der oder die ihn gekannt hätte.

»Auch das neue fand ich super.«

»Vielen Dank.«

»Ist ja manchmal so, dass man denkt: Früher war der besser, aber das finde ich bei dir gar nicht. Tolle Entwicklung. Gegen die Mannschaft meines Lieblingsautors zu verlieren, würde ein bisschen weniger wehtun als gegen eine andere.«

Förster winkte ab. »Wir können doch gar nicht gewinnen. In der Liga gibt es eine klare Zweiteilung. Die drei Mannschaften ganz unten können sich gegenseitig schlagen, die darüber sind jenseitig.«

»Ja, ich weiß«, sagte Stefan, »aber wir haben heute mehr als die Hälfte aus der C2 dabei. Verletzungen, Abgänge, ich weiß überhaupt nicht, was los ist. Und ihr habt diesen Rothaarigen.«

»Justin? Ihr habt von dem gehört?«

»Ja, klar. Der ist doch die Granate! Nur der Vater hat einen an der Waffel.«

Förster war überrascht. »Woher weißt du das?«

»Der Junge ist Thema bei den größeren Vereinen. Und wer ihn hat spielen sehen, hat auch mitbekommen, wie der Vater mit ihm umgeht.«

»Der will unbedingt, dass der Junge Profi wird.«

Stefan atmete aus. »Weiß man gar nicht, ob man das einem Jungen überhaupt wünschen soll, heutzutage. Klar, die Kohle ist fein, aber du kannst auch keinen Furz lassen, ohne dass du im Internet durch die Scheiße gezogen wirst. Möchtest du an alles erinnert werden, was du mit zwanzig gemacht hast?«

Förster musste nicht nachdenken, um diese Frage entschieden zu verneinen.

»Aber ich habe gehört, ihr seid ihn los.«

Sie waren bei den Kabinen angekommen. Förster blieb stehen und sah Stefan an. »Wie meinst du das?«

»Die 09er haben ihn sich geschnappt.«

»Sagt wer?«

»Die 09er sagen das. Ihr wisst von nix?«

»Ich jedenfalls nicht.«

»Für den VfL oder den BVB hat es noch nicht gereicht, aber bei 09, da kann er auf sich aufmerksam machen. Und ihr habt heute eine echte Chance. Ich meine, die TSG wird gegen Arminia auf jeden Fall verlieren. So, ich muss jetzt mal meine Jungs einnorden. Wird ein schweres Spiel. Viel Glück.«

Förster sah diesem Stefan nach und dachte, dass er recht haben könnte. Die TSG hatte nur einen Punkt Vorsprung und spielte heute gegen Arminia, den Tabellenzweiten, der in der ganzen Saison nur zwei Spiele verloren hatte. Wenn die Spielvereinigung also ihr Spiel gewann, würden sie bei der zu erwartenden Niederlage der TSG tatsächlich die Klasse halten.

Als Förster in die Kabine kam, war Alim gerade dabei, Mostafa die Schnürsenkel zu binden, dabei hatten sie sich doch schon aufgewärmt und warteten auf die Passkontrolle. Die Jungs waren überraschend still. Sieger sehen anders aus, dachte Förster.

Auch Fränge spürte offensichtlich, dass hier wenig Zuversicht herrschte. »Was ist los, Jungs?«, rief er. »Das wird ein geiles Spiel! Heute könnt ihr wirklich was erreichen! Das letzte Spiel der Saison. Hinterher grillen wir zusammen, und ihr dürft euch richtig die Kante geben. Mit Cola UND Fanta!«

Armani hob die Hand.

»Du musst nicht aufzeigen, Armani.«

»Was ist mit dem Wetter?«

»Es soll auch heute wieder welches geben«, sagte Fränge.

»Die Wolken ...« sagte Armani zögernd. »Die sehen nicht gut aus. Wenn das regnet, dann richtig hart. Und was ist, wenn es Gewitter gibt? Blitze können töten!«

»Wenn es gewittert, wird das Spiel unterbrochen.«

»Ja, wegen der Gegner, die Weicheier!«, rief Mostafa. »Der

Blitz soll kommen, ich mach den fertig! Ich stell mich so hin ...« Er sprang auf und streckte einen Arm in die Höhe. »Und dann fang ich den, und dann wird daraus Energie, und ich mach die anderen fertig!«

»Das klingt schon besser«, meinte Fränge. »Obwohl wir das mit dem erhobenen Arm bei Gewitter nicht wirklich ausprobieren wollen.«

»Wie ist das Hinspiel ausgegangen?«, fragte Luan.

Das hatten sie eins zu drei verloren, erinnerte sich Förster. Vielleicht war das ein gutes Omen.

»Ist doch egal«, sagte Adnan und schien sich rechtzeitig daran zu erinnern, dass er als Kapitän für die Stimmung in der Mannschaft zuständig war. »Wir machen heute unser bestes Spiel, und vielleicht sind die heute schlechter oder haben Verletzte oder so. Weiß man doch nicht.«

»Adnan hat recht«, sagte Justin. »Lass uns noch mal alles raushauen.«

»Und wenn es regnet?«, jammerte Armani.

»Dann wirst du nass«, sagte Niklas.

»Und weißt du was, Digga?«, sagte Alim. »Man hat schon von Leuten gehört, die sind wieder trocken geworden.«

»Vielleicht bist du aber auch tot«, sagte Mirkan, »weil der Blitz dich killt. Kann nicht jeder, Blitze fangen.«

»Wir müssen konsequent über die Außen spielen und dann flach rein. Die sind groß, da ist nichts mit Kopfball«, sagte Justin.

»Weiß man nicht genau«, sagte Förster.

Alle sahen ihn an. Er fragte sich, ob er ihnen verraten sollte, dass die anderen tatsächlich schwer ersatzgeschwächt waren. Er hatte keine Gelegenheit gehabt, sich mit Fränge abzusprechen, aber vielleicht war es einfacher für die Jungs, wenn sie auf den Platz gingen und an ihre Chance glaubten. Andererseits drehte einer wie Mostafa auch gern durch und schwadronierte davon, dass er ganz allein den Gegner mit sechs null abschießen würde.

Fränge runzelte die Stirn. »Wieso weiß man das nicht genau?«

Das muss ich jetzt durchziehen, dachte Förster. »Ich habe mit dem Trainer der anderen gesprochen. Die sind ziemlich ersatzgeschwächt. Haben jede Menge aus der C2 dabei. Ich würde sagen, da geht was, Jungs. Wir können hier heute echt den Klassenerhalt klarmachen.«

Fränge klatschte in die Hände. »SO WAS will ich hören!«

Es klopfte, die Tür ging auf und die schöne Schiedsrichterin stand vor ihnen. Förster fiel auf, dass Grischa knallrot wurde.

»Hallo, zusammen«, sagte die Schiri.

Vereinzelt war ein schüchternes »Hallo« zu hören.

Förster fiel der Name der jungen Frau nicht mehr ein. Brocki wusste den, denn das war ja eine seiner Schülerinnen, aber er war draußen.

Die Schiedsrichterin hielt ihre kleine Ansprache, wie die Passkontrolle vonstattengehen sollte, und Förster hatte den Eindruck, dass sie diesmal ein bisschen mehr lächelte als vor dem ersten Spiel zu Beginn der Saison. Überhaupt, dachte er, ist das ja mal wieder eine Ellipse, die man sich nicht ausdenken kann: Das erste und das letzte Spiel der Saison werden von der gleichen Schiedsrichterin gepfiffen, der wir zwischendurch nicht begegnet sind, das Leben ist manchmal sehr unglaubwürdig.

Linda, erinnerte sich Förster.

Die Schiri rief die Namen auf, der jeweilige Spieler erhob sich und zeigte seine Rückennummer. Sie wies die Jungs noch darauf hin, dass sie ihre Entscheidungen zu akzeptieren, nicht zu diskutieren hätten und sie sich bewusst sei, dass dies ein sehr entscheidendes Spiel sei, was aber nicht

heiße, dass sie irgendetwas mit der Ausrede durchgehen lassen würde, es seien besonders viele Emotionen im Spiel.

Kaum war sie raus, ging es los.

MIRKAN: Ey, die sieht noch besser aus als letztes Jahr.

MOSTAFA: Ich mach drei Tore, und dann krieg ich ihre
Nummer!

JUSTIN: Du hast in der ganzen Saison keine drei Tore
gemacht!

ALIM: Die ist echt voll schön!

MOSTAFA: Ich hab fünf Tore gemacht in der Saison!

LUAN: Ich hab die in der Stadt gesehen mit ihrem Freund.

MIRKAN: Die ist immer noch älter als wir alle, die gibt
keinem von uns ihre Nummer.

PAUL: Mein Bruder kennt die, die war mal bei uns zu Hause.

MOSTAFA: Echt jetzt?

LUAN: Aber die hat einen Freund.

PAUL: Mein Bruder hat im Keller gefeiert, da war die dabei.

ALIM: Sag mal Bescheid, wenn dein Bruder wieder feiert.

LUAN: Wir sind zu klein für die.

MOSTAFA: Du bist zu klein, ich bin nur zu jung.

MARVIN: Ist doch dasselbe.

ARMANI: Ich finde, das gelbe Oberteil steht ihr echt gut.

JUSTIN: Wir können sie einladen, hinterher mit uns zu grillen.

LUAN: Das macht die sowieso nicht.

MIRKAN: Ist doch letztes Spiel.

LUAN: Die hat einen Freund.

JUSTIN: Aber essen muss die trotzdem.

ALEX: Ich frage sie.

JUSTIN: Wieso du?

ALEX: Wieso nicht ich?

ADNAN: Das macht der Kapitän. Und jetzt konzentriert euch aufs Spiel. Wir gehen da raus und hauen die weg.

MARVIN: Kommst du dir nicht irgendwann blöd vor?

ADNAN: Wieso das denn?

MOSTAFA: Ich foul immer nur ein bisschen, dann muss die kommen und mich ermahnen.

MARVIN: Wir verlieren doch sowieso und steigen ab.

JUSTIN: Stabil, Junge! Du hast doch gehört, dass die viele aus der C2 dabeihaben!

PAUL: Keine Handbreit den Faschisten!

ALEX: Was soll das jetzt?

PAUL: Weiß nicht, aber ich gehe voll heiß aufs Feld, wenn ich das sage.

ARMANI: Ich glaube, ich muss mich noch mal kämmen.

Fränge klatschte in die Hände. »Auf geht's, Männer!«

Adnan und Mirkan schlugen sich jeder mit der Faust an die Brust und riefen im Chor: »Bollwerk!«, und Förster dachte: Adnan hat recht: Wir gehen jetzt raus und hauen die weg. Wenn das Wetter mitspielt.

47 Liveticker 1:
Pferde und Apotheken

14:55 Uhr Herzlich willkommen zum Liveticker, den wir heute bei der Spielvereinigung zum ersten Mal anbieten. Kleiner Testlauf. Demnächst vielleicht auch bei anderen Spielen. Wir, das sind der Timo und ich, der Daniel, wir spielen in der Ersten Mannschaft der Spielvereinigung. Auf geht's!

0‹ Fünfzehn Uhr, die Schiedsrichterin pfeift pünktlich an. Entscheidendes Spiel heute. Mit einem Sieg gegen die DJK könnte doch noch der Klassenerhalt klargemacht werden, wenn gleichzeitig die TSG gegen Arminia verliert. Sieht man sich den Saisonverlauf an, stehen die Chancen für die Spielvereinigung nicht gerade gut. Aber wir kennen alle den Spruch von den Pferden und den Apotheken.

1‹ Gleich zu Beginn Unordnung in den Reihen der Spielvereinigung. Giampiero spielt beim Anstoß den Ball zu Mostafa, der ihn nach hinten auf Innenverteidiger Adnan passt. Der ist nur mäßig amüsiert, spielt den Ball laut schimpfend, aber sauber auf Niklas, unseren linken Mittelfeldspieler.

5‹ Bisher ist nicht viel passiert, außer dass die Spielvereinigung vier Einwürfe hintereinander bekommen und sich so bis auf die Höhe des Strafraums der DJK vorgearbeitet hat. Dann aber hat die Schiedsrichterin einen falschen Einwurf gepfiffen, da unser Luan nicht beide Füße am Boden hatte. Dabei ist es doch so wichtig, wirklich mit beiden Beinen mitten im Leben zu stehen.

11< Mostafa versucht sich an einem Solo, lässt tatsächlich zwei Gegner aussteigen, bleibt aber am dritten hängen.

12< ⚽ 0:1 für die DJK. Marvin kann eine Flanke der DJK nur auf Kosten eines Eckballs verhindern. Der kommt scharf in den Fünfer, Valentin faustet zur Seite. Der Achter der DJK nimmt ihn volley, befördert ihn aber Richtung Eckfahne, wo der Vierer der DJK ihn annimmt und an die Strafraumkante zurückpasst. Der Siebener schießt, Mirkan fälscht noch ab. Unglückliches Gegentor.

15< Immer wieder besorgte Blicke zum Himmel. Da braut sich was zusammen.

18< Die Spielvereinigung hält mutig dagegen. Justin verzieht knapp aus achtzehn Metern. Das wird kein Selbstläufer für die DJK. Die ersten Tropfen fallen.

21< ⚽ TOOOOOOOR für die Spielvereinigung! Neuer Spielstand: Spielvereinigung 1, DJK 0! Danke – bitte! So würde es in manchem Stadion gebrüllt, aber das ist ja mittlerweile peinlich, also deshalb mal ganz sachlich hier: Es steht 1:1. Und so ist es passiert: Der Regen wird stärker, die DJK drängt auf das 2:0 und rückt sehr weit auf. Justin gewinnt einen Zweikampf im Mittelfeld und spielt einen Ball in die Tiefe, Giampiero ist schneller als die viel zu hoch stehende Innenverteidigung der DJK. Die sizilianische Rakete spielt den Torwart aus und schiebt eiskalt ein. Umschaltspiel de luxe!

25‹ Es schüttet jetzt wie aus Eimern, und weil auch schon der erste Blitz über den Himmel gezuckt ist, unterbricht die Schiedsrichterin das Spiel und schickt die Mannschaften in die Kabinen. Wir sind rechtzeitig zurück, wenn es weitergeht.

48 Freiluftsport

»Das sah doch schon ganz gut aus, Jungs«, sagte Fränge.

Durchnässt und keuchend saßen sie auf den Bänken, und Förster dachte, eigentlich müssten die sich jetzt trockene Sachen anziehen, was ist denn mit der Verdunstungskälte, die holen sich doch den Tod, aber das schien allen egal zu sein. Der Satz, den er in den letzten Monaten am häufigsten gehört hatte, wenn es um Fußball bei schlechtem Wetter ging, lautete: *Ist nun mal ein Freiluftsport*. Meistens sagten den die Altvorderen, die vor dem Vereinsheim saßen und früher angeblich bei jedem, wirklich jedem Wetter gespielt haben, Regen, Schnee, Hagel, Sturm, Bullenhitze – egal.

Auf dem Boden lag Granulat verstreut, und die Kabine roch nach Regen, Reinigungsmittel und Schweiß. Mostafa sagte, er wolle sofort wieder raus, er sei heiß ohne Ende. Armani erinnerte noch mal daran, dass es gefährlich war, bei Gewitter zu spielen. Mostafa erwiderte, das sei ihm egal.

»Man wird Asche«, sagte Armani.

»Was, Asche?«, fragte Marvin, der neben ihm saß, sichtbar gereizt.

»Wenn der Blitz dich trifft, dann wirst du Asche.«

Siebenmal wirst du die Asche sein, dachte Förster.

»Menschliche Körper können unter freiem Himmel gar nicht zu Asche verbrennen«, behauptete Paul.

Brocki müsste hier sein, dachte Förster, der würde so etwas wissen.

»Was ist eigentlich mit dem Hasen passiert?«, wollte Luan wissen.

»Der ist in der Küche«, sagte Mirkan.

»Wieso in der Küche?«, fragte Luan.

»Sagen wir mal so: Die Currywurst ist heute nicht aus Schwein.«

Luan wurde blass. »Echt jetzt?«

»Blödsinn«, sagte Förster. »Und jetzt mal zum Spiel.«

»Okay, Jungs«, sagte Fränge, »wenn sogar der Förster drauf drängt ... Ihr habt das super gemacht bisher. Und ihr seht, wir haben hier heute echt eine Chance. Also weiter hinten gut stehen und dann noch mal so einen Pass auf Giampiero.«

Es klopfte, und obwohl niemand *Herein* rief, ging die Tür auf und Stefan, mit f, der Trainer der DJK, stand in der Kabine.

»Es sieht aus, als ob es sich einregnen würde«, sagte er. »Vielleicht sollten wir lieber abbrechen?«

Jetzt kam wieder Bewegung in die Jungs. *Nee, auf keinen Fall, hör auf, was für eine Scheißidee, ich will zocken*, riefen sie durcheinander.

»Über der Innenstadt wird es schon wieder heller«, behauptete Fränge, obwohl die Kabine keine Fenster hatte.

»Bist du sicher?«, fragte Stefan.

Fränge öffnete die Tür und sagte: »Dahinten ist es schon wieder babyblau. Zehn Minuten noch, dann geht es weiter, sage ich. Ist nun mal ein Freiluftsport, Herr Kollege.«

»Okay, warten wir es ab«, sagte Stefan und ging wieder zu seiner Mannschaft.

Fränge grinste. »Merkt ihr was? Denen geht der Arsch auf Grundeis! Die haben Schiss vor euch. Und womit? Mit Recht! Wenn der Regen aufgehört hat, gehen wir raus und schießen die vom Platz. Ist das klar?«

»Jawoll!«, kam es diesmal postwendend.

Während Fränge den Jungs weitere Anweisungen gab, ging Förster aus reiner Neugier mal kurz vor die Tür. Fränge hatte recht: Über der Innenstadt wurde es schon wieder babyblau.

49 Liveticker 2: Der Strahl

36‹ Herzlich willkommen zur zweiten Hälfte. Erst sah es so aus, als würde das Spiel wegen des Gewitters gar nicht mehr angepfiffen, aber dann ging es doch weiter. Nach der Gewitterpause waren wir kurz offline, aber im Spiel ist auch nicht viel passiert. Jetzt wollen wir mal hoffen, dass die Technik stabil bleibt. Auf geht's, Grün-Weiß! Noch vor dem Anstoß ruft Fränge Mostafa zu: »Spiel ab!«. Mostafa brüllt: »Ich hab den Ball doch gar nicht!« Fränge darauf: »Egal, merk es dir einfach.«

39‹ Das war gefährlich, Freunde! Niklas verliert den Ball auf dem linken Flügel, die DJK kombiniert sich schnell durch die Reihen der Spielvereinigung. Das sah aus wie geübt! Einmal mehr rettet das Aluminium.

42‹ Behandlungspause. Der Zehner der DJK liegt am Boden, nachdem er ein Laufduell gegen Adnan verloren hat. Wir haben da kein Foul erkennen können. Und was noch viel wichtiger ist: die Schiedsrichterin auch nicht. Unser Sportkamerad Friedhelm kommt vom Vereinsheim herüber und sagt, die von der DJK seien schon vor dreißig Jahren Memmen gewesen. Und Holzpfosten seien auch besser. Und Asche. Klaus Dudek kommt und drückt Friedhelm ein Bier in die Hand. Jetzt ist Ruhe.

45‹ Das war mal ein wunderbar vorgetragener Angriff unserer Spielvereinigung! Luan erkämpft sich den Ball auf dem rechten Flügel, macht gut Meter, passt auf Justin, der weiterleitet nach links auf Niklas, der wiederum seinen Gegner aussteigen lässt und butterweich nach innen flankt. Giampiero verpasst, aber Alex hält volley drauf. Na gut, der Ball fliegt über den Fangzaun bis zur Straße, aber wie sagte unser alter Trainer immer: Auf dem Schuh sind das nur Millimeter.

47‹ Beste Phase der Spielvereinigung. Grischa schickt Justin, der legt quer auf Giampiero, aber der Keeper ist schnell unten und lenkt zur Ecke, die nichts einbringt.

49‹ ⚽ Tor für die DJK, neuer Spielstand 1:2. Und wieder bewahrheitet sich der alte Spruch: Wenn du die Dinger vorne nicht machst ... Ehrlich gesagt, wissen wir gar nicht, wie der weitergeht, denn den hat noch nie einer zu Ende gesprochen, weil alle wissen, was gemeint ist. Und dann kommt auch gleich der nächste Spruch hinterher: Das wird jetzt ganz schwer für die Spielvereinigung.

52‹ Und beinahe hätte es wieder gescheppert. Beziehungsweise: Es hat auch gescheppert, aber die Schiedsrichterin hat eine Abseitsstellung der DJK erkannt. Ohne Assistenten an der Seitenlinie ist das ja immer schwer zu entscheiden, aber wir sagen jetzt mal: Da lag sie richtig. Die Jungs von der DJK wollen das natürlich nicht einsehen. Einem von denen bringt das eine gelbe Karte ein, und die Schiedsrichterin macht unmissverständlich klar, dass jeder, der ihr noch mal so auf die Pelle rückt, vorzeitig duschen gehen kann. Der Trainer der DJK glättet die Wogen. War klar Abseits, meint er. Guter Mann!

56‹ Vehement fordert die DJK einen Elfmeter. Grischa soll mit der Hand am Ball gewesen sein. Die Schiedsrichterin verneint, zeigt die nächste gelbe Karte wegen Meckerns. Durch unsere alles scharf stellende grün-weiße Brille war klar zu sehen, dass er nicht mit der Hand am Ball war. Und wenn doch, war es keine Absicht. Und wenn doch, ist es nur gerecht, dass es keinen Elfer gibt, weil … Keine Ahnung.

57‹ Unser Trainer Fränge Dahlbusch wechselt zweimal. Alim ist umgeknickt, für ihn kommt Paul. Grischa humpelt vom Platz, hält sich den Oberschenkel, für ihn kommt Armani. Sollte heute noch ein Preis für die beste Frisur vergeben werden, wäre der Junge Topfavorit.

58‹ ⚽ TOOOOR für unsere Spielvereinigung! Meine Fresse, was für ein Strahl! Unübersichtliche Situation vor dem Strafraum der DJK, Justin hält aus dem Gewühl einfach mal drauf, der Keeper reißt die Fäuste hoch und wehrt den Ball nach halbrechts ab, von ihm aus gesehen. Da steht dann einer, den niemand auf dem Schirm hat, Marvin nämlich, der wohl zum ersten Mal in diesem Spiel die eigene Hälfte verlassen hat. Vollspann zieht er ab, und die Kugel schlägt mit Urgewalt im rechten oberen Eck ein. Der Keeper verdient sich gute Haltungsnoten, ist aber machtlos. Die ganze Mannschaft kommt zusammen und feiert Marvin ab. Die DJK ist stinksauer, die haben jetzt Schaum vorm Mund. Das kann ja noch heiter werden.

60‹ Die DJK zeigt sich einigermaßen geschockt, vertändelt den Ball beim Wiederanstoß, und unser Justin pflügt durch die gegnerischen Reihen wie der junge Matthäus oder der aktuelle Leon Goretzka. Wird gerempelt, will aber keinen Elfer schinden, schließt im Fallen ab, dem Torwart in die Arme.

Da auch Giampiero und Mostafa weit aufgerückt sind, ist die Spielvereinigung beim Konter fast blank, aber Adnan klärt gegen den DJK-Zehner. Was unser Abwehrchef hier heute schon weggearbeitet hat, ist unfassbar! Die Spielvereinigung wittert Morgenluft, also Klassenerhalt.

61‹ Adnan macht Richtung Trainerbank das Zeichen, er möchte oder muss ausgewechselt werden. Coach Dahlbusch kann es nicht fassen. Was ist da los?

50 Pep Guardiola

»Was ist da los?«, fragte Förster. »Der sieht nicht verletzt aus.«

Fränge war entsetzt. »Mitten im Angriff! Ist der krank oder was?«

Adnan hörte nicht auf, die Finger kreisen zu lassen, während Luan einen Zweikampf an der Seitenlinie verlor. Die folgende Flanke landete glücklicherweise hinter dem Tor.

»Schiri!«, rief Fränge und machte nun seinerseits das Fingerzeichen. Er blickte zu Grischa und Alim, aber die schüttelten beide nur den Kopf. Alim hatte seine Schuhe ausgezogen, und sein rechter Knöchel war deutlich sichtbar geschwollen.

»Mach mich nicht schwach«, murmelte Brocki. »Müssen wir das Spiel zu zehnt beenden?«

Adnan verließ den Platz über die Torauslinie, Fränge beorderte Justin in die Abwehr zurück. Der begriff sofort und orientierte sich nach hinten.

»Lass dir Zeit«, sagte Fränge und meinte Valentin, den schien aber der Ehrgeiz gepackt zu haben. Viel zu schnell führte er den Abstoß aus. Knapp hinter der Mittellinie gelang es Paul, den Ball zu behaupten und auf Mostafa zu passen, der sich offensichtlich in den Kopf gesetzt hatte, genau jetzt zum Helden zu werden.

»Spiel den einfachen Ball!«, schrie Fränge.

Mostafa aber stürmte mit Tempo Richtung Strafraum.

»Kümmer dich mal um Adnan«, wies Fränge Förster an. »Ich will wissen, was mit dem los ist.«

In diesem Moment kam es zu einem Pressschlag zwischen Mostafa und einem Abwehrspieler. Mostafa schrie auf und fiel um, der Verteidiger schoss den Ball aus der Gefahrenzone, aber eben auch über den Zaun, der den Platz von der dahinterliegenden Kleingartenanlage trennte.

»Wir müssen die Kugel länger in den eigenen Reihen halten«, sagte Brocki.

»Was ist mit Adnan?«, sagte Fränge und sah sich um. »Wo ist der?«

Förster musste zugeben, dass er keine Ahnung hatte.

»Du solltest doch nach dem gucken!«

»Der ist aber gar nicht hier aufgetaucht«, verteidigte sich Förster.

»Wo ist er denn dann, verdammt noch mal?«

Förster ließ den Blick schweifen und entdeckte Adnan auf der anderen Seite des Platzes, wo er mit seiner Mutter sprach.

»Da ist er«, sagte Förster. »Bei seiner Mutter.«

Fränge war perplex. »Luiza? Was machen die da?«

»So wie es aussieht«, sagte Brocki, »hat die ihn ausgewechselt.«

Förster nahm sich vor, sich diesen Moment einzuprägen, denn dass Fränge mal so gar nicht wusste, was er sagen sollte, kam selten vor. Glücklicherweise debattierte der gegnerische Trainer gerade mit der Schiedsrichterin darüber, ob man den verloren gegangenen Ball aus der Kleingartenanlage holen oder einen neuen ins Spiel bringen sollte.

»Wollt ihr nicht auch mal was dazu sagen?«, rief Stefan mit f zu Förster, Fränge und Brocki herüber.

Fränge gestikulierte wild in Richtung Luiza und Adnan, Luiza gestikulierte zurück, und Förster sagte: »Wir haben hier ein kleines Problem.«

Die Schiedsrichterin kam zu den beiden Trainern herüber, ließ sich einen neuen Ball geben, überprüfte den Druck, beorderte Adnan zu sich, zeigte ihm die Gelbe Karte, weil er den Platz nicht ordnungsgemäß verlassen hatte, und wies ihn an, hier zu warten, bis sie ihm das Zeichen gab, dass er wieder aufs Feld dürfe.

»Oh, das gibt Ärger«, sagte Brocki.

Förster folgte seinem Blick und sah Luiza auf sie zukommen.

»Was will die denn jetzt?«, sagte Fränge. »Ich hatte doch schon fast einen Herzinfarkt.«

Das Spiel wurde mit Einwurf für die Spielvereinigung fortgesetzt. Alex war klug genug, den Ball die Linie entlang auf Mostafa zu werfen, der ihn clever mit dem Körper abschirmte. Die Schiedsrichterin bedeutete Adnan, dass er wieder aufs Feld dürfe, und der sprintete zu seiner Innenverteidiger-Position, was Justin die Gelegenheit gab, wieder nach vorne zu rücken. Inzwischen hatte Mostafa den Ball verloren, und es gab Abstoß für die DJK. Luiza war jetzt bei den Trainerbänken angekommen.

»Bist du sauer oder was?«

»Luiza, du kannst nicht einen meiner Spieler einfach mittendrin auswechseln.«

»Ist mein Sohn.«

»Das ist völlig egal. Das hier ist das letzte Spiel der Saison. Wenn wir verlieren, steigen wir ab.«

»Ja, okay, wusste ich nicht. Ich dachte, ihr kriegt sowieso wieder sechs null oder so. Wie steht es denn?«

»Zwei zu zwei, kaum zu fassen, oder? Was wolltest du denn überhaupt von Adnan?«

»Ich habe meinen Hausschlüssel vergessen, und Mergim ist auf Arbeit. Was soll ich machen?« Luiza schenkte Fränge einen ziemlich angriffslustigen Blick.

»Komm zu mir und sag, dass du an Adnans Tasche musst. Ist doch kein Problem, wir kennen uns.«

»Ich dachte, die Tasche ist in der Kabine.«

Fränge schüttelte den Kopf. »Da wird zu viel geklaut.«

»Ja, ist gut, reg dich ab, war ja das erste Mal.«

»Hä?«, machte Fränge. »Ab dem wievielten Mal darf ich mich denn aufregen, wenn eine Mutter einen meiner wichtigsten Spieler eigenmächtig auswechselt?«

Luiza sagte ungerührt: »Ab dem dritten Mal.«

»Ich störe nur ungern«, ließ Brocki sich vernehmen, »aber wenn ich es richtig sehe, läuft das Spiel weiter.«

Luiza machte sich an Adnans Sporttasche zu schaffen, Fränge wandte sich wieder dem Platz zu und murmelte: »Pep Guardiola wäre das nicht passiert.«

51 Liveticker 3:
Alex läuft an

62‹ So, das war jetzt ein wenig kurios, aber unser Abwehrchef Adnan wurde von seiner eigenen Mutter ausgewechselt, weil die ihren Hausschlüssel vergessen hatte und den ihres Sohnes haben wollte. Das, liebe Freundinnen und Freunde des Breitensports, bekommt ihr in der Bundesliga nicht geboten.

64‹ Man hat den Eindruck, als sei jetzt ein Bruch im Spiel. Der Ball läuft in den Reihen der Mannschaften hin und her, in die Tiefe geht nix. Alle scheinen Luft zu holen.

65‹ Kaum haben wir das gesagt, hält einer von der DJK einfach mal drauf und nagelt die Murmel ans Lattenkreuz. Der Nachschuss trifft die Eckfahne. Von Weltklasse zu Kreisklasse in zwei Sekunden.

66‹ Der Lattenknaller war offenbar ein Weckruf für unsere Spielvereinigung. Justin holt sich den Ball hinten ab, pflügt durchs Mittelfeld, lässt zwei Gegner stehen und passt steil auf Niklas. Der flankt aus vollem Lauf, Kopfballabwehr, Mostafa hält drauf, der Ball geht knapp vorbei.

67‹ Jetzt geht es Schlag auf Schlag. Die DJK greift an. Mit Mann und Maus, wie man so sagt. Die schenken nichts her.

So sagt man auch. Diesmal lässt sich Adnan aus der Verteidigung rausziehen, sein Trainer brüllt noch: »Nicht rausziehen lassen!«, zu spät. Körpertäuschung, Pass in den Strafraum, ABER: Mirkan hat aufgepasst. Er mag nicht der Schnellste sein, zeigt aber in diesem Fall ein super Stellungsspiel. Er passt auf Mostafa, der auf Justin, der dann, wie schon in der ersten Halbzeit, mustergültig den noch in der eigenen Hälfte gestarteten Giampiero bedient. Unverständlich, wieso die DJK jedes Mal so weit aufrückt. Diesmal aber kommt Giampiero nicht am Torwart vorbei, lässt sich abdrängen und verzieht aus spitzem Winkel.

68‹ Querschläger von Luan auf dem Flügel. Der Ball segelt in den Strafraum, Valentin steigt hoch, der Mittelstürmer der DJK unterbaut ihn, Valentin lässt den Ball fallen, der DJKler schiebt ein. Schrecksekunde. Aber natürlich klares Foul, Freistoß für uns, Tor zählt nicht.

69‹ Erst verliert Mostafa den Ball in der Vorwärtsbewegung, dann Marvin das Laufduell, Flanke nach innen, Mirkan klärt mit dem Kopf. Die Ecke segelt hinter das Tor.

70‹ Letzte Spielminute, aber ein bisschen was wird es obendrauf geben. Mostafa versucht es noch mal mit einem Distanzschuss, der weit vorbeigeht. Zu sagen, seine Mitspieler seien über diesen wenig aussichtsreichen Versuch so kurz vor Schluss ungehalten, wäre eine maßlose Untertreibung. Von der Seitenlinie brüllt Alim: »Hast du Arsch offen?« Mostafa verneint.

70+2‹ Es ist nicht zu fassen, was hier passiert! ELFMETER FÜR DIE SPIELVEREINIGUNG! Das müssen wir in Großbuchstaben schreiben. Und so ist es dazu gekommen: Ecke für die

Spielvereinigung, Getümmel, Gewühl, abgeblockte Schuss-
versuche, abgeblockte Befreiungsschläge, und plötzlich steht
Armani frei, bekommt den Ball, wirkt verdutzt, zögert – und
wird umgesenst. Völlig unstrittiger Strafstoß, auch die DJK
protestiert nicht. Armani muss behandelt werden, steht aber
bald wieder, humpelt, klopft sich sehr sorgfältig Schmutz vom
Trikot. Nur: Wer schießt jetzt? Oder wie es im großen Fußball
heißt: *Wer übernimmt jetzt die Verantwortung?* Justin winkt ab.
Wir wissen alle, dass einige der größten Fußballer schlecht
vom Elfmeterpunkt waren. Mostafa schnappt sich den Ball,
aber Adnan nimmt ihm den wieder weg. Er blickt zum Trainer. Und Coach Dahlbusch ruft: »Alex!« Nach allem, was man
hört, ist der im Training der mit Abstand sicherste Elfmeter-
schütze. Alex lässt sich den Ball von Adnan geben, sieht noch
mal zum Trainer, der interessanterweise auch noch sein Vater
ist. Alex rotzt auf den Platz. Die Schiedsrichterin beordert ihn
zum Punkt. Alex legt sich den Ball zurecht. Die Schiedsrichterin pfeift. Alex läuft an.

52 Irgendwann
hat es klick gemacht

Die anderen waren schon draußen und balgten sich wahrscheinlich um den besten Platz am Grill, während Alex geduscht und umgezogen in der Kabine saß und vor sich hin starrte. Förster wusste nicht, was er sagen sollte, aber er wollte den Jungen auch nicht alleine lassen. Fränge war mit Armani ins Krankenhaus gefahren, nachdem sich dessen Verletzung als gravierender herausgestellt hatte als gedacht. Unter der Bank erkannte Förster einen einsamen Stutzen, es roch nach Schweiß. Durch die geöffnete Kabinentür konnte Förster bis zum Vereinsheim blicken, wo es mittlerweile ein ziemliches Gedrängel gab. Es wurde gelacht und abgeklatscht, er sah, wie Monika seinen Vater umarmte und wie Martina sich wieder Friedhelms Avancen erwehren musste.

»Bist du sauer?«, fragte Förster.

Verständnislos runzelte Alex die Stirn. »Ich? Nein, wieso?«

»Weil dein Vater nicht hier ist.«

»Quatsch, der musste mit ins Krankenhaus, das gehört sich so als Trainer. Es ist nur so, also, ich kann da jetzt noch nicht sofort raus. Es war ein unglaubliches Spiel.«

»Der ganze Tag war unglaublich. Mit dem Hasen ging es ja schon mal los.«

»Mit dem Kaninchen. Das war auf jeden Fall ein Kaninchen.«

»Dann das Gewitter. Und wie Adnans Mutter ihren Sohn ausgewechselt hat.«

Alex lachte. »Ich dachte, Papa fällt tot um.«

Aha, dachte Förster, jetzt heißt es wieder Papa.

Sie schwiegen ein paar Sekunden, dann sagte Alex: »Die ganze Saison war der Burner. Mein Vater als mein Trainer. Hätte mir das vorher einer gesagt, hätte ich geantwortet, der gehört eingeliefert.«

»Dein Vater gehört eingeliefert?«

»Der auch. Aber im Ernst: Er hat das super gemacht. Hätte ich ihm nicht zugetraut. Irgendwann hat es bei ihm klick gemacht, oder?«

»Sieht so aus.«

»Als wir bei ihm vor der Tür standen und diese Frau aufgemacht hat, vermute ich.«

»Könnte sein.«

Alex seufzte. »Mann, das war echt der Tiefpunkt. Aber was den Fußball angeht, haben wir uns echt gut entwickelt. Wir haben nie wieder so hoch verloren wie im ersten Spiel. Und ich hätte nicht gedacht, dass wir am Ende überhaupt noch eine Chance haben würden, drinzubleiben.«

»Und dass Armani so eine entscheidende Rolle spielen würde«, fügte Förster hinzu. »Macht das entscheidende Tor gegen die TSG und holt heute den Elfer raus.«

Draußen hörten sie Donnergrollen.

»Hat nur nix gebracht«, sagte Alex.

»Das war ein super Elfmeter«, sagte Förster. »Mit voller Überzeugung, eiskalt hoch in den Winkel. Hut ab!«

Alex legte den Kopf an die Wand. »Wer konnte ahnen, dass die TSG gegen Arminia gewinnt.«

»Egal. Lass Wurst essen gehen.«

Etwas erschrocken registrierte Förster, dass er auch schon anfing, Personalpronomen wegzulassen.

53 Der hat die Haare schön

Mirkan hielt in der einen Hand eine Fanta und in der anderen ein Fladenbrot mit Sucuk. »Ey, Mostafa!«, rief er. »Spielst du eigentlich gerne Fußball?«

»Ja, sicher!«

»Wieso lernst du es dann nicht?«

Mostafa hielt im Kauen inne, die anderen lachten laut heraus, Paul fiel ein Stück Wurst aus dem Mund, Luan verschluckte sich an seiner Cola. Sie hatten zwei Biertische zu einer langen Tafel zusammengestellt, und Förster dachte, dass es sehr lange dauern würde, bis er wieder so viel ungesundes Essen und überzuckerte Getränke auf einmal sehen würde. Currywurst in sämiger Pampe, Pommes mit riesigen Klecksen Mayonnaise, Sucuk mit Joghurtsauce, und vieles davon hatte sich auf dem Tisch, in den Mundwinkeln der Jungs sowie auf ihren Shirts verteilt.

»Die feiern, als wären sie auf- und nicht abgestiegen«, raunte Brocki.

»Wir haben gewonnen, Brocki«, sagte Förster. »Das ist nicht ganz so häufig passiert in dieser Saison.«

»Man soll aufhören, wenn es am schönsten ist, oder was?«

»Die Würfel sind gefallen, der Drops ist gelutscht.«

»Muss es nicht *der Drop* heißen?«

»Wie meinen?«

»Na ja, ist Drops nicht die Mehrzahl? Dann müsste es doch heißen, *der Drop ist gelutscht*, finde ich.«

Förster dachte nach. »Ich glaube, Drops ist der Singular. Der Plural heißt Dropse.«

Brocki runzelte die Stirn. »Das klingt aber blöd.«

»Egal. Noch ein Bier?«

»Ich sag nicht Nein.« Brocki leerte die Flasche, die er in der Hand hielt, und reichte sie Förster, der sie zum Küchenfenster trug, wo Abbas, der Bruder von Mostafa, sich doch noch zum Dienst gemeldet hatte, was, wie Förster erfahren hatte, auf eine Intervention von Eren zurückging.

»War geiles Spiel, Co-Trainer!«

»Hat aber nix gebracht.«

»Egal, nächstes Jahr. Noch zwei?«

Mit den Flaschen in der Hand grüßte Förster im Vorbeigehen Hakim, der heute den zweiten Grill beaufsichtigte, auf dem alles zubereitet wurde, was kein Schweinefleisch enthielt. Hakim griff mit der Zange nacheinander zwei Sucuk-Hälften, schob sie in ein Fladenbrot, reichte sie seinem Bruder Alim und sagte: »Zwei Euro!«

Alim war entsetzt. »Zwei Euro? Du bist mein Bruder!«

»Ist für den Verein. Zwei Euro oder Kohldampf!«

Alim sagte irgendwas auf Arabisch und kramte Geld aus seiner Trainingsjacke hervor.

Förster ging zurück zu der langen Tafel, wo Justin plötzlich in seine Richtung blickte und rief: »Hier kommt der Hero!«

Wie auf Kommando standen die Jungs auf, klatschten Beifall und grölten. Förster fühlte sich erst geschmeichelt, hatte dann aber den Verdacht, dass er gar nicht gemeint war. Er drehte sich um und sah, wie Armani aufs Gelände gehumpelt kam, gestützt von seinem Vater, der den Dolce-und-Gabbana-Anhänger zu Hause gelassen hatte, ansonsten aber wieder in ein muskel- und oberkörperbetonendes schwarzes Shirt und eine helle Dreiviertelhose gewandet war. Sein

Sohn trug noch immer Trikot und Sporthose, dazu eine in Försters Augen höchst dekorative Luftpolsterschiene am linken Knöchel.

»Ey, Alter, was das für'n Ding?«, rief Mirkan.

»Nix gebrochen, aber ich muss ruhig halten«, sagte Armani.

»Verstaucht«, präzisierte der Vater.

Förster hatte den Eindruck, beide waren auch ein bisschen stolz.

Frisiert war Armani immer noch perfekt, und das bemerkten jetzt auch seine Mannschaftskameraden und sangen: »*Du! Hast! Die Haare schön, du hast die Haare schön, du hast, du hast, du hast die Haare schön!*«

Armani grinste. Hinter ihm und seinem Vater tauchte Fränge auf. Förster fand, er sah müde aus. Er blieb beim Bürocontainer stehen, nickte ihm aber kurz zu.

Alle setzten sich wieder hin und rückten auf, damit Armani Platz fand. Sein Vater ging zum Grill, um seinem Sohn etwas zu essen zu besorgen.

Adnan stand wieder auf und sagte: »Ich bin der Kapitän, ich sage jetzt was!«

Gegröle und Gelächter folgten dieser Ankündigung, aber auch Anfeuerungsrufe: *Mach los, Hau rein, Ey Alter*, und von Paul kam tatsächlich ein altmodisches *Hört, hört*, was Förster ebenso freute wie wunderte.

»Erst mal«, rief Adnan, »super Aktion von Bruder Armani! Er hat sich geopfert für die Mannschaft!«

Jetzt lachte keiner mehr, nein, alle klatschten in tiefer Ernsthaftigkeit Beifall, und Mirkan rief: »Ich küsse deine Augen, Digga, ich schwör!«

»Dann«, fuhr Adnan fort, »wir sind zwar abgestiegen ...«

»Hä?«, machte Mostafa. »Wieso abgestiegen? Wir haben doch gewonnen!«

Jetzt war das Gegröle wieder groß.

»Ey, deine Mudda, Alter!«, rief Mirkan. »TSG hat gegen Arminia gewonnen, wir sind am Arsch! Die haben den Schiri gekauft oder so.«

Grischa hob die Hand.

»Du musst dich nicht melden«, sagte Adnan und verdrehte die Augen.

»Wollte die Schiri nicht mit uns feiern?«

»Nee, die ist von ihrem Freund abgeholt worden«, sagte Luan.

»Ach so«, sagte Grischa.

»Ja, aber du sollst heute Abend mal vorbeikommen«, sagte Mirkan grinsend. »Sie meinte, sie steht auf kleine Jungs.«

Wieder wurde gelacht, während Grischa rot anlief, und Förster wollte schon einschreiten, da ergriff Adnan wieder das Wort: »Das war eine sehr dumme Bemerkung, Mirkan. Mehr Respekt für deine Kollegen hier! Und für unseren Trainer, denn in der nächsten Saison kriegen wir einen neuen.«

Hätte man eleganter ausdrücken können, fand Förster, aber die entscheidende Information kam rüber.

»Ist der Guardiola in Manchester rausgeflogen?«, rief Mirkan.

»Wir kriegen Klopp!«, meinte Mostafa. »Das ist der Einzige, der mir noch was beibringen kann!«

Brocki beugte sich zu Förster und sagte leise: »Die Trauer hält sich ja in Grenzen.«

Und dann ging es wieder wild durcheinander.

ALIM: Aber wieso kriegen wir einen neuen Trainer? Wir haben doch gewonnen.

NIKLAS: Wir sind doch fast dringeblieben.

PAUL: Kann doch keiner ahnen, dass TSG gegen Arminia gewinnt.

MIRKAN: Die haben den Schiri gekauft!

MARVIN: Knapp daneben ist auch vorbei. Fußball ist ein Ergebnissport.

LUAN: Der hat das doch gut gemacht.

GIAMPIERO: Nächste Saison mach ich dreißig Buden, und wir steigen wieder auf!

MIRKAN: Aber danach sind wir B, Junge!

MARVIN: Der Vorstand musste was tun.

JUSTIN: Junge, laber nicht!

MARVIN: Mein Vater sagt …

Justin beugte sich zu Marvin und flüsterte ihm etwas ins Ohr. Marvin wurde blass. Er stand auf und ging hinüber zum Grill, aber soweit Förster erkennen konnte, bestellte er nichts. Stattdessen holte er sein Handy hervor und telefonierte. Danach kam er nicht zum Tisch zurück, sondern ging ins Vereinsheim.

Als Förster seine Aufmerksamkeit wieder dem Tisch widmete, hatte das Gespräch mal wieder eine absurde Wendung genommen.

MIRKAN: Natürlich riechen blaue Eddings anders als schwarze!

MOSTAFA: Ey, was laberst du, Digga?

ALEX: Die riechen doch alle gleich.

LUAN: Grün riecht am besten.

MIRKAN: Aber man muss aufpassen, dass man mit der Nase nicht zu nah dran geht, sonst hat man da einen Punkt oder Strich, und der geht dann nicht mehr weg.

ALIM: Wär bei dir egal, du hast sowieso eine Scheiß-Nase!

MIRKAN: Ey, deine Mutter hat ne Nase!

ALIM: Ja sicher, aber deine hat zwei!

LUAN: Ich hab mal an einem roten gerochen, und dann hat einer aus meiner Klasse dagegengehauen, und dann hatte ich so einen roten Strich am Mund. Meine Mutter hat mich mit einer Bürste abgeschrubbt, aber das hat man noch wochenlang gesehen.

So ging das ein paar Minuten weiter, und dann sah Förster, wie Marvin aus dem Vereinsheim kam, nach seiner Tasche griff und sich wortlos auf den Weg nach draußen machte. Förster stand auf und folgte ihm.

»Wo willst du hin, Marvin? Wir feiern noch ein bisschen.«

Marvin blieb stehen, drehte sich nicht zu ihm um, umklammerte aber den Riemen seiner Sporttasche so fest, dass seine Knöchel weiß wurden. »Ich bin fertig hier.«

»Komm, das renkt sich alles wieder ein! Du hast heute dieses wahnsinnig tolle Tor gemacht. Das war doch ein wichtiger Beitrag zu unserem Sieg.«

Marvin schüttelte den Kopf. »Bringt doch nichts.«

Vor der Einfahrt zum Platz hielt jetzt der Mercedes von seinem Vater, aber Dr. Müller stieg nicht aus, sondern sah Förster nur durch die Seitenscheibe an. Marvin zog seine grün-weiße Trainingsjacke aus und warf sie auf den Boden. Sein Vater öffnete von innen die Beifahrertür. Der Junge warf seine Tasche auf den Rücksitz und stieg ein, der Mercedes wendete in zwei Zügen und fuhr davon. Förster hob die Trainingsjacke auf und ging zurück auf den Platz, fragte sich, was Justin zu Marvin gesagt haben mochte, dachte dann aber, dass das vielleicht so ein *Lost-in-Translation*-Moment bleiben musste, man wusste ja auch bis heute nicht, was Bill Murray Scarlett Johansson da ins Ohr geflüstert hatte.

Die Erwachsenen saßen etwas abseits an Bierzeltgarnituren oder auf vereinzelt aufgestellten Stühlen. Förster sah seine Eltern, die sich mit Luiza und Mergim unterhielten, während Vedat und Arjana sich offenbar von Martina ein Autogramm geben ließen. Dreffke und Frau Strobel hielten Bierflaschen in der Hand und wurden von Monika fotografiert. Friedhelm stand neben Wolfgang am Grill und fotografierte den ganzen Rest. Außerhalb dieses Fußballplatzes wären sich diese Leute niemals begegnet, dachte Förster.

»Roland, mein Junge!«, rief sein Vater und winkte ihn herüber. »Tolle Leute habt ihr hier, das muss ich sagen.«

»Dein Vater ist richtig cool«, meinte Luiza. »Der kennt sogar Pearl Jam«, fügte sie hinzu und zeigte auf ihr T-Shirt.

»Und deine Mutter kann Albanisch!«, sagte Mergim begeistert.

»Wirklich?« Förster war schon klar, dass seine Mutter als ehemalige Studienrätin für Französisch und Musik sehr sprachbegabt war, aber dass sie auch Albanisch im Angebot hatte, war ihm bisher entgangen.

»Nur ein paar Brocken, die ich irgendwo aufgeschnappt habe«, wiegelte sie ab. »Ich kann *Guten Tag* sagen und *Auf Wiedersehen* und vielleicht noch einen Wein bestellen, das ist es aber auch schon.«

»Das will ich hören! Sag mal *Guten Tag* auf Albanisch!«

»Ich bin doch kein Zirkuspferd, Roland!«

»Ach komm!«

Seine Mutter seufzte und sagte: »*Diten e mire.*«

Mergim nickte anerkennend. »Ohne Akzent! Super ist das!«

»Wie sieht es denn mit Portugiesisch aus?«, fragte Luiza.

»Boa noite, duas taças de vinho, por favor!«

Doch ein Zirkuspferd, dachte Förster. Sein Vater legte den Arm um seine Frau und küsste sie auf die Wange.

»Hallo!«, sagte plötzlich jemand. »Tut mir leid, dass ich zu spät bin, ich nehme an, das Spiel ist schon aus.«

Förster drehte sich um und war nicht wenig verwundert, Kathrin Borgemeister vor sich zu sehen.

»Kathrin, wie schön!«, sagte seine Mutter und umarmte sie.

»Ich kann mir die Chance doch nicht entgehen lassen, euch zu sehen, wenn ihr zwei mal in Deutschland seid!«, sagte Kathrin.

»Wunderbar!«, sagte sein Vater und umarmte sie ebenfalls.

Das ist mir alles zu erwachsen hier, dachte Förster und ging hinüber zu Martina, die gerade lachte und Arjana eine Hand auf den Unterarm legte.

»Förster!«, rief Arjana. »Ich sage zu Vedat: Die sieht aus wie die aus dem Fernsehen, und er sagt, das ist die auch!«

»Arjana ist großer Fan«, sagte Vedat.

»Na ja, Vedat auch, aber aus anderen Gründen«, sagte Arjana, was Vedat sichtlich verlegen machte.

»Delikte am Menschen!«, rief jemand, und als Förster sich umdrehte, stand dort natürlich Friedhelm.

»Hast du die Kameras gesehen?«, fragte er.

»Hab ich, Friedhelm.«

»Sind tatsächlich nicht angeschlossen, aber in den letzten Monaten ist keiner mehr eingebrochen.« Er beugte sich zu Arjana und Vedat und senkte die Stimme: »Vollprofi, ich sage es euch. Wenn ihr in der Nachbarschaft mal eine Leiche findet, braucht ihr nicht die Polizei rufen. Die hier ...«, Friedhelm zeigte mit dem Daumen auf Martina, „... die weiß mehr als jeder Bulle.«

Vedat nickte. »Ich sage Bescheid, wenn bei den wöchentlichen Messerstechereien unter uns Albanern mal wieder einer draufgeht.«

»Ja, gut«, sagte Friedhelm, wirkte aber doch ein wenig verunsichert.

»Normalerweise schmeißen wir die in die Ruhr«, sagte Arjana, »aber vielleicht gibt es ja noch andere Möglichkeiten.«

Hier war auch alles in Ordnung, also zog Förster weiter und gesellte sich zu Dreffke und Frau Strobel, die sich mit Brocki unterhielten.

»Jedenfalls war das ein Kaninchen«, sagte Brocki gerade, »aber ein ziemlich großes, das ist schon richtig.«

»Das beste Kaninchen meines Lebens hatte ich in Venedig«, sagte Frau Strobel und blickte an Förster vorbei in die Ferne. »Das war an einem Freitag im Juni 1957. Giampiero war ein wunderbarer Koch.«

Dreffke nickte Förster anerkennend zu. »Tolles Spiel.«

»Hat nur leider nichts gebracht.«

»Es konnte doch niemand damit rechnen, dass die TSG gegen Arminia gewinnt«, sagte Dreffke.

»Dass wir überhaupt noch um den Klassenerhalt spielen konnten«, sagte Brocki, »war schon ein Wunder. Ich gebe es nicht gerne zu, aber der Dahlbusch hat einen guten Job gemacht.«

»Und trotzdem sind wir abgesägt worden«, sagte Förster.

»Man soll aufhören, wenn es am schönsten ist«, grinste Dreffke.

»Es war sehr schön, wie der Ball so hoch ins Netz geflogen ist«, sagte Frau Strobel. »Aber das war nicht Giampiero.«

»Nein, das war Marvin«, sagte Förster.

»Und der Junge, der sich verletzt hat ...«, sagte Frau Strobel.

»Der heißt Armani«, sagte Förster.

»Ich muss sagen, der hat die Haare schön.«

Da sind wir uns alle einig, dachte Förster.

54 Weltuntergang und Neugeburt

Die Ersten waren gegangen, Dreffke hatte Frau Strobel vom Gelände geschoben, und sie hatte mit nach außen gekehrten Handrücken gewinkt wie die Queen, und eine Königin, dachte Förster, ist sie ganz sicher. Martina hatte Förster umarmt und gesagt, sie sollten unbedingt mal wieder was zusammen machen. Die lässt mich nicht los, diese Frau, hatte er gedacht und sich dann nach Monika umgesehen, die gerade am Fenster gestanden und Getränke gekauft hatte.

Förster war aufgefallen, dass niemand die Eckfahnen eingesammelt hatte, also drehte er jetzt eine Runde über den Platz, um das nachzuholen. Er zog die erste Fahne heraus und drückte die rechteckige, mit Kunstrasen überzogene Platte wieder in das Loch. Immer eine feine Sache, dachte er, wenn etwas sich passgenau irgendwo einfügt.

Er ging die Außenlinie entlang zur zweiten Fahne. Die Wolken hatten sich bis auf ein paar Schäfchen-Modelle komplett verzogen, und Förster fand es immer noch faszinierend, wie groß die Unterschiede an nur einem einzigen Tag sein konnten, von Weltuntergang bis Neugeburt in wenigen Stunden. Andererseits war es natürlich dumm, sich Gedanken über das Wetter zu machen, viel interessanter ist doch, wie Justin und sein Vater heute miteinander umgegangen sind, da ist offensichtlich etwas passiert, der Vater wirkte ruhiger und freundlicher, und Förster ging das Wort *aufge-*

räumt durch den Kopf. Der Vater kam ihm tatsächlich immer gehetzt, ungeordnet, also *unaufgeräumt* vor, wie ein Zimmer, in dem jemand wohnte, der nicht wusste, wohin mit sich und seinen Sachen. Doch als er heute zum Spiel erschienen war, trug er nicht, wie sonst üblich, einen Trainingsanzug, sondern eine dunkle Jeans und ein dunkelgraues Poloshirt.

Förster nahm die zweite Fahne, schob die Platte mit dem Fuß in die Aussparung und überlegte, ob er die beiden Fahnen erst mal in die Kreidebude bringen sollte, weil es schwierig sein könnte, alle vier Fahnen gleichzeitig zu balancieren. Er entschied sich aber dagegen und machte sich mit einer Fahne pro Hand auf den Weg zur dritten.

Letztes Jahr im August hätte er niemals gedacht, dass er neun Monate später hier Eckfahnen einsammeln würde und dass es ihn bedrücken würde, mit einer Jugendmannschaft aus der Kreisliga A abzusteigen. Nicht mal mit den Wörtern hatte er etwas anfangen können.

Er griff nach der dritten Fahne und stellte fest, dass es nicht einfach war, zwei Fahnen in einer Hand zu halten, da die Stangen doch ziemlich dick waren. Aber jetzt wollte er auch nicht zweimal quer über den Platz laufen, einmal hin, einmal zurück, um die ersten beiden Fahnen wegzubringen. Das musste man jetzt durchziehen, da durfte man nicht schlappmachen, irgendwer beobachtete einen ja immer.

Förster hatte in dieser Saison nur ein einziges Spiel verpasst, Mitte März nämlich, als er in Leipzig auf der Buchmesse gewesen war, und selbst da hatte er Kontakt mit Brocki gehalten, um informiert zu bleiben. Als Brocki ihm das Endergebnis von zwei zu sieben mitgeteilt hatte, hatte er aufs Handy gesehen, obwohl er gerade auf dem Blauen Sofa gesessen hatte.

Kurz hinter der Mittellinie entglitt ihm eine der Fahnen. Er legte die anderen ab, um nach der, die hinuntergefallen war, zu greifen, stellte jedoch fest, dass das keine Lösung war. Dann hatte er eine Idee: Er klemmte sich eine Fahne unter den Arm und hatte so wieder beide Hände frei. Wahnsinn, dachte er, wozu das menschliche Gehirn in Notlagen imstande ist.

Als er wieder aufschaute, kamen Justin und sein Vater auf ihn zu, und Justin trug die vierte Fahne.

»Hey Förster. Wäre vielleicht eine gute Idee gewesen, zwei Fahnen erst mal wegzubringen, oder?«

»Kann sein, Justin, kann sein. Aber manchmal muss man sich auch was zutrauen.«

Justin nahm Förster die Fahne, die er unter dem Arm klemmen hatte, ab und sagte: »Wir wollten uns verabschieden.«

Hm, dachte Förster, jetzt muss ich doch wieder zwei Fahnen in einer Hand halten, damit ich mich ordentlich verabschieden kann. Er versuchte es, scheiterte, ließ beide fallen und streckte Justin die Hand hin.

»Es war mir eine Freude«, sagte Förster.

»Du weißt ja, dass ich zu 09 gehe.«

»Ich hörte davon. Spatzen und Dächer, verstehst du?«

Justin runzelte die Stirn. »Nee, aber egal. Ich wollte nur sagen, dass die Saison voll schnell rumgegangen ist und dass es trotz allem eine tolle Zeit war.«

Der Vater schnaubte. »Die sind abgestiegen.«

Ganz so aufgeräumt scheint er doch nicht zu sein, dachte Förster.

»*Wir*, Reinhold! *Wir* sind abgestiegen«, sagte Justin.

Der Vater nickte und sagte, er habe ja recht, und dann trugen Justin und Förster die Eckfahnen in die Kreidebude. Weltuntergang und Neugeburt, dachte Förster.

55 Im Netz

Förster konnte sich nicht losreißen. Monika und er hatten sich zwei Stühle vor den Bürocontainer gestellt, tranken Bier und blickten über den Platz.

Monika griff nach seiner Hand und sagte: »Das wird dir fehlen, was?«

»Ich kann ja als Zuschauer herkommen.«

Unter dem Dach vor dem Vereinsheim saß Fränge zusammen mit der Uli und Alex. Alle anderen waren gegangen. Alex erzählte irgendwas, und seine Eltern hörten zu. Auch wieder so ein Triptychon, dachte Förster, aber nicht des Friedens, sondern der Unsicherheit. Fränge und die Uli saßen auf entgegengesetzten Enden einer Bierbank, Alex ihnen gegenüber, genau in der Mitte. Die Uli hatte einen Fuß auf der Bank abgestellt und ihr Kinn auf das Knie gestützt. Fränge lehnte sich gegen die Wand.

»Ich frage mich, wie es bei denen jetzt weitergeht«, sagte Förster.

Monika nahm einen Schluck Bier. »Nach dem Spiel ist vor dem Spiel.«

Förster nickte. »Aber manchmal ist nach dem Spiel einfach nach dem Spiel.«

Sie schwiegen ein paar Sekunden, dann sagte Monika: »Was ist eigentlich das Gegenteil von Abseits?«

Förster sah Monika an, ihre Lockenpracht, ihre dunklen Augen, ihre schmale Nase, die hohen Wangenknochen.

Faszinierend, dass sie ihn auch nach Jahren immer noch vor Rätsel stellen konnte.

»Wenn ich anfange, darüber nachzudenken«, sagte Förster, »finde ich wieder kein Ende. Manchmal muss man die Dinge einfach mal nehmen, wie sie sind.«

Monika schmunzelte. »Das sind ja ganz neue Töne.«

Förster ließ seinen Blick schweifen, über das Vereinsheim, den Zaun vor der Kleingartenanlage, die Tartanbahn mit den Trainerbänken und dann über den Platz, diesen wetterfesten Traum aus grünem Kunststoff mit geschredderten Autoreifen. Hinter dem Fangzaun auf der anderen Seite sah er die Weitsprunggrube und linker Hand die Pappeln, die schon zum Gelände der Gesamtschule gehörten. An dem anderen Fangzaun hingen noch immer die Bottiche, mit denen irgendjemand eine Torwand simuliert hatte. Niemand schoss mehr darauf, es war still auf dem Platz der Spielvereinigung, und als sein Blick wieder beim Vereinsheim ankam, sah er neben dem Eingang das Netz mit den Bällen. Er war davon ausgegangen, dass Brocki die wegbringen würde, aber das hatte der wohl vergessen.

Förster zeigte darauf und sagte: »Die Bälle. Die muss ich noch ...«

Monika nickte, und Förster stand auf und ging zum Vereinsheim hinüber. Die Familie Dahlbusch lachte über etwas, das Alex gesagt hatte. Fränge sah die Uli an, aber die Uli sah weg.

Förster zählte die Bälle durch. Das waren nur neun, einer fehlte, und er erinnerte sich daran, dass die Jungs vorhin noch mal gekickt hatten, der Ball musste noch irgendwo liegen. Er schulterte das Netz und machte sich auf den Weg. Er ging über den ganzen Platz, meinte das Gummi der geschredderten Autoreifen zu riechen, das sich nach dem Regen in der Sonne sehr schnell aufgeheizt hatte. Er fand den

Ball neben dem hinteren Tor und fragte sich, wieso er den vorhin nicht gesehen hatte, als er die Eckfahnen eingesammelt hatte.

Förster zog die Sohle seines Noppenschuhs über den Ball, schob die Fußspitze darunter, kickte ihn hoch, fing ihn mit der Hand auf und verstaute ihn im Netz.

Nachbemerkung und Dank

Die im Buch genannten Vereine bezeichnen keine konkreten Clubs, in Sonderheit nicht im Fußballkreis Bochum, in dem ich vier Jahre lang Jugendtrainer bei der DJK Arminia Bochum 1926 war.

Mein Sohn Robert hat vier Jahre lang mit seinem Vater als Trainer leben müssen, die erste Fassung dieses Buches gelesen und mir wichtige Tipps gegeben, zum Beispiel zum Thema Jugendsprache. Mein Sohn Ludwig hat mich nur als Aushilfstrainer erlebt, aber auch Erlebnisse mit seiner Mannschaft sind in diese Geschichte eingeflossen.

Meine Frau Maria hätte sich vor 24 Jahren nicht träumen lassen, dass dieses »närrische Ballspiel« (Eugen Egner) so viel Platz in ihrem Leben einnehmen würde. Sie ist nach wie vor die Erstleserin und hat mir bei vielen kniffligen Fragen weitergeholfen.

Johannes »Taktikfuchs« Wamser stand mir seinerzeit als Co-Trainer zur Seite und erinnert sich genau an die Dinge, die ich vergessen oder verdrängt habe. Von ihm stammt auch die Idee für den Titel dieses Buches. »Spiel ab!« war das, was wir früher am häufigsten auf den Platz gerufen haben.

Andrea Wendt, ewige Arminin, hatte die Jugendabteilung seinerzeit fast allein zu stemmen. Sie hat vor der Veröffentlichung einen wohlwollend kritischen Blick auf dieses Buch geworfen.

Gerade weil sich meine Lektorin Mona Leitner nicht ganz

so brennend für Fußball interessiert, war ihr Blick auf die Geschichte, die Personen und das ganze Vereinsumfeld so wichtig.

Eine unverzichtbare Kritikerin, Impuls- und Ideengeberin ist außerdem meine Agentin Nicola Einsle, die dritte Frau, die mit Fußball nichts am Hut hat und trotzdem so großen Einfluss auf mich hat.

Mein Booking-Agent Marco Ortu ist in meinen Trainerjahren sicher mehr als einmal verzweifelt, weil ich nur dienstags und donnerstags auftreten wollte, denn montags und mittwochs war Training und am Samstag Spiel.

Allen sei herzlich für ihre zum Teil schon jahrzehntelange Hilfe und Unterstützung gedankt. Die letzten Jahre waren zum Teil sehr merkwürdig und schwierig, aber ich habe das große Glück, mit so vielen großartigen Menschen zusammenleben und -arbeiten zu dürfen, dass mir manchmal die Worte fehlen.

Und ein besonderer Dank geht an meine ehemaligen Spieler, ohne die ich dieses Buch nun wirklich nicht hätte schreiben können. Es war eine tolle Zeit mit euch!

Frank Goosen, im September 2022

Lesen und hören Sie mehr von Förster, Fränge und Brocki.

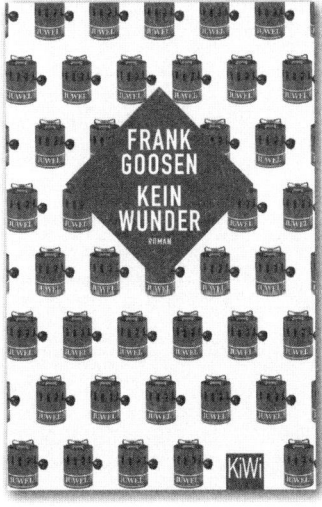